プリント形式のリアル過去問で本番の臨場感！

岡山県

山陽学園中学校

2025年春受験用

解答集

本書は，実物をなるべくそのままに，プリント形式で年度ごとに収録しています。
問題用紙を教科別に分けて使うことができるので，本番さながらの演習ができます。

■ 収録内容

・解答集（この冊子です）

書籍ＩＤ番号，この問題集の使い方，最新年度実物データ，リアル過去問の活用，
解答例と解説，ご使用にあたってのお願い・ご注意，お問い合わせ

・2024（令和６）年度 ～ 2021（令和３）年度　学力検査問題

○は収録あり　年度	'24	'23	'22	'21		
■ 問題(1 期)※1	○	○	○	○		
■ 解答用紙(適性は書き込み式)	○	○	○	○		
■ 配点		※2	※3	※4		

算数に解説があります

※1…1期の学力入試(2024年度より英語の試験を実施，リスニングの音声・原稿は非公表)・表現力入試(国語と算数のみ収録)・適性検査入試を収録
※2～4…適性検査の配点は非公表
注)問題文等非掲載:2024年度表現力の国語，2023年度学力の国語と表現力の国語，2021年度学力社会の1と適性検査Ⅱの課題1

問題文などの非掲載につきまして

著作権上の都合により，本書に収録している過去入試問題の本文や図表の一部を掲載しておりません。ご不便をおかけし，誠に申し訳ございません。

本文の一部を掲載できなかったことによる国語の演習不足を補うため，論説文および小説文の演習問題のダウンロード付録があります。弊社ウェブサイトから書籍ＩＤ番号を入力してご利用ください。

なお，問題の量，形式，難易度などの傾向が，実際の入試問題と一致しない場合があります。

教英出版

■ 書籍ＩＤ番号

入試に役立つダウンロード付録や学校情報などを随時更新して掲載しています。
教英出版ウェブサイトの「ご購入者様のページ」画面で，書籍ＩＤ番号を入力してご利用ください。

書籍ＩＤ番号　111431

（有効期限：2025年9月30日まで）

【入試に役立つダウンロード付録】
「要点のまとめ(国語／算数)」
「課題作文演習」ほか

■ この問題集の使い方

年度ごとにプリント形式で収録しています。針を外して教科ごとに分けて使用します。①片側，②中央のどちらかでとじてありますので，下図を参考に，問題用紙と解答用紙に分けて準備をしましょう（解答用紙がない場合もあります)。

針を外すときは，けがをしないように十分注意してください。また，針を外すと紛失しやすくなりますので気をつけましょう。

① 片側でとじてあるもの

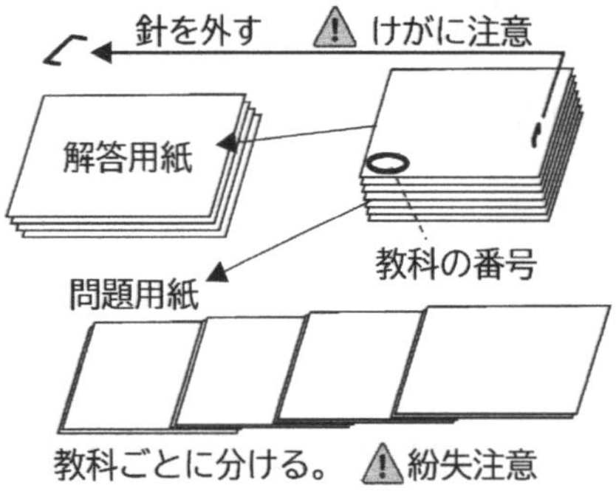

② 中央でとじてあるもの

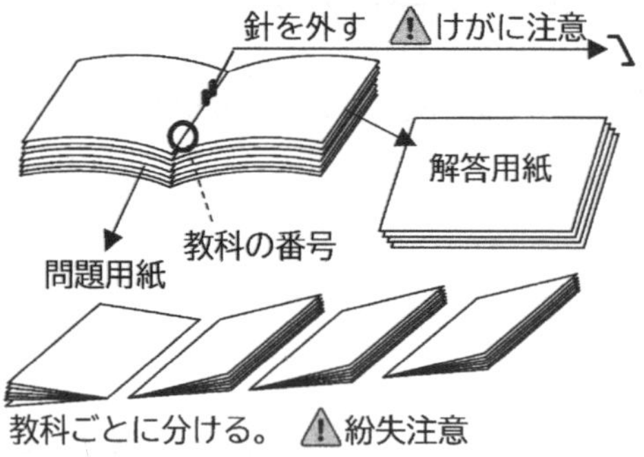

※教科数が上図と異なる場合があります。
解答用紙がない場合や，問題と一体になっている場合があります。
教科の番号は，教科ごとに分けるときの参考にしてください。

■ 最新年度 実物データ

実物をなるべくそのままに編集していますが，収録の都合上，実際の試験問題とは異なる場合があります。実物のサイズ，様式は右表で確認してください。

問題用紙	学力・表現力：Ａ４片面プリント 適性：Ａ３片面プリント(書込み式)
解答用紙	学力・表現力：Ａ４片面プリント

リアル過去問の活用

～リアル過去問なら入試本番で力を発揮することができる～

本番を体験しよう！

問題用紙の形式（縦向き / 横向き），問題の配置や余白など，実物に近い紙面構成なので本番の臨場感が味わえます。まずはパラパラとめくって眺めてみてください。「これが志望校の入試問題なんだ！」と思えば入試に向けて気持ちが高まることでしょう。

入試を知ろう！

同じ教科の過去数年分の問題紙面を並べて，見比べてみましょう。

① 問題の量

毎年同じ大問数か，年によって違うのか，また全体の問題量はどのくらいか知っておきましょう。どのくらいのスピードで解けば時間内に終わるのか，大問ひとつにかけられる時間を計算してみましょう。

② 出題分野

よく出題されている分野とそうでない分野を見つけましょう。同じような問題が過去にも出題されていることに気がつくはずです。

③ 出題順序

得意な分野が毎年同じ大問番号で出題されていると分かれば，本番で取りこぼさないように先回りして解答することができるでしょう。

④ 解答方法

記述式か選択式か（マークシートか），見ておきましょう。記述式なら，単位まで書く必要があるかどうか，文字数はどのくらいかなど，細かいところまでチェックしておきましょう。計算過程を書く必要があるかどうかも重要です。

⑤ 問題の難易度

必ず正解したい基本問題，条件や指示の読み間違いといったケアレスミスに気をつけたい問題，後回しにしたほうがいい問題などをチェックしておきましょう。

問題を解こう！

志望校の入試傾向をつかんだら，問題を何度も解いていきましょう。ほかにも問題文の独特な言いまわしや，その学校独自の答え方を発見できることもあるでしょう。オリンピックや環境問題など，話題になった出来事を毎年出題する学校だと分かれば，日頃のニュースの見かたも変わってきます。

こうして志望校の入試傾向を知り対策を立てることこそが，過去問を解く最大の理由なのです。

実力を知ろう！

過去問を解くにあたって，得点はそれほど重要ではありません。大切なのは，志望校の過去問演習を通して，苦手な教科，苦手な分野を知ることです。苦手な教科，分野が分かったら，教科書や参考書に戻って重点的に学習する時間をつくりましょう。今の自分の実力を知れば，入試本番までの勉強の道すじが見えてきます。

試験に慣れよう！

入試では時間配分も重要です。本番で時間が足りなくなってあわてないように，リアル過去問で実戦演習をして，時間配分や出題パターンに慣れておきましょう。教科ごとに気持ちを切り替える練習もしておきましょう。

心を整えよう！

入試は誰でも緊張するものです。入試前日になったら，演習をやり尽くしたリアル過去問の表紙を眺めてみましょう。問題の内容を見る必要はもうありません。どんな形式だったかな？受験番号や氏名はどこに書くのかな？…ほんの少し見ておくだけでも，志望校の入試に向けて心の準備が整うことでしょう。

そして入試本番では，見慣れた問題紙面が緊張した心を落ち着かせてくれるはずです。

※まれに入試形式を変更する学校もありますが，条件はほかの受験生も同じです。心を整えてあせらずに問題に取りかかりましょう。

2024 解答例
令和6年度

山陽学園中学校【1期学力】【1期表現力】

《1期学力　国語》

問1．Ⓐ築　Ⓑきょうこ　Ⓒ天候　Ⓓさっち　問2．中学生、高校生になると、今まで生まれ育った「家」に守られていた自分が、自分の周りにある「世界」に出会うから。　問3．㋒　問4．⑴エ　⑵①末　②新
問5．私たちは海　問6．大きな力　問7．世界と出会うことで、自分を発見しなおすことができるから。
問8．1．感受性　2．対話　3．生きるための大切な知恵　4．外の世界からの情報を全身で受け止め、自然や社会に自分を解放し対話する行動　問9．海の色、潮の匂い、波の音や高さ。　問10．1．観察　2．進化論
3．批判　4．ファーブル　5．アカデミクスから外れる　問11．Cさん

《1期学力　作文》

〈作文のポイント〉
・最初に自分の主張、立場を明確に決め、その内容に沿って書いていく。
・わかりやすい表現を心がける。自信のない表現や漢字は使わない。
さらにくわしい作文の書き方・作文例はこちら！→https://kyoei-syuppan.net/mobile/files/sakupo.html

《1期学力　算数》

1　⑴29　⑵6.2　⑶$\frac{13}{35}$　⑷$\frac{4}{5}$　⑸58　⑹44
2　⑴375　⑵17　⑶24　⑷72
3　⑴75　⑵25　⑶150
4　⑴37　⑵52　⑶$\frac{7}{15}$
5　⑴0.4　⑵1.6　⑶6　⑷1：4　⑸17

《1期学力　英語》

放送原稿《げんこう》非公表のため，解答例は掲載《けいさい》しておりません。

《1期学力　理科》

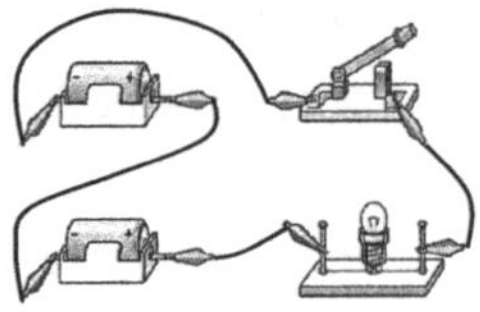

1　⑴右図　⑵(a)(イ)　(b)(ア)　⑶300　⑷明るい順…③>①=②
光っている時間の長い順…②>①=③
2　⑴セキツイ動物　⑵カエルは肺呼吸をするので水中から顔を出して呼吸をするから。
⑶殻により卵が固くなり，食べられにくくなる。／かんそうに強くなり陸上で産卵できる。
⑷ヒト…母親からの栄養をもらいおなかの中で守られているので，産まれる可能性が高い。
カエル…ヒトよりも早い段階で卵を体外に産卵するので，母親への負担が少ない。
3　⑴①蒸発　②大きく　③小さく　④二酸化炭素　⑤0.41　⑥大きい　⑵水は，液体よりも固体の方が密度が小さい。したがって，水をこおらせると体積が増加し，密閉されたペットボトル容器は破裂する可能性がある。
⑶⑤　⑷石油から作られるので，石油資源の枯渇につながる。／ペットボトルなどのプラスチックごみが海洋汚

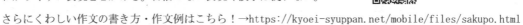

染の一因となっている。／石油製品なので，焼却する際に多くの二酸化炭素を排出し，地球温暖化の一因となる。／ペットボトル等のプラスチックは，耐久性・安定性が高く，自然界では分解されにくい。などから１つ

4 ⑴季節が逆。／北極星が見えない。／台風などの渦の向きが逆。などから１つ　⑵A
⑶太陽は東の空からのぼり，北の空を通り西の空へと沈む。

《１期学力　社会》

1 ⑴家庭　⑵18 歳から…エ　25 歳から…ア　⑶イ　⑷ウ　⑸地域で作られたものをその地域で消費すること。
⑹イ，エ

2 ⑴教育を受けさせる　⑵ア　⑶ユニバーサルデザイン　⑷他人の権利を侵害する場合。

3 ⑴ア　⑵イ　⑶エ　⑷幕府は六波羅探題を設置して朝廷を監視させ，幕府の力は西国にまで及ぶようになった。　⑸ウ　⑹打ちこわし　⑺エ　⑻与謝野晶子

4 ⑴養殖業　⑵養殖業だと安定して生産量を確保することができるから。　⑶農村では農業を担う後継者がいないという問題があり，放棄された農地に太陽光発電をするパネルを設置することで土地を有効活用するため。
⑷ウ

5 ⑴ＮＩＥ　⑵イ　⑶エ　⑷ウ　⑸ア

《１期表現力　国語》

問１．Ⓐあ　Ⓑ構造　Ⓒすいちょく　Ⓓ裏　問２．１．イ　３．ウ　問３．視覚　問４．⑴日ごろ当たり前のように存在するが、気づいていないこと。　⑵夜空に広がる星　問５．微妙な音の差で異なった食感を表すことができ、食べごたえや歯ざわりなど、食材の食感を表現する役割。　問６．エ　問７．⑴４．五感　５．貸し借り
⑵味　⑶あ⃝，お⃝　⑷A，D　問８．イ　問９．Bさん

《１期表現力　算数》

1 ⑴12　⑵3.7　⑶４　⑷$\frac{15}{56}$　⑸14　⑹123

2 ⑴11　⑵６　⑶40　⑷62.8

3 ⑴４　⑵９

4 ⑴６　⑵0.5　⑶６時 24 分と６時 $41\frac{5}{11}$分

5 ⑴①66　②76　⑵①○　②92

山陽学園中学校【1期適性検査】

《適性検査Ⅰ》

課題1 (1)6　(2)2　説明…ゴンドラが回っている円周の長さは100×3.14=314より314mである。この観覧車はゴンドラの1つが1周するために10分28秒，すなわち10×60＋28＝628より628秒かかるので，1mあたりにかかる時間は628÷314＝2より，2秒。

(3)2分37秒後　説明…ゴンドラが1周するのに10分28秒かかり，太郎さんは花子さんがゴンドラに乗ってから5分14秒後にゴンドラに乗ったので，太郎さんが乗った時に，花子さんは1周のちょうど半分の観覧車の頂上にいる。太郎さんと花子さんが同じ高さになるのは，そこから$\frac{1}{4}$回転したときである。よって，求める時間は，$(10\times60+28)\times\frac{1}{4}=628\times\frac{1}{4}=157$より157秒，つまり2分37秒である。

課題2 (1)地しん　(2)気体Bは酸素，気体Cは二酸化炭素であるので，残った気体Aはちっ素であると考える。気体Bの酸素は，ものの燃焼を助けるはたらきがある。ちっ素や二酸化炭素にはそのようなはたらきがない。空気はちっ素と酸素のおおまかに体積比4：1からなる気体なので，気体AとBを4：1の割合で混合すると空気中と同じように線香の火は燃焼する。問題の気体は空気よりも酸素の割合が多いので，線香の火はびんに入れる前よりも激しく燃えると考えられる。　(3)日本に生息する理由…食用や他の動物のエサとして，人間の手によって日本国外から持ちこまれたから。　説明…アメリカザリガニもウチダザリガニも持ちこまれた地域ではんしょくし，定着した。問題文からアメリカザリガニは今年の6月より前にははん売や移動ができたので，持ちこまれた地域での生息に加えて，ペットとして飼われたり捨てられたりをくりかえし，生息する地域をじょじょに広げて全国に定着するようになったと考えられる。

課題3 (1)ウ　(2)乗り物の名前…ゴーカート，3Dシアター，バンジージャンプ　合計時間…120

(3)1番回答数が多かった遊び…ドッジボール　説明…それぞれの角度から全体に対する割合が求められるので回答数は

①が $180\times\frac{24}{360}+150\times\frac{120}{360}+192\times\frac{90}{360}=110$　②が $180\times\frac{72}{360}+150\times\frac{24}{360}+192\times\frac{75}{360}=86$

③が $180\times\frac{90}{360}+150\times\frac{60}{360}+192\times\frac{45}{360}=94$　④が $180\times\frac{120}{360}+150\times\frac{72}{360}+192\times\frac{60}{360}=122$

⑤が $180\times\frac{54}{360}+150\times\frac{84}{360}+192\times\frac{90}{360}=110$　よって一番回答数が多かったのは④のドッジボールです。

《適性検査Ⅱ》

課題1 (1)場／音 などから1つ　先／文 などから1つ　(2)完全に欠けることなく記憶したり、その記憶を持続したりすることができず、すべての言葉が平等に取りこまれる保証もないから。　(3)A．自分の偏ったものの見方にとらわれている　B．読者にとって重要で、作者が強調したい言葉ではない

課題2 私は図書館で本や百科事典を読んだり、インターネットで検索したり、インタビューを行ったりするなどして調べ学習を行います。そしてその際、複数の手段を用いて得た情報をきちんと比較し、内容の検討をするように気を付けるべきだと考えます。なぜなら、情報が間違っていたり、偏っていたりするおそれがあるからです。複数の手段を利用することで異なる面から見ても同じ結果かどうかを確認でき、正確な情報を得られると思います。

課題3 (1)先進国首脳会議 (下線部は主要でもよい)　(2)開催年は8年間隔から，7年間隔に変わっている。それはロシ

アが先進国首脳会議からはずれたからである。　⑶北海道　⑷にんじんは涼しい気候を好むため，日本の気候区分の東西南北で気温に差があることを利用して生産するとともに，時期をずらすことでにんじんの価格を高く出荷できるよう工夫をしているから。

【算数分野の解説】

課題１

⑴　観覧車は点Ｃを中心とする円で，ゴンドラが60台ついているので，求める角度は360°÷60＝６°である。

⑵　ゴンドラは，１周100×3.14＝314(m)を，10分28秒＝10×60秒＋28秒＝628秒かけて動く。

⑶　太郎さんがゴンドラに乗るときの花子さんのゴンドラとの位置関係を考える。

課題３

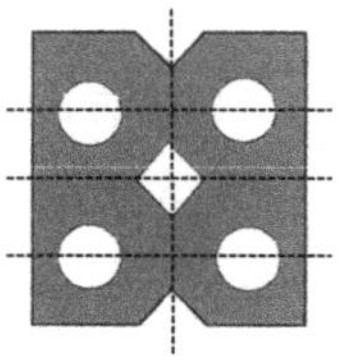

⑴　右の図のように，折り目を書き足してみると，折り目で区切られたひとつの形がウであることがわかる。

⑵　待ち時間と所要時間の合計は，ジェットコースターが50＋３＝53(分)，ゴーカートが30＋５＝35(分)，３Ｄシアターが10＋10＝20(分)，コーヒーカップが20＋５＝25(分)バンジージャンプが35＋10＝45(分)である。解答例のように回ると，

入口－５分→ゴーカート(35分)－５分→３Ｄシアター(20分)－５分→バンジージャンプ(45分)－５分→入口より，

合計時間は５×４＋35＋20＋45＝120(分)となる。解答例の他に，

〔ジェットコースター，３Ｄシアター，コーヒーカップ…５×４＋53＋20＋25＝118(分)〕，

〔ゴーカート，３Ｄシアター，コーヒーカップ…５×４＋35＋20＋25＝100(分)〕，

〔３Ｄシアター，コーヒーカップ，バンジージャンプ…５×４＋20＋25＋45＝110(分)〕の組み合わせもある。

⑶　グラフの角度から，各遊びの回答数を求める。

1 ⑴　与式＝35－6＝**29**

⑶　与式＝$\frac{15}{70}+\frac{60}{70}-\frac{49}{70}=\frac{26}{70}=\mathbf{\frac{13}{35}}$

⑷　与式＝$\frac{9}{4}\times\frac{8}{5}\times\frac{2}{9}=\mathbf{\frac{4}{5}}$

⑸　与式＝83－20÷4×5＝83－5×5＝83－25＝**58**

⑹　与式＝199×2×44－397×44＝(199×2－397)×44＝(398－397)×44＝1×44＝**44**

2 ⑴　縮尺が$\frac{1}{500}$のとき，地図上の長さが3㎝のときの実際の長さは，$(3\div\frac{1}{500})$㎝＝(3×500)㎝＝1500㎝＝15mであり，地図上の長さが5㎝のときの実際の長さは，$(5\div\frac{1}{500})$㎝＝(5×500)㎝＝2500㎝＝25mであるから，地図上でたて3㎝，横5㎝の長方形は，実際にはたて15m，横25mの長方形なので，面積は，15×25＝**375**(㎡)

⑵　**【解き方】仕事量の合計を1とする。**
仕事量の合計を1とする。7人が1日で行う仕事量は$\frac{1}{16}$なので，1人が1日で行う仕事量は$\frac{1}{16}\div7=\frac{1}{16}\times\frac{1}{7}=\frac{1}{112}$となる。6人で12日働いたときの仕事量は，$(\frac{1}{112}\times6)\times12=\frac{36}{56}$なので，残っている仕事量は$1-\frac{36}{56}=\frac{20}{56}=\frac{5}{14}$である。6＋2＝8(人)が1日で行う仕事量は，$\frac{1}{112}\times8=\frac{1}{14}$より，残っている仕事を8人で行ったときにかかる日数は，$\frac{5}{14}\div\frac{1}{14}=\frac{5}{14}\times\frac{14}{1}=5$より，5日かかるから，全部で12＋5＝**17**(日)

⑶　Aの場所に赤色をぬったときに，B，C，Dをぬる場合は右の樹形図のように全部で6通りあり，Aの場所に青色，黄色，緑色をぬった場合も同じように6通りあるから4色すべて使って色をぬる方法は全部で6×4＝**24**(通り)

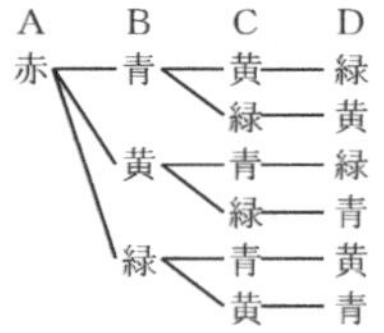

⑷　直線ACに対して，直線AB，DCはどちらも垂直な関係であるから，直線AB，DCは平行な関係である。このことから，三角形ABDと三角形ABCの面積が等しくなることがわかり，重なっている三角形ABEをのぞいた三角形AEDと三角形BCEの面積も等しくなる。よって，三角形AEDの面積は，底辺をAEとしたときの高さはDCとなるので，9×16÷2＝72(㎠)だから，三角形BCEの面積も**72**㎠

3 ⑴　お父さんは4段ずつ登ったので，お父さんがふんだ石段の数は300÷4＝**75**(段)

⑵　お父さんは4段ずつ，太郎さんは3段ずつ登ったので，2人ともふんだ石段は4と3の最小公倍数である12段ずつとなる。よって，300÷12＝**25**(段)

⑶　**【解き方】(お父さんまたは太郎さんがふんだ石段の数)＝(お父さんがふんだ石段の数)＋(太郎さんがふんだ石段の数)－(2人ともふんだ石段の数)**
⑴よりお父さんがふんだ石段の数は75段で，太郎さんは3段ずつ登ったので，太郎さんがふんだ石段の数は300÷3＝100(段)であり，⑵より2人ともふんだ石段の数は25段なので，お父さんまたは太郎さんがふんだ石段の数は，75＋100－25＝150(段)となる。よって，2人ともふまなかった石段の数は，300－150＝**150**(段)

4 ⑴　パークトレインに乗っている時間は，1.8÷12＝0.15(時間)より，0.15時間＝(0.15×60)分＝9分であり，歩いてもどるのにかかる時間は，1.8÷6＝0.3(時間)より，0.3時間＝(0.3×60)分＝18分だから，出発してから公園入口前にもどってくるまでにかかる時間は，観覧車に10分間乗ったことより，9＋10＋18＝**37**(分)

⑵　2班は1班が公園入口前を出発してから15分後に出発するので，2班が公園入口前に戻ってきたのは，1班が公園入口前を出発してから15＋37＝**52**(分後)

⑶　1班と3班がすれ違うのは，図より1班が歩いてもどっていて3班がパークトレインに乗っているときである。3班は1班が公園入口前を出発してから15×2＝30(分後)に出発し，このときまでに1班が歩いた時間は⑴

より 30－（９＋10）＝11（分間）であり，歩く速さは時速６km＝分速（６÷60）km＝分速 0.1 kmだから，３班が出発したときの１班の公園入口前からの道のりは，1.8－0.1×11＝0.7（km）となる。パークトレインの速さは時速 12 km＝分速（12÷60）km＝分速 0.2 kmであり，１班と３班は１分間で 0.1＋0.2＝0.3（km）道のりが縮まるので，１班と３班がすれちがうのは，３班が出発してから，0.7÷0.3＝７÷３＝$\frac{7}{3}$（分後）となる。よって，このときの公園入口前からの道のりは，0.2×$\frac{7}{3}$＝$\frac{2}{10}$×$\frac{7}{3}$＝$\frac{1}{5}$×$\frac{7}{3}$＝$\mathbf{\frac{7}{15}}$（km）

5 入れ始めてから 10 分後に４cm，20 分後に 14 cm，25 分後に 22 cmとなっており，最初の 10 分で水面は１分間に４÷10＝**0.4**（cm）ずつ上がっており，最後の 25－20＝５（分間）で水面は，１分間に（22－14）÷５＝８÷５＝1.6（cm）ずつ上がっている。最初から 20 分間，毎分 0.4 cm上がったとすると，水面の高さは 0.4×20＝８（cm）で，実際の高さである 14 cmよりも低いから，20 分後には上部分の円柱に水が入っていることがわかる。よって，途中からは１分間に **1.6** cmずつ上がったことがわかる。また，10 分後から 20 分後の 10 分間で水面が 10 cm上がっており，この間，下部分の円柱だけに水が入ったとすると 10 分間に 0.4×10＝４（cm）上がることから，10 分間で 10 cm上がるには 10－４＝６（cm）たりない。１分間で下部分の円柱に入れたときの上がる高さを，１分間で上部分の円柱に入れたときの上がる高さにおきかえると，水面の高さは 1.6－0.4＝1.2（cm）高くなるから，10 分後から 20 分後までで上部分の円柱に入れている時間は６÷1.2＝５（分間）なので，下部分の円柱に入れている時間は全部で 20－５＝15（分間）となる。よって，下部分の円柱の高さは 0.4×15＝**６**（cm）となる。上部分の円柱と下部分の円柱に水を入れたときに１分間で上がる水面の高さの比は 1.6：0.4＝16：４＝４：１であり，１分間に入れる量は一定であることから，底面積の比は水面が上がる高さの比の逆比となるので，**１：４**となる。上部分の円柱に１cm入れたときの水の体積を１とすると，下部分の円柱に１cm入れたときの水の体積は１×４＝４であり，下部分の円柱に５cm入れたときの水の体積は４×５＝20 となる。上部分の円柱の高さは(3)より 22－６＝16（cm）であり，上部分の円柱に 16 cm入れたときの水の体積は１×16＝16 と表されるので，容器にふたをして上下逆さまにして置くと，入れた水の体積の 20－16＝４の分はもとの下部分の円柱に入っており，このときの高さは４÷４＝１（cm）となる。したがって，容器にふたをして上下逆さまにして置いたときの水面の高さは，16＋１＝**17**（cm）

1 (1) 与式＝15÷３＋７＝５＋７＝**12**

(3) 与式$=\frac{5}{2}\times\frac{4}{1}-6=10-6=$**4**

(4) 与式$=\frac{64}{56}-\frac{49}{56}=\frac{15}{56}$

(5) 与式＝33－４－15＝29－15＝**14**

(6) 与式＝(123×0.1)×33－123×2.3＝123×3.3－123×2.3＝123×(3.3－2.3)＝123×１＝**123**

2 (1) **【解き方】右のような表をかいて，アにあてはまる数を求める。**

ウ＝40－18＝22　　イ＝22－10＝12　　ア＝23－12＝11

よって，犬と猫の両方を飼っている生徒は**11**人である。

		猫		合計
		○	×	
犬	○	ア	イ	23
	×		10	
合計		18	ウ	40

※○は飼っている，×は飼っていないことを表す。

(2) 縦12cm，横42cmの方眼紙を余りが出ないように同じ大きさの正方形に分けるとき，正方形が一番大きくなるときの１辺の長さは12と42の最大公約数である**６**cmとなる。

(3) 赤の電球が５秒に１回，青の電球が８秒に１回つくことから，赤と青の電球が同時についてから次にまた同時につくのは５と８の最小公倍数である**40**秒後となる。

(4) 右のように作図する。㋐の部分は，直径が10cmの円の円周の$\frac{1}{4}$であり，斜線部分の周の長さは㋐の曲線が８つ分なので，$(10\times3.14\times\frac{1}{4})\times8=10\times\frac{1}{4}\times8\times3.14=20\times3.14=$**62.8**(cm)

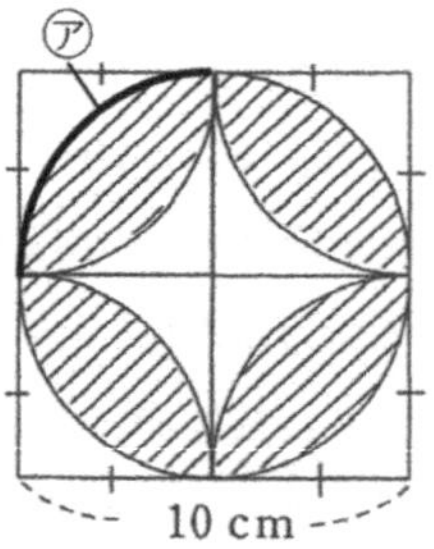

3 (1) 大きいバケツが10－６＝４(はい)増えると，小さいバケツが18－10＝８(はい)減っていることから，大きいバケツ４はいと小さいバケツ８はいの量が等しいことがわかる。よって，大きいバケツ１ぱいは，小さいバケツ２はい分なので，大きいバケツの容積は２×２＝**４**(Ｌ)

(2) この水そうの容積は(1)より，４×６＋２×18＝24＋36＝60(Ｌ)であり，７Ｌのバケツで水をくみ出すときの回数は，60÷７＝８余り４より，最低で８＋１＝**９**(回)くみ出せばよい。

4 (1) 時計の長針は１時間に１周することから，１時間に360°進んでいるので，60分間で360°進む。よって，１分間で進む角度は，360°÷60＝**６**(°)

(2) 時計の短針は12時間に１周することから，12時間に360°進んでいるので，１時間で360°÷12＝30°進む。よって，60分間で30°進むことから，１分間で進む角度は，30°÷60＝**0.5**(°)

(3) ６時ちょうどのとき，長針と短針がつくる角度は180°である。(1)(2)より，１分間で６°－0.5°＝5.5°縮まる。６時から７時までの間で，はじめて長針と短針の角度が48°となるのは，180°－48°＝132°縮まったときなので，132°÷5.5°＝24(分)より，**６時24分**。また，６時24分から48°縮まると長針と短針がつくる角度は０°になり，さらに同じ時間がたつと，長針と短針がつくる角度が48°となる。48°縮まるときにかかる時間は，48°÷5.5°＝$48\div\frac{55}{10}=48\div\frac{11}{2}=48\times\frac{2}{11}=\frac{96}{11}$(分)なので，$24+\frac{96}{11}\times2=\frac{264}{11}+\frac{192}{11}=\frac{456}{11}=41\frac{5}{11}$より，**６時$41\frac{5}{11}$分**。

5 (1)① **【解き方】ならびＡは○○△△△△の６個をくり返すようにならんでいる。**

この６個のまとまりの中に△は４個ある。100÷６＝16余り４より，左から100番目まではこのまとまりが16と○○△△が並んでいるので，△の数は，４×16＋２＝64＋２＝**66**(個)

② 50÷４＝12余り２から，左から50個目の△はこのまとまりが12並んだあとの○○△△△△の下線部であ

る。よって，左から50個目の△は左から６×12＋４＝72＋４＝**76**(番目)

⑵①　【解き方】ならびBは○△○○△○○○△の９個をくり返すようにならんでいる。

138÷９＝15余り３より，左から138番目はこの９個のまとまりが15並んだあとの○△○○△○○○△の下線部である。よって，左から138番目は**○**

②　○△○○△○○○△のまとまりの中に○は６個あり，①より，左から138番目までは，まとまりが15と○△○が並んでいるので，○の数は，６×15＋２＝90＋２＝**92**(個)

《１期学力　国語》

問１．Ⓐ専門　Ⓑ永遠　Ⓒねんとう　Ⓓみきわ　問２．学力調査　問３．技術〔別解〕能力　問４．ア　問５．エ　問６．⑴ウ　⑵イ　問７．４．タブレットなどデジタル機器　５．個々に応じて能力を伸ばしていける（ような）　６．一人ひとりの幸福感を重視し、学習や学校を楽しいものにする　問８．⑴子どもたちが幅広く周りの環境や世界に興味を持ち、自主性を高め、グループ内での協力を増やし、仕事や将来につながる問題解決型の学び方を身につけること　⑵７．算数　８．音楽　９．「水」に関連する実験を行う。　問９．一つ目…資料１より、読解リテラシー、数学的リテラシー、科学的リテラシー、全てが二〇一二年から下降傾向にあることがわかる。　二つ目…資料２より、日本はＯＥＣＤの中でトップレベルに位置しているが、読解リテラシーは他の分野に比べて低いことがわかる。

《１期学力　作文》

〈作文のポイント〉

・最初に自分の主張、立場を明確に決め、その内容に沿って書いていく。

・わかりやすい表現を心がける。自信のない表現や漢字は使わない。

さらにくわしい作文の書き方・作文例はこちら！→https://kyoei-syuppan.net/mobile/files/sakupo.html

《１期学力　算数》

1　⑴14　⑵7.5　⑶$\frac{17}{18}$　⑷$1\frac{1}{2}$　⑸1.8　⑹970

2　⑴50.2　⑵2750　⑶12　⑷$52\frac{1}{3}$

3　⑴17　⑵19　⑶133　⑷14690

4　⑴75　⑵1800　⑶450　⑷540

5　⑴18.84　⑵①１　②７　③$5\frac{3}{4}$

《１期学力　理科》

1　⑴イ，エ　⑵①酢／トイレ用洗剤　②セッケン水　③食塩水／台所用洗剤　⑶水素　⑷エ　⑸240

2　⑴①恒星　②太陽　③反射　④地球　⑤衛星　⑥クレーター　⑦大気〔別解〕空気　⑵自転…イ　公転…ウ　⑶いつ…夕方　方向…西

3　⑴680　⑵495　⑶エ　⑷充電に時間がかかる／充電する場所が限られる／車両代金が高い／長距離は走れない　などから１つ

4　⑴①本葉　②子葉　⑵ウ　⑶色…黄色　め花…カ　⑷お花　⑸７　⑹葉でつくられた栄養分が実をつくるのに使われたから

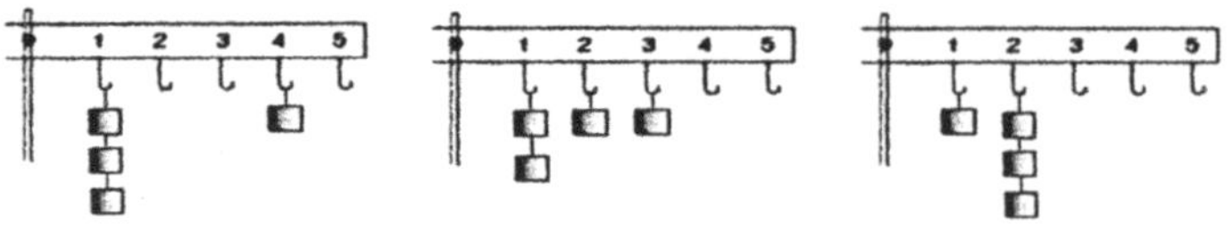

5　⑴右図のうち１つ　⑵45　⑶ウ

6　⑴ア．変化なし　イ．白くにごった　⑵燃焼によって水が発生したため　⑶表面積　⑷イ　⑸空気中の酸素と結びつくため　⑹9.8

《１期学力　社会》

1　⑴東京都　⑵火山　⑶ウ　⑷ア　⑸冬でも温暖な気候で，山地のため日当たりのよい斜面が多い。

2　⑴日本人の米の消費量が減ったことを背景に，米の作付面積を減らしていったから。　⑵ａ．内側に向かってかたむいて　ｂ．周囲に雪を落とさない　⑶ＧＰＳ　⑷イ

3　⑴争いが起こり，命を落とす者もいた。　⑵『風土記』　⑶反乱が起きたり，病気が流行したりするなど社会不安が広がっており，仏教の力で社会の不安をしずめようとしたから。　⑷エ　⑸書院造　⑹ウ　⑺イ　⑻西郷軍が士族によって構成されていたのに対し，政府軍は徴兵制度にもとづいて集められた，平民を中心とした人々によって構成されていた。　⑼都会の工場などに就職した

4　⑴エ　⑵形…ア　理由…人口が減少し，高齢者の割合が高くなっているから。　⑶厚生労働省　⑷復興庁　⑸ウ　⑹社会保障　⑺国の借金。　⑻18　⑼知事

《１期表現力　国語》

問１．Ⓐ格差　Ⓑと　Ⓒてんけい　Ⓓ覚　問２．まだれ　問３．ウ　問４．⑴未　⑵不　⑶非
問５．⑴かつてはあ　⑵ア．×　イ．○　ウ．×　エ．○　オ．○　問６．１．人生で大切にすべきこと　２．森ではたらき、生きることの流儀　問７．エ　問８．持続的に、そして安全に森から利益が得られるように、ルールを決めたり、民話をつくって語り継いだり、祈ってきたりした所作。　問９．ウ　問10．つながり　問11．Ｃさん

《１期表現力　算数》

1　⑴８　⑵2.5　⑶$\frac{7}{12}$　⑷２　⑸２　⑹12177

2　⑴22　⑵18　⑶50　⑷36

3　⑴$\frac{1}{6}$　⑵$13\frac{1}{2}$　⑶128番目

4　⑴165　⑵29　⑶1980

5　⑴100　⑵450　⑶80

山陽学園中学校【１期適性検査】

《適性検査Ⅰ》

課題１ ⑴路面電車／10，35　⑵10，28　説明…美術館に着くのは路面電車が出発してから 17 分後だから，11 時に着くためには 17 分前の 10 時 43 分までに路面電車が出発しなければいけない。路面電車の時刻表を見ると，10 時 43 分より前で一番遅いのは 10 時 33 分発なので，学校を遅くともその５分前の 10 時 28 分までに出発しなければならない。

⑶11，22　説明…あきらさんの班はバスに乗って 26 分後，花子さんの班は路面電車に乗って 17 分後に美術館に到着する。かかる時間が９分短い路面電車の方が６分遅く到着したということから，路面電車はバスより 15 分遅く発車したとわかる。時刻表よりバスは 11 時 25 分，路面電車は 11 時 40 分に出発したので，学校を出た時刻はバスの出発時刻の３分前で 11 時 22 分と考えられる。

課題２ ⑴540　⑵角度…(36，72，72)(36，36，108)　説明…正五角形の一つあたりの内角は 540÷５＝108 度。また，三角形ＡＢＣにおいて，ＡＢ＝ＢＣの二等辺三角形より，一つの底角の大きさは，(180−108)÷２＝36 度となる。三角形ＡＥＤも同様に考えると一つの底角の大きさが 36 度となり，角ＩＡＨの大きさも 108−36−36＝36 度となる。よって，この図の中にある二等辺三角形は，36 度の角を一つ含む二等辺三角形(36 度，72 度，72 度)と，36 度を底角として二つ含む二等辺三角形(36 度，36 度，108 度)の二つに限られる。

⑶個数…35　説明…(36 度，72 度，72 度)の二等辺三角形について，点Ａを頂点とする二等辺三角形は三角形ＡＩＨと三角形ＡＣＤの２個，辺ＡＢを含む二等辺三角形は三角形ＡＢＪと三角形ＡＢＨの２個ある。(36 度，36 度，108 度)の二等辺三角形について，点Ａを頂点とする二等辺三角形は三角形ＡＢＥの１個，辺ＡＢを底辺とする二等辺三角形は三角形ＡＢＩの１個ある。また，点Ａの向かい合う辺である，辺ＢＥを含む二等辺三角形は，三角形ＦＢＥの１個ある。これらを合計すると，２＋２＋１＋１＋１＝７個となる。よって，正五角形の点Ｂ～点Ｅも同様にして考えればよいので，求める個数は７×５＝35 個である。

課題３ ⑴北西　⑵記号…ア　説明…飛行機がうき上がるためには，つばさの上側の気圧が低く，下側の気圧が高くなればよい。花子さんの会話から，上側の面積が下側よりも大きいつばさがうき上がることができるので，これに当てはまるのはアである。　⑶飛行機の機体はがんじょうでも，重ければ飛ぶための燃料を多く必要としてしまう。表中の金属材料の中で，マグネシウム合金，ジュラルミン，チタン合金の順に軽いことがわかる。また，上空１万ｍは 10 ㎞なので，図２からこの位置の温度は約−50℃である。よって，飛行するはん囲(約−60℃から約 30℃)でとけてしまう温度の面で不適切な金属材料はない。マグネシウム合金の方がより軽いが，日常生活の利用例で精密機械や現金の輸送用ケースに利用されているジュラルミンの方がよりがんじょうであると考えられる。以上の理由から機体にはジュラルミンが使われると考える。

《適性検査Ⅱ》

課題１　⑴判／定／点／決／論／議などから１つ　批／好／品／不／風／悪などから１つ　⑵集合住宅に住んでエアコンの利用を効率的にし、公共交通を利用して個人がエネルギーを浪費しないライフスタイルをもてるように、社会的なしくみをつくっていくこと。　⑶都市に整備された緑地や公園、川や雑木林や生き物などの自然を無視して、身近な自然がなくなっても気づかなくなるから。　⑷１．残す　２．改善する

課題２　(例文)私が気をつけたいと思うことの一点目は、災害が発生した時にひ難する場所を確認しておくことだ。ふだんからひ難場所とそこへの行き方を覚えておけば、災害が起こった時もあわてずに落ち着いて行動できるからだ。二点目は、エアコンを使いすぎないようにすることだ。異常気象の原因は、地球温暖化と言われている。温暖化の原因の一つは、エアコンの使いすぎだと思うからだ。なるべく節電し設定温度に気をつけるようにしたい。

課題３　⑴自動車の通行が，右側通行から左側通行に変更されている。　⑵通貨／法律／パスポート
⑶収入Ａの名称…観光収入　説明…沖縄観光ブームの影響で，観光収入は順調に伸びたが，2020年度は新型コロナの感染拡大の影響で観光収入は大幅に落ち込んだ。　⑷①

【算数分野の解説】

問題１

⑴　バスを利用した場合，10時10分＋３分＝10時13分にバス停に着き，10時17分発のバスに乗る。したがって，美術館に，10時17分＋25分＋１分＝10時43分に着く。
路面電車を利用した場合，10時10分＋５分＝10時15分に電停に着き，10時18分発の路面電車に乗る。したがって，美術館に，10時18分＋12分＋５分＝10時35分に着く。

⑵　到着時刻の11時から逆算して，何時発の路面電車に乗らなければいけないかを考える。

⑶　バスまたは路面電車に乗ってから美術館に着くまでの時間は一定なので，それぞれの差を求めることができる。これと，到着時刻に６分の差がついたことをもとに，バスに乗った時刻と路面電車に乗った時刻の差を求めることができる。

問題２

⑴　五角形は内側に直線を引くことで３つの三角形に分けることができるので，五角形の内側の角の和は，三角形の角の和の３倍だから，$180° \times 3 = 540°$

⑵　図１にふくまれる180°より小さい角の大きさはすべて，36°か$36° \times 2 = 72°$か$36° \times 3 = 108°$なので，三角形の種類も限られる。

⑶　(36°，72°，72°)の二等辺三角形と，(36°，36°，108°)の二等辺三角形に分け，さらに大きさごとに分けて，同じ三角形を２回数えないように注意しながら数えていく。

1 (1) 与式＝６＋８＝**14**

(3) 与式$=\frac{21}{36}+\frac{9}{36}+\frac{4}{36}=\frac{34}{36}=\mathbf{\frac{17}{18}}$

(4) 与式$=\frac{3}{5}\times\frac{15}{4}\times\frac{2}{3}=\frac{3}{2}=\mathbf{1\frac{1}{2}}$

(5) 与式＝3.6×0.5＝**1.8**

(6) 与式＝(5.3＋4.7)×97＝10×97＝**970**

2 (1) **【解き方】(平均)＝(合計の重さ)÷(個数)，(合計の重さ)＝(平均)×(個数)，で求められる。**

卵４個の合計の重さは，48.5×４＝194(g)だから，卵５個の合計の重さは，194＋57＝251(g)になる。よって，卵５個の平均の重さは，251÷５＝**50.2**(g)

(2) **【解き方】所持金の合計は，兄が弟に500円を渡す前と後では変わらない。**

兄が弟に500円渡すと，兄の所持金は3600円の$\frac{5}{5+3}=\frac{5}{8}$で，$3600\times\frac{5}{8}=2250$(円)になる。よって，はじめに兄が持っていた金額は，2250＋500＝**2750**(円)

(3) １，１，２の３枚でできる３けたの整数は，112，121，211の３通りで，１，１，３の３枚でできる３けたの整数も同じく３通りある。１，２，３の３枚でできる３けたの整数は，123，132，213，231，312，321の６通りだから，できる３けたの整数は全部で，３＋３＋６＝**12**(通り)

(4) **【解き方】右図のように面積が等しい部分を移動して考える。**

Ａの矢印のように動かすと太線で囲んだ正三角形になる。太線で囲んだ正三角形をＢの矢印のように動かすと半径が20÷２＝10(cm)で中心角が180°÷３＝60°のおうぎ形になるから，求める面積は，$10\times10\times3.14\times\frac{60°}{360°}=314\times\frac{1}{6}=\frac{157}{3}=\mathbf{52\frac{1}{3}}$(cm²)

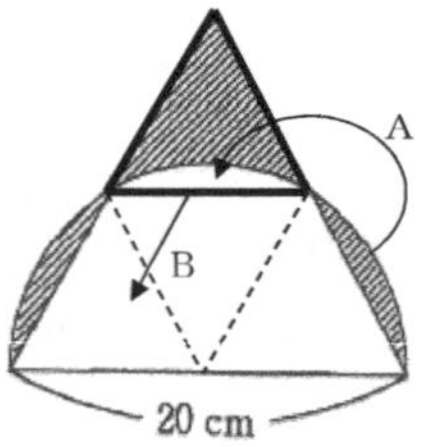

3 (1) **【解き方】この問題のように空きびん数本を１本の新品と交換してもらう問題では，右のような図をかくとよい。まず買ったジュースを表す○を１段目に４個並べ，それらからもらえるジュースを２段目の左はしに●で表す。すると，２段目以降は○を３個加えるごとに次の段に行けることになる。**

13本買った場合，○が13個だから，２段目以降の段は，(13－４)÷３＝３より，１＋３＝４(段目)まで全部うまり，５段目は●が１個となる。よって，全部で４×４＋１＝**17**(本)のジュースが飲める。

１段目	○	○	○	○
２段目	●	○	○	○
３段目	●	○	○	○
４段目	●	○	○	…

※○は買ったジュースを，●は空きびんと交換することでもらえたジュースを表す。

(2) ○が58個のときの●の数を数えればよい。

２段目以降の段は，(58－４)÷３＝18より，１＋18＝19(段目)まで全部うまり，20段目は●が１個となる。よって，●の数は20－１＝19(個)で，全部で**19**本のジュースが飲める。

(3) 100本買った場合，○が100個だから，２段目以降の段は，(100－４)÷３＝32より，１＋32＝33(段目)まで全部うまり，34段目は●が１個となる。よって，全部で４×33＋１＝**133**(本)のジュースが飲める。

(4) 150本のジュースを飲むためには，150÷４＝37余り２より，37段目までが全部うまり，38段目が●○となればよい。この場合に買ったジュースは，○の数だから，４＋３×(37－１)＋１＝113(本)で，支払う金額は，130×113＝**14690**(円)

4 (1) グラフより，600mを８分で進む速さだから，求める速さは，毎分(600÷８)m＝毎分**75**mである。

(2) 弟は兄より６分遅れて親せきの家に着いたから，弟は家から親せきの家まで18＋６＝24(分)かかった。よって，家から親せきの家までの道のりは，75×24＝**1800**(m)

⑶　兄は忘れ物に気づいて，毎分(75×２)m＝毎分150mの速さで家に戻るから，家に戻るまで600÷150＝4(分)かかる。その２分後に自転車で家を出たから，自転車に乗っていた時間は，18－８－４－２＝４(分)である。よって，自転車で走った速さは，毎分(1800÷４)m＝毎分**450**mである。

⑷　兄が自転車で家を出るとき，弟は家を出発して８＋４＋２＝14(分)歩いているから，兄より75×14＝1050(m)先にいる。兄と弟の差は１分で450－75＝375(m)ずつ小さくなるから，兄は，自転車で家を出てから1050÷375＝2.8(分後)に弟に追いつく。そこは兄が家から450×2.8＝1260(m)進んだ地点だから，親せきの家から1800－1260＝**540**(m)手前である。

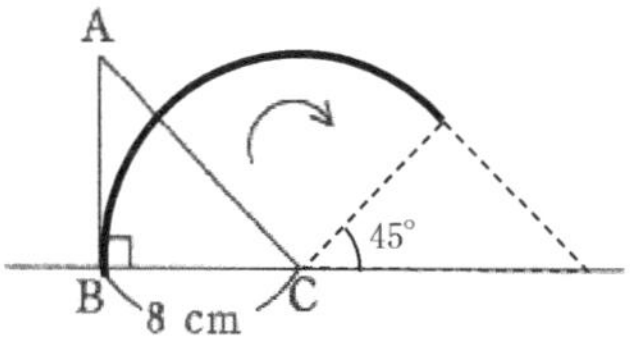

5　⑴　点Bが通ったあとは，右図の太線部分のようになる。太線は半径が８cmで中心角が180°－45°＝135°のおうぎ形の曲線部分の長さだから，求める長さは，

$8\times2\times3.14\times\frac{135°}{360°}=$**18.84**(cm)

⑵①　ＢＣ＝４cm，ＥＦ＝６cmだから，ＣＥ＝14－４－６＝４(cm)である。

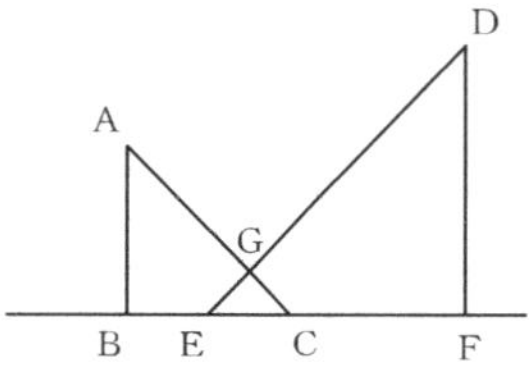

点Ｃ，Ｅに注目すると，２点は４÷(１＋１)＝２(秒後)に重なり，さらに１秒で１cmずつ動き１＋１＝２(cm)はなれるから，３秒後は右図のように重なり，ＥＣ＝２cmとなる。ＡＣとＥＤの交わる点をＧとすると，角ＧＥＣ＝角ＧＣＥ＝45°だから，三角形ＧＥＣは直角二等辺三角形である。ＥＣを底辺とみると高さは，２÷２＝１(cm)だから，重なる部分の面積は，２×１÷２＝**1**(cm²)

②　点Ｂと点Ｆが重なる時間を求めればよい。２点は１秒で１＋１＝２(cm)ずつ近づくから，重なるのは動き始めてから，14÷２＝**7**(秒後)

③　辺ＢＣと辺ＥＦの真ん中の点をＨ，ＡＣとＥＤが交わる点をＩ，ＡＢとＥＤが交わる点をＪとする。ＢＨ＝ＣＨ＝４÷２＝２(cm)，ＥＨ＝ＦＨ＝６÷２＝３(cm)

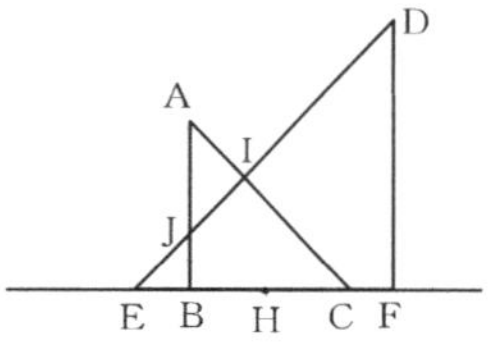

２つの図形が重なる部分は，三角形ＩＥＣから三角形ＪＥＢをのぞいた形である。三角形ＪＥＢは，直角二等辺三角形だから，ＪＢ＝ＥＢ＝３－２＝１(cm)で，面積は，$1\times1\div2=\frac{1}{2}$(cm²)　三角形ＩＥＣも直角二等辺三角形で，ＥＣ＝３＋２＝５(cm)だから，ＥＣを底辺とみると高さは，$5\div2=\frac{5}{2}$(cm)で，面積は，$5\times\frac{5}{2}\div2=\frac{25}{4}$(cm²)

よって，重なる部分の面積は，$\frac{25}{4}-\frac{1}{2}=\frac{25}{4}-\frac{2}{4}=\frac{23}{4}=\mathbf{5\frac{3}{4}}$(cm²)

2023 算数解説 令和5年度 山陽学園中学校【1期表現力】

1 (1) 与式$=18\div3+2=6+2=$**8**

(3) 与式$=\frac{16}{12}-\frac{9}{12}=\frac{7}{12}$

(4) 与式$=\frac{3}{2}\times4-4=6-4=$**2**

(5) 与式$=14\div(3+6-2)=14\div(9-2)=14\div7=$**2**

(6) 与式$=(100-1)\times123=12300-123=$**12177**

2 (1) **【解き方】つるかめ算を利用する。**

三輪車が40台とすると，車輪の数は$3\times40=120$(個)になり，実際より$120-98=22$(個)多い。三輪車1台を二輪車1台におきかえると，車輪の数は$3-2=1$(個)少なくなるから，二輪車は，$22\div1=$**22**(台)である。

(2) **【解き方】父と私の年れいの差は何年後でも変わらないことに注目する。**

父の年れいが私の年れいの2倍になるときの，父の年れいを②，私の年れいを①とすると，2人の年れいの差の②－①＝①が$42-12=30$(才)にあたるから，このときの私の年れいは30才で，$30-12=$**18**(年後)である。

(3) **【解き方】99個から，3または4で割り切れる整数の個数を引いて求める。**

1から99までの整数で，3で割り切れる整数は，$99\div3=33$(個)　4で割り切れる整数は，$99\div4=24$あまり3より，24個ある。3と4の最小公倍数の12で割り切れる整数は，$99\div12=8$あまり3より，8個だから，3または4で割り切れる整数は，$33+24-8=49$(個)　よって，3でも4でも割り切れない整数は，$99-49=$**50**(個)

(4) 右図のように，面積が等しい部分を移動して考えると，黒い部分を合わせた面積は長方形の半分の面積に等しい。円の直径が6cmだから，長方形のたては6cm，横は$6\times2=12$(cm)で，求める面積は，$6\times12\div2=$**36**(cm²)

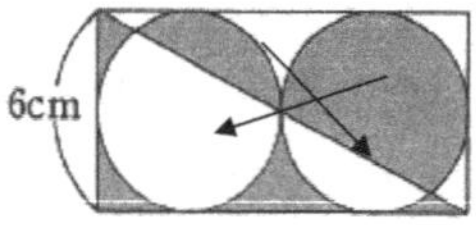

3 (1) **【解き方】1を$\frac{1}{1}$，$\frac{2}{2}$，$\frac{3}{3}$，…にすると，$\frac{1}{1}$，$\frac{1}{2}$，$\frac{2}{2}$，$\frac{1}{3}$，$\frac{2}{3}$，$\frac{3}{3}$，$\frac{1}{4}$，$\frac{2}{4}$，$\frac{3}{4}$，$\frac{4}{4}$，…のように，分母が□で，分子が1から□までの分数が□個並んでいることわかる。**

分母が2の分数が2個，分母が3の分数が3個，分母が4の分数が4個，分母が5の分数が5個並ぶから，はじめから数えて$1+2+3+4+5=15$(番目)の数が$\frac{5}{5}$である。よって，16番目の数は分母が6の分数の1番目の数だから，$\frac{1}{6}$である。

(2) **【解き方】6回目の1は$\frac{6}{6}$だから，はじめから$\frac{6}{6}$までの和を求めればよい。**

分母が2の分数の和は，$\frac{1}{2}+\frac{2}{2}=1\frac{1}{2}$　分母が3の分数の和は，$\frac{1}{3}+\frac{2}{3}+\frac{3}{3}=2$　分母が4の分数の和は，$\frac{1}{4}+\frac{2}{4}+\frac{3}{4}+\frac{4}{4}=2\frac{1}{2}$　分母が5の分数の和は，$\frac{1}{5}+\frac{2}{5}+\frac{3}{5}+\frac{4}{5}+\frac{5}{5}=3$　分母が6の分数の和は，$\frac{1}{6}+\frac{2}{6}+\frac{3}{6}+\frac{4}{6}+\frac{5}{6}+\frac{6}{6}=3\frac{1}{2}$　よって，求める和は，$1+1\frac{1}{2}+2+2\frac{1}{2}+3+3\frac{1}{2}=$**$13\frac{1}{2}$**

(3) **【解き方】1からnまでの連続する整数の和は，$\frac{(n+1)\times n}{2}$で求められることを利用する。**

$\frac{8}{16}$は分母が16の分数の8番目の数である。分母が15の分数は15個ある。

1から15までの連続する整数の列を2つ使って右のような筆算が書けるから，

$$\begin{array}{rr} & 1+2+3+\cdots\cdots+15 \\ +) & 15+14+13+\cdots\cdots+1 \\ \hline & 16+16+16+\cdots\cdots+16 \end{array}$$

1から15までの連続する整数の和は，

$1+2+3+4+5+6+7+8+9+10+11+12+13+14+15=\frac{16\times15}{2}=120$

したがって，120番目の数が$\frac{15}{15}$である。よって，$\frac{8}{16}$は，はじめから数えて，$120+8=$**128**(番目)

4 (1) 兄の速さは妹の速さの$\frac{5}{2}$だから，分速$(66\times\frac{5}{2})$m＝分速**165**mである。

(2)　兄が，休けいせずに学校に行くとすると，2640÷165＝16(分)かかる。よって，公園で休けいした兄が学校に着いたのは，家を出発してから，16＋13＝**29**(分後)

(3)　**【解き方】同じ時間だけ進むとき，速さの比と道のりの比は等しいから，兄が学校から妹に出会うまでに進んだ道のりと，同じ時間で妹が進んだ道のりの比は5：2である。**

兄が学校を出発するのは家を出発してから，16＋10＝26(分後)だから，このとき妹は家から66×26＝1716(m)進んだ地点にいる。このあと，兄と妹が出会うまでに進む道のりの比は5：2だから，兄が進む道のりは，

(2640－1716)×$\frac{5}{2+5}$＝660(m)　　よって，家から公園までの道のりは，2640－660＝**1980**(m)

5　(1)　**【解き方】1日目に売れた個数の合計と原価の合計がわかるから，つるかめ算を利用する。**

1日目の売り上げが114000円，利益が38000円だから，1日目に売れた商品220個の原価の合計は114000－38000＝76000(円)となる。商品Bが220個売れたとすると，原価の合計金額は300×220＝66000(円)になり，実際より76000－66000＝10000(円)安くなる。商品B1個を商品A1個におきかえると，原価の合計金額は400－300＝100(円)高くなるから，商品Aの個数は，10000÷100＝**100**(個)である。

(2)　**【解き方】商品Aと商品Bの1個あたりの利益の比は，$\frac{4}{3}$：1＝4：3だから，商品Aの1個あたりの利益を④，商品Bの1個あたりの利益を③として，1日目の利益がいくらの比にあたるかを考える。**

(1)より，1日目は商品Aが100個，商品Bが220－100＝120(個)売れたから，1日目の利益の合計は，

④×100＋③×120＝(400)＋(360)＝(760)で，これが38000円にあたる。よって，①が38000÷760＝50(円)だから，商品Bの1個あたりの利益は50×3＝150(円)で，定価は，300＋150＝**450**(円)

(3)　2日目は，商品Aが割引をして120個，商品Bが定価で100個売れた。

商品Bの売り上げは450×100＝45000(円)だから，商品Aの売り上げは，102600－45000＝57600(円)

商品Aは1個57600÷120＝480(円)で売ったから，1個あたりの利益は，480－400＝**80**(円)

2022 解答例 令和4年度 山陽学園中学校【1期学力】【1期表現力】

《1期学力　国語》

問1．Ⓐ引退　Ⓑ親密　Ⓒざっか　Ⓓも　　問2．1．オ　2．エ　3．ア　　問3．エ　　問4．5．人間の生のコミュニケーション　6．買い物対策　7．社会との接点　　問5．高齢者単独の世帯は、近くに食品スーパーが無いため、加工食品やお菓子など栄養の偏ったものばかりを食べるようになる上、新しい食品にはチャレンジせず、食べなれた「いつものもの」で済ましてしまうことが多く、色々な種類の食品を食べないから。　　問6．エ　　問7．花　　問8．イ　　問9．8．利用者　9．乗り合い〔別解〕乗り合わせ　10．安い〔別解〕少ない　　問10．過疎化が進んだ地方では近隣にスーパーや病院などの施設が少なくなり、住民は遠方まで出かけなければならない。公共交通機関も少ないため、目的地への移動手段は自動車に頼らざるを得ない状況である。しかし、高齢になって運転免許証を返納する人も増えており、自動車を運転できなくなると、目的地に行くための移動手段が無くなってしまう問題が生じているから。

《1期学力　作文》

〈作文のポイント〉

・最初に自分の主張、立場を明確に決め、その内容に沿って書いていく。

・わかりやすい表現を心がける。自信のない表現や漢字は使わない。

さらにくわしい作文の書き方・作文例はこちら！→https://kyoei-syuppan.net/mobile/files/sakupo.html

《1期学力　算数》

1　(1)2　(2)6300　(3)10.8　(4)$\frac{4}{21}$　(5)$2\frac{3}{10}$　(6)602

2　(1)37　(2)20　(3)18　(4)6

3　(1)99　(2)①8　②10

4　(1)1600　(2)700　(3)68，30　(4)45

5　(1)120　(2)3　(3)71

《1期学力　理科》

1　(1)ア．外炎　イ．内炎　ウ．炎心　(2)記号…ア　番号…②　(3)a．①　b．⑤　(4)ア→ウ→イ　(5)伝導　(6)②，④

2　(1)A．ア　B．イ　C．ウ　D．エ　(2)水に運ばれるときにつぶどおしがぶつかり角が取れたため　(3)④エ　⑤ア　⑥オ　(4)⑦ウ　⑧イ　⑨カ　(5)示準化石　(6)海底の地面がりゅう起した

3　(1)(F，6)　(2)おもりの重さ…10　位置…(E，2)　(3)ア．大きく　イ．変わらない

4　(1)A，E　(2)発芽に光は関係ない　(3)条件Aの方が成長する　(4)イ　(5)(4)の図の種子

5　(1)ウ　(2)大きくなる　(3)加工しやすい／さびにくい／丈夫　などから1つ

6　(1)A．けん　B．関節　(2)エ　(3)酸素／栄養分　(4)右図　(5)塩分が含まれているから

《１期学力　社会》

1　⑴サンゴが死んでいる状態。　⑵エ　⑶イ　⑷観光業がさかんだから。　⑸自動車　⑹石炭　⑺ア

2　⑴埴輪　⑵家柄にとらわれず能力や功績で役人を登用しようとした。　⑶聖武天皇　⑷ア　⑸藤原頼通
⑹ウ　⑺筆で描いた絵ではなく，版画として大量に印刷されたものであり，安く売られたから。　⑻生糸
⑼イ　⑽Ｃ　⑾資料Ⅲ…エ　資料Ⅴ…イ

3　⑴平和主義　⑵ウ　⑶日本国憲法に基づいてつくられている。〔別解〕日本国憲法に違反してはならない。

4　⑴Ａ．防災　Ｂ．津波〔別解〕洪水　Ｃ．ハザード　Ｄ．ＳＤＧｓ　⑵ａ．ライフ　ｂ．断層　ｃ．プレート
⑶使用済みの小型家電の金属をリサイクルしてメダルをつくるから。

《１期表現力　国語》

問１．Ⓐせっち　Ⓑ停止　Ⓒ検証　Ⓓすいしん　問２．森林におけ～にするため　問３．イ　問４．日本の鳥類はいるべき場所にいるべき品種が品良く生息し、それぞれが異なる資源を利用することで共生しているが、熱帯の鳥類は似たような鳥が棲み分けもせずに何種類も同所的に生息している。　問５．⑴ウ　⑵①目　②馬
問６．（例文）朝から何も食べていないので、お腹がぺこぺこだ。　問７．越冬地である東南アジアの森林減少や渡りの中継地での乱獲が影響しているから。　問８．１．熱帯林減少　２．世界の平和と経済的安定　問９．ア
問10．イ　問11．Ｂ　資料番号…資料①／ヨーロッパの森林面積は1017百万haで、他の大陸の面積と比べて、一番大きいことが分かる。また、世界の森林面積に占める割合は世界全体100％のうち、ヨーロッパが25％で四分の一を占めているので、Ｂさんが正しい。

《１期表現力　算数》

1　⑴15　⑵6.7　⑶$1\frac{1}{6}$　⑷$\frac{3}{8}$　⑸5　⑹21

2　⑴32　⑵9　⑶38　⑷18.42

3　⑴5　⑵9　⑶①25　②7.5

4　⑴777　⑵9　⑶1円，2円，4円，7円

5　⑴1.8　⑵4.2　⑶7.5

2022 解答例
令和4年度

山陽学園中学校【1期適性検査】

《適性検査Ⅰ》

課題1　(1)9，55　(2)回数…9　説明…9時15分から15時までは5時間45分ある。60×5＋45＝345分　吹奏楽部は10分のステージと30分の休憩を合わせて，40分ごとにステージがある。345÷40＝8余り25だが，ステージは10分間なのでもう1回ステージができる。したがって，9回。

(3)時間…16　説明…昼休み前後には休憩時間は設けないため，休憩は全部で13回ある。昼休憩も考慮すると劇に使える時間は 345－(5×13)－40＝240分。15クラス参加するので240÷15＝16分間。

課題2　(1)30　(2)面積…50　説明…三角形ＡＢＣの，辺ＢＣの長さが5㎝だから，これを開いていくと，もともとの正方形の対角線の長さが10㎝であることが分かる。ここで，最初の折り紙(正方形)に対角線を引くと，底辺が5㎝，高さが5㎝の直角三角形が4個できるので，求める面積は
(5×5÷2)×4＝50㎠となる。

(3)数字の合計…237　説明…三角形ＡＢＣを開いていくと，切り取られた部分(斜線の部分)は折り目に沿って対称になっていくので，最終的には右図の○がついている部分が切り取られる。この部分を合計すると，
3＋4＋7＋14＋18＋20＋24＋25＋27＋28＋32＋35＝237となる。

1	2	③	④	5	6
⑦	8	9	10	11	12
13	⑭	15	16	17	⑱
19	⑳	21	22	23	㉔
㉕	26	㉗	㉘	29	30
31	㉜	33	34	㉟	36

課題3　(1)息にふくまれる水分が液体のつぶになると白っぽく見えるが，気体の水蒸気に変わることで見えなくなる。
(2)両生類の動物…カエル　説明…川や湖などの水の中やその周辺。(下線部は淡水でもよい)　(3)陸のプレートは，海のプレートに引きずりこまれることでゆがんでいき，それが限界に達するともとの状態にもどろうとずれ動くことで地震が発生する。／14

《適性検査Ⅱ》

課題1　(1)(A)トイレ／非常口　などから1つ　(B)ちがう言語を話す　(2)若者が注目を浴びようと非道徳的なことや過激なことをして「いいね！」欲しさに行動してしまうという問題。　(3)(最も手軽な報酬承認装置で)価値を付加してくれるものであるということ／たくさんの交流が生まれること　(4)「世間」や自分への評価が目に見える形で表され、つながることが重荷や苦痛となり、自意識とうまく付き合えなくなるから。

課題2　(例文)私は家が近い人とグループを作る方がよいと考えます。たしかに、仲のよい人だと話し合いがしやすく、協力しやすいです。しかし、地域の人へのインタビューなら、同じ近所に住む人と組んだ方が地元のことをお互いよく分かっているので行動しやすいと思います。日ごろ話さない人とグループを作ることで新たな交流が生まれ、考え方も深まるかもしれません。だから、私は家が近い人とグループを作ることに賛成です。

課題3　(1)(A)福沢諭吉　(B)渋沢栄一　(2)ニセ札が広まり経済が混乱するのを防ぐため。／外国人に分かりやすいだけでなく，障がい者にも使いやすいユニバーサルデザインのお札にするため。／レジスターや自動販売機を新しいお札に合わせるために新しい機械が売れて経済が良くなるため。／高度な紙幣制作技術が失われないようにするため。　などから2つ　(3)日本でも電子マネーが普及してきたが，日本政府の歳出が増大しているため，紙幣の需要が衰えないことと，10万円を5年間預けても15円しか利子がつかない超低金利が続き，銀行に預ける手間も考えると，家庭でいわゆるタンス預金をする日本人が多いため。

【算数分野の解説】

課題１

⑴　ステージの時間が10分，ステージとステージの間の休けいが30分だから，２回目のステージは，９時15分＋10分＋30分＝９時55分に始まる。

⑵　１回のステージと休けいの時間で，10分＋30分＝40分かかるので，

(文化祭が行われる時間)÷40分で，ステージの回数を求めることができる。

解答例のように，最後のステージはその後の休けいの時間を考えなくてよいので，10分間で行うことができることに注意する。

⑶　すべての劇《げき》の後に休けいを入れると，休けいは全部で15回になるが，昼休みに入る直前の劇と最後の劇にはその後の休けいは必要ないので，休けいは全部で15－２＝13(回)ある。

休けいは１回につき５分で，昼休みが40分あるので，劇に使える時間は，

午後３時－午前９時15分－５分×13－40分＝240分である。

劇は15回行うので，求める時間は，240÷15＝16(分間)

課題２

⑴　２の位置と重なる数字は，２と折り目(右図の太線)について対称な位置の数字だから，右図のように30だとわかる。

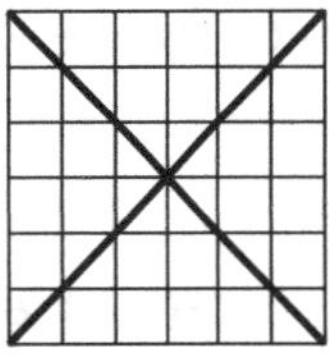

⑵　ＢＣ＝５㎝は３マス×３マスの正方形の対角線の長さを表しているので，

６マス×６マスのもとの正方形の対角線の長さは５×２＝10(㎝)だとわかる。

解答例のように，右図のような対角線を引くことで直角二等辺三角形を４つ作って面積を求めてもよいが，正方形(ひし形)の面積は(対角線)×(対角線)÷２で求められることを利用して，10×10÷２＝50(㎠)と求めてもよい。

⑶　実際に広げていくと，右図のようになるので，

解答例のように説明できる。

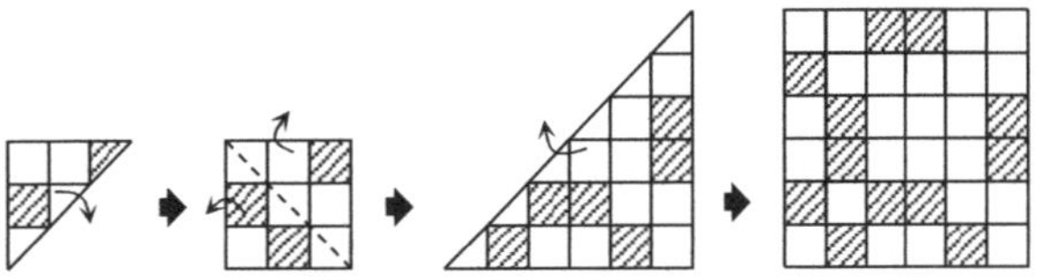

山陽学園中学校【１期学力】

←解答例は前のページにありますので，そちらをご覧ください。

1 (1) 与式$=30\div5-4=6-4=2$

(4) 与式$=\frac{56}{105}-\frac{36}{105}=\frac{20}{105}=\frac{4}{21}$

(5) 与式$=(2\frac{4}{20}+1\frac{5}{20})\times\frac{2}{3}=3\frac{9}{20}\times\frac{2}{3}=\frac{69}{20}\times\frac{2}{3}=\frac{23}{10}=2\frac{3}{10}$

(6) 与式$=3.01\times2\times112-3.01\times24=3.01\times(224-24)=3.01\times200=602$

2 (1) １人に配る本数を６－４＝２(本)増やすと，配るのに必要なえん筆が13－１＝12(本)増えるから，子どもの人数は，12÷２＝６(人)である。よって，えん筆は全部で，４×６＋13＝37(本)

(2) 大人の女性が６人なので，大人の男性は11－６＝５(人)

子どもの男性は５人だから，男性は全部で５＋５＝10(人)　　よって，乗客は全部で，10＋10＝20(人)

(3) **【解き方１】図２のように並べたときにできる外側の図形は，正多角形である。正多角形の外角の和は360°になることを利用する。**

できる正多角形の１つの内角の大きさは80°＋80°＝160°だから，１つの外角の大きさは，180°－160°＝20°

360°÷20°＝18より，できる正多角形は正十八角形だから，こまは全部で18枚必要である。

【解き方２】右図のように，こまの２つの辺を延長すると，二等辺三角形ができる。これを図２のように並べたときに，並ぶ枚数を考える。

角ＢＡＣは180°－80°×２＝20°だから，すべて並べ終えたとき，つまり，輪の中心が360°になるとき，二等辺三角形は360°÷20°＝18(枚)並ぶ。よって，こまは全部で18枚必要である。

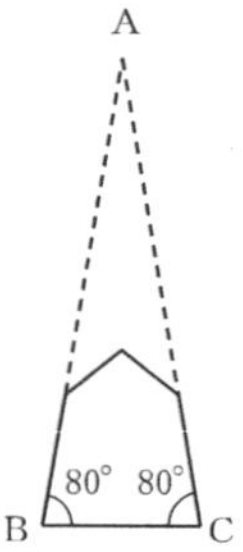

(4) **【解き方】右図の太線のように図形を分け，２つの三角形の面積の和で求める。**

㋐の三角形は，底辺を３cmの辺とすると高さが２cm，㋑の三角形は，底辺を２cmの辺とすると高さが３cmとなる。

よって，求める面積は，３×２÷２＋２×３÷２＝３＋３＝６(㎠)

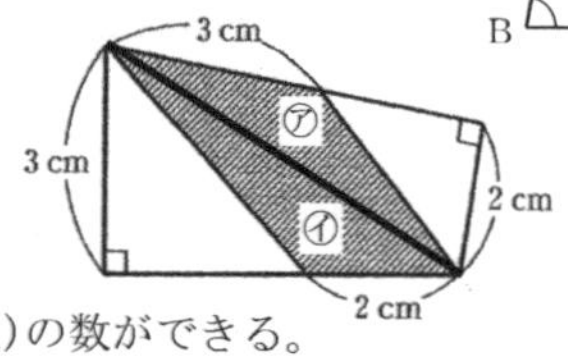

3 (1) １から９までの連続する１けたの整数を並べると，１×９＝９(けた)の数ができる。

アが２けたである場合，ここから，10から始まる連続する２けたの整数を，189－９＝180(けた)分並べればよいから，180÷２＝90より，１から10＋90－１＝99までの連続する整数を並べると，189けたの整数ができる。99は２けたなので，適する。

(2)① ちょうど５個連続して並んでいる部分は，「111」「112」や「222」「223」のように，各位の数が同じ３けたの整数とその次の整数によってできる。したがって，１から８までの整数について，５個連続して並んでいる部分が１か所ずつ現れるので，全部で８か所ある(９が５個連続して並んでいる部分はない)。

② ちょうど３個連続して並んでいる部分は，「11」「12」や「22」「23」のように，各位の数が同じ２けた整数とその次の整数によってできる。このような部分は１から８までの整数について１か所ずつ現れるので，全部で８か所ある。そのほかに，「899」「900」の１か所，「998」「999」の１か所があるから，３個連続して並んでいる部分は全部で，８＋２＝10(か所)ある。

4 (1) **【解き方】(水そうの底面積)＝(水そうの容積)÷(水そうの底面積)で求められる。**

1.2Ｌ＝(1.2×1000)㎤＝1200㎤だから，水そうの容積は，1200×100＝120000(㎤)

水そうの高さは満水時の水の深さに等しく75cmだから，底面積は，120000÷75＝1600(㎠)

⑵　**【解き方】図３から，右図のようなことがわかる。**

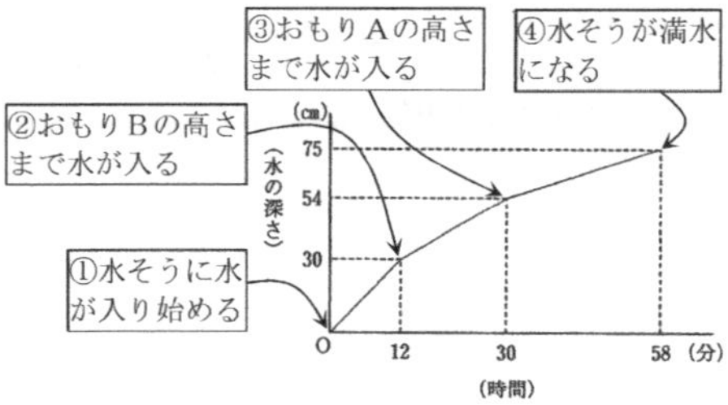

②から③までの 30－12＝18(分間)で，水は 1200×18＝21600(㎤) 入る。高さは 54－30＝24(㎝)上がっているので，②から③までで水が入った部分の底面積は，21600÷24＝900(㎠)である。

②から③までで水が入った部分の底面積は，水そうの底面積からおもりＡの底面積を引いて求められるので，おもりＡの底面積は，1600－900＝700(㎠)である。

⑶　おもりＡの底面積は 700 ㎠，高さは 54 ㎝だから，体積は，700×54＝37800(㎤)

よって，満水になるまでに水は 120000－37800＝82200(㎤)入るから，求める時間は，82200÷1200＝68.5 分，

つまり，68 分 30 秒かかる。

⑷　**【解き方】おもりＡとＢの底面積の和→おもりＣとＤの体積の和→おもりＣの高さ，の順で求める。**

⑵の図について，①から②までの 12 分間で，水は 1200×12＝14400(㎤)入るから，①から②までで水が入った部分の底面積は，14400÷30＝480(㎠)である。よって，おもりＡとＢの底面積の和は，1600－480＝1120(㎠)

これはおもりＣとＤの底面積の和に等しい。

水そうにおもりＣとＤを置いたとき，58 分間で水は 1200×58＝69600(㎤)入る。水そうの容積は 120000 ㎤だから，

おもりＣとＤの体積は，120000－69600＝50400(㎤)

おもりＣとＤの高さは同じなので，おもりＣの高さは，50400÷1120＝45(㎝)

5　⑴　右図のように，正六角形の内角の和は，三角形の内角の和の４倍だとわかるので，

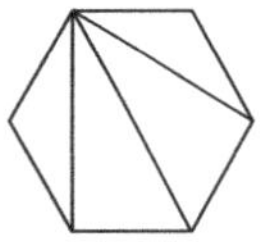

180°×４＝720°である。よって，正六角形の１つの内角の大きさは，720°÷６＝120°

⑵　図３について，右のように記号をおく。切り取った三角形はすべて正三角形なので，ａ＝２㎝，ｂ＝ｃ＝３㎝，ｄ＝４㎝である。

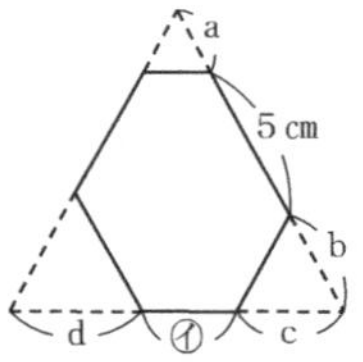

よって，図３の大きな正三角形の１辺の長さは２＋５＋３＝10(㎝)

だから，㋑＝10－４－３＝３(㎝)

⑶　**【解き方】１辺が１㎝の正三角形の面積を１として，図３の六角形の面積を考える。**

その際，辺の長さの比がＡ：Ｂの同じ形の三角形の面積の比は，(Ａ×Ａ)：(Ｂ×Ｂ)であることを利用する。

図３の六角形は，１辺が 10 ㎝の正三角形から，１辺が２㎝，３㎝，４㎝の３つの正三角形を取り除いた図形である。

１辺が１㎝，２㎝，３㎝，４㎝，10 ㎝の正三角形について，面積の比は，

(１×１)：(２×２)：(３×３)：(４×４)：(10×10)＝１：４：９：16：100 となるから，

１辺が１㎝の正三角形と図３の六角形の面積の比は，１：(100－４－９－16)＝１：71 となる。

よって，１辺が１㎝の正三角形は，71 個しきつめることができる。

1 (1) 与式$=7+48\div 6=7+8=15$

(3) 与式$=\frac{5}{12}+\frac{9}{12}=\frac{14}{12}=\frac{7}{6}=1\frac{1}{6}$

(4) 与式$=\frac{3}{5}\times\frac{7}{12}\times\frac{15}{14}=\frac{3}{8}$

(5) 与式$=9\div\frac{9}{5}=9\times\frac{5}{9}=5$

(6) 与式$=1.424\times 10\times 0.7+15.76\times 0.7=(14.24+15.76)\times 0.7=30\times 0.7=21$

2 (1) 2本の木の間に，4mの間かくが$7+1=8$(か所)あるから，求める長さは，$4\times 8=32$(m)

(2) 現在，2人の子どもの年れいの和は$16+12=28$(才)で，母の年れいは37才だから，その差は$37-28=9$(才)である。この差は1年で$1+1-1=1$(才)小さくなるので，等しくなるのは$9\div 1=9$(年後)である。

(3) **【解き方】姉の色紙の枚数を⑦枚として，2人の枚数の差を考える。**

妹の色紙の枚数は，⑦$\times\frac{3}{7}$=③(枚)より2枚少ない。よって，2人の枚数の差は，⑦－③=④(枚)より2枚多く，それが18枚にあたるから，④は$18-2=16$(枚)，①は$16\div 4=4$(枚)にあたる。

色紙の枚数は，⑦+③－2=⑩－2(枚)だから，$10\times 4-2=38$(枚)である。

(4) **【解き方】右のように作図し(三角形ＯＢＤと三角形ＯＥＤは合同)，三角形ＯＡＢの面積とおうぎ形ＯＢＣの面積の和で求める。**

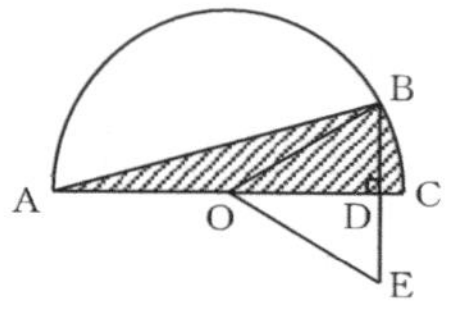

三角形ＯＡＢはＯＡ＝ＯＢの二等辺三角形だから，∠ＯＡＢ＝∠ＯＢＡ＝15°

三角形ＯＡＢについて，外角の性質より，∠ＢＯＣ＝15°＋15°＝30°

よって，三角形ＯＢＤは3つの内角が30°，60°，90°の直角三角形だから，三角形ＯＢＥは正三角形とわかる。

したがって，ＢＤ＝ＢＥ÷2＝ＯＢ÷2＝6÷2＝3(cm)

三角形ＯＡＢの面積は，$\frac{1}{2}$×ＯＡ×ＢＤ＝$\frac{1}{2}\times 6\times 3=9$(cm²)

おうぎ形ＯＢＣは半径がＯＢ＝6cm，中心角が角ＢＯＣ＝30°だから，面積は，$6\times 6\times 3.14\times\frac{30^\circ}{360^\circ}=9.42$(cm²)

したがって，求める面積は，$9+9.42=18.42$(cm²)

3 (1) Aは12cm短くなるのに15分かかるので，4cm短くなるのに，$15\times\frac{4}{12}=5$(分)かかる。

(2) Bは40分で12cm短くなるので，10分で$12\times\frac{10}{40}=3$(cm)短くなる。よって，求める長さは，$12-3=9$(cm)

(3)① AとBが解けてなくなるまでに冷凍庫から出している時間はそれぞれ，15分，40分なので，Aを冷凍庫の中に入れていた時間は，$40-15=25$(分)

② Bは40分で12cm短くなるので，25分で$12\times\frac{25}{40}=7.5$(cm)短くなる。これが求める長さである。

4 (1) $3\times 99+5\times 96=297+480=777$(円)分の切手ができる。

(2) **【解き方】3と5の最小公倍数は15なので，3円切手5枚と5円切手3枚は同じ金額《きんがく》分であることを利用して組み合わせを考える。**

3円切手だけで120円分を用意すると，$120\div 3=40$(枚)必要である。

ここから，3円切手5枚を5円切手3枚に置き換える作業が$40\div 5=8$(回)できるので，求める組み合わせは全部で$1+8=9$(通り)ある。

(3) **【解き方】2種類の整数を足し合わせて作ることができない整数を見つける問題は，以下のように数字を並べて考えるとよい。**

3と5を組み合わせるので，整数を1から順に3段もしくは5段になるように並べる。今回は3段に並べることにする。はじめに，３の倍数と５の倍数に○をつけると図Ⅰのようになり，一番下の段の数にはすべて○がつく。

次に，５の倍数それぞれに３を何回も足してできる数に○をつけていくと，図Ⅱのように，５の倍数よりも右にある数字すべてに○がつく。○をつけた数が表すことができる金額だから，求める金額は，１円，２円，４円，７円である。

図Ⅰ

1	4	7	⑩	13	16	19	…	…
2	⑤	8	11	14	17	⑳	…	…
③	⑥	⑨	⑫	⑮	⑱	㉑	…	…

図Ⅱ

1	4	7	⑩	⑬	⑯	⑲	…	…
2	⑤	⑧	⑪	⑭	⑰	⑳	…	…
③	⑥	⑨	⑫	⑮	⑱	㉑	…	…

5　**【解き方】駅をＰ地点，図書館をＱ地点，丘をＲ地点，２人がすれ違った位置をＳ地点とする。このとき，例えば駅(Ｐ地点)から丘(Ｒ地点)までの道のりは，ＰＲ間の長さと表せる。**

(1)　【解き方】同じ時間で移動した道のりの比は，速さの比に等しいことを利用する。

花子さんがＲＳ間を移動した時間と太郎さんがＡＳ間を移動した時間は等しく，速さの比は５：３だから，ＲＳ：ＡＳ＝５：３である。よって，$\mathrm{AS}=\mathrm{RS}\times\frac{3}{5}=3\times\frac{3}{5}=\frac{9}{5}=1.8$(km)で，これが求める道のりである。

(2)　(1)をふまえる。ＰＱ＝15 km，ＲＡ＝ＲＳ＋ＡＳ＝３＋1.8＝4.8(km)だから，ＰＲ＋ＱＡ＝ＰＱ－ＲＡ＝15－4.8＝10.2(km)

花子さんがＰＲ間を移動した時間と太郎さんがＱＡ間を移動した時間は等しく，速さの比は2.1：３＝７：10だから，ＰＲ：ＱＡ＝７：10，(ＰＲ＋ＱＡ)：ＰＲ＝(７＋10)：７＝17：７である。

よって，$\mathrm{PR}=(\mathrm{PR}+\mathrm{QA})\times\frac{7}{17}=10.2\times\frac{7}{17}=4.2$(km)で，これが求める道のりである。

(3)　【解き方】(1)(2)をふまえ，ＡＱ間の道のり→花子さんがＳＱ間を移動する時間→太郎さんがＲＰ間を移動する時間→太郎さんがＲＰ間を移動する速さ，の順で求める。

$\mathrm{AQ}=10.2\times\frac{10}{17}=6$ (km)　　ＳＱ＝ＳＡ＋ＡＱ＝1.8＋６＝7.8(km)

花子さんはＳＱ間を7.8÷５＝1.56(時間)で進むから，太郎さんもＳＰ間を1.56時間で進む。また，太郎さんはＳＲ間を３÷３＝１(時間)で進むから，ＲＰ間を1.56－１＝0.56(時間)で進む。

よって，太郎さんがＲＰ間を移動する速さは，時速(4.2÷0.56)km＝時速7.5 kmで，これが求める速さである。

2021 解答例 令和3年度

山陽学園中学校【1期学力】【1期表現力】

《1期学力　国語》

問1．A．訓練　B．なら　C．ぐんしゅう　D．貸　　問2．自我が芽生～くらいの頃　　問3．歯

問4．ウ　　問5．眉をよせた表情をしてネガティブな感情をつくっているかもしれないから。　　問6．笑顔は報酬として働いて記憶され、怒った顔は損をしないように危険人物として記憶される。　　問7．ウ　　問8．ア

問9．1．感情　2．笑顔を作ると励まされる　3．前向き〔別解〕元気／ポジティブ　　問10．(例文)私はそろばんを習っています。そろばんはむずかしそうなので最初は気が進みませんでした。けれども、そろばんの先生が最初に会った時、笑顔で話してくれたので、がんばろうという気持ちになれました。この体験から、私は初めて会う人には笑顔で話すと相手の心を開くことができ、いい関係が作れることを学びました。

《1期学力　作文》

〈作文のポイント〉

・最初に自分の主張、立場を明確に決め、その内容に沿って書いていく。

・わかりやすい表現を心がける。自信のない表現や漢字は使わない。

さらにくわしい作文の書き方・作文例はこちら！→

https://kyoei-syuppan.net/mobile/files/sakupo.html

《1期学力　算数》

1　(1)7　(2)20　(3)11　(4)4　(5)2　(6)31.4

2　(1)89　(2)100　(3)12　(4)4

3　(1)11：9　(2)22　(3)2200

4　(1)(ア)5　(イ)7　(2)55　(3)4895

5　(1)64　(2)最高点…18　最低点…6　(3)

×	×	×	○	×	○

〔別解〕

×	×	○	×	×	○

《1期学力　理科》

1　(1)75　(2)120

2　(1)氷　(2)空気中の水分が冷やされて，気体から液体になったから。　(3)変化しない

(4)空気の体積が小さくなり，水が試験管内に入ってくる。

3　(1)ガスや電気，石油などの燃料を使用するようになったため。　(2)④ウ　⑤オ　⑥カ

(3)右図　(4)①，②　(5)完全変態　(6)食物連さ

4　(1)できます　(2)3.9　(3)水を蒸発させる　(4)15.5

5　(1)AとB／DとE／CとF　(2)ア．光合成　イ．デンプン　ウ．酸素　エ．呼吸　(3)気孔

(4)数が増えることにより，成長空間がせまくなり，環境が悪化するため。〔別解〕数が増えることにより，光がさえぎられ，水温が下がるため。

6　(1)B→C→A　(2)エ　(3)ア．高温　イ．しめった　ウ．上昇　エ．大き　オ．雷

7　(1)コイル　(2)アとウ／イとオ　(3)オ

《１期学力　社会》

1　問１．エ　問２．ウ　問３．イ　問４．９　問５．⑤貧困　⑥不平等　⑦公正

2　問１．琵琶湖　問２．パリ　問３．レジ袋を生産するために石油などのエネルギー資源が必要であり，廃棄する際にはゴミになり，環境汚染につながる。　問４．ウ　問５．エ　問６．白黒テレビ，電気洗濯機，電気冷蔵庫が普及し，人々の生活が便利で豊かになった。　問７．ア

3　問１．十七条の憲法　問２．蘇我　問３．イ　問４．武士　問５．この地は山と海に囲まれているので，守りやすかったから。　問６．幕府は，元寇のあと御家人に新しい領地を与えることができなかったから。

4　問１．岩倉具視　問２．大日本帝国憲法の議会は参議院ではなく貴族院である。／大日本帝国憲法では主権が国民ではなく天皇にある。などから１つ　問３．夏目漱石　問４．ア　問５．空襲から逃れるため。
問６．(1)オ　(2)ア

《１期表現力　国語》

問１．A．改　B．よち　C．無視　D．ととの　問２．１．イ　２．オ　３．ア　問３．太田くんと仲良くなるにはどうするか考えること。　問４．ウ　問５．もうワンランクていねいな呼び方をして距離を置き、相手がどういう人物なのかを考えるようにする。　問６．イ　問７．ウ　問８．①いらっしゃる　②いただく
問９．５．親しみ〔別解〕信頼　６．世の中のいろんな人との間にある距離に合わせて自分の考えをつたえ、きちんと話をする　問 10．(例文)私はピアノの先生と話をする時に敬語を使います。たとえば、レッスン中に先生がアドバイスをしてくださった時や、レッスン後にピアノ以外の話をする時も敬語を使うようにしています。その理由は、時に厳しく、時に温かく見守ってくださる先生を尊敬しているからです。先生には長くお世話になっていますが、親しみすぎて失礼がないようにしたいと考えています。

《１期表現力　算数》

1　(1)45　(2)3.5　(3)$\frac{11}{12}$　(4)$\frac{2}{5}$　(5)5　(6)183

2　(1)21　(2)35　(3)10　(4)44.56

3　(1)50　(2)1　(3)9

4　(1)7　(2)27　(3)6　(4)25

5　(1)$\frac{1}{4}$　(2)6　(3)243：781

2021 解答例
令和３年度

山陽学園中学校【１期適性検査】

《適性検査Ⅰ》

課題１　⑴36

⑵12　説明…ルール１が適用され４マス進むことになるのは，（１，４），（２，４），（４，１），（４，２）の４通り。ルール２が適用され４マス進むことになるのは，（４，５），（５，４）の２通り。ルール３が適用され４マス進むことになるのは，（１，１），（２，２），（３，３），（４，４），（５，５），（６，６）の６通り。
したがって，４マス進むことになるのは，４通り＋２通り＋６通り＝12 通りとなる。

⑶32　説明…２回以内でゴールするということは１回目でゴールと２回目でゴールの２通りある。
１回目でゴールするためには４マス進めば良いので，⑵より 12 通りとなる。２回目でゴールするためには，
１回目で１マス・２回目で３マス…①，１回目で２マス・２回目で２マス…②，１回目で３マス・２回目で１マス…③，以上の３パターンが考えられる。１マス進むのは，（１，２），（２，１）の２通り，２マス進むのは，（２，３），（３，２）の２通り，３マス進むのは，（１，３），（３，１），（３，４），（４，３）の４通り，より，
①は，２通り×４通り＝８通り　　②は，２通り×２通り＝４通り　　③は，４通り×２通り＝８通り
よって，２回目でゴールするのは，８＋４＋８＝20 通り
したがって，２回以内でゴールする目の出方は，12＋20＝32 通りである。

課題２　⑴49

⑵５　説明…１列に並んでいるタイルの枚数で場合分けして考える。
４枚のタイルを横１列に並べたとき…１種類。
３枚のタイルを横１列に並べたとき…３枚のうちどちらかの端のタイルの上に１枚置いた形と，真ん中のタイルの上に１枚置いた形があるので，２種類。
２枚のタイルを横１列に並べたとき…片方のタイルの上に１枚，もう片方のタイルの下に１枚置いた形と，正方形の形があるので，２種類。

⑶位置…右図　理由…壁は全部で 49 枚分のタイルを並べて敷き詰めなければいけない。壁には黒の場所が 25 か所，白の場所が 24 か所あるので，奇数である５枚のタイルを使ったW型は壁の黒い正方形３個，白い正方形２個と重なるように置く。

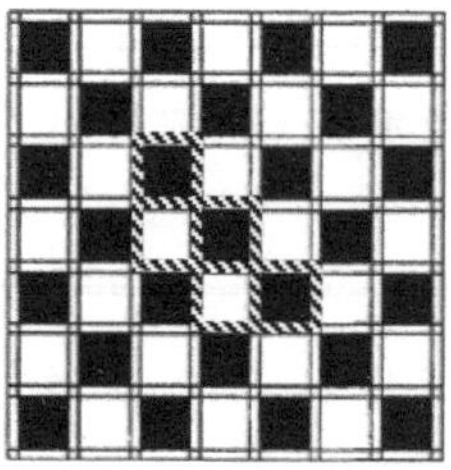

課題３　⑴花粉　　⑵言葉…観察できない　理由…誕生日の星座は，太陽を挟んで地球の反対側にあることがわかる。昼に誕生日の星座が空に出ているので，観測することができない。

⑶「しちりん」の模式図…右図　説明…炭が燃えるためには空気が必要である。炭火によって温められた空気は上に行く性質があるので，しちりんの上側から出ていく。このため，炭を燃やすための空気を下側から取り入れれば，空気がスムーズに流れる。窓を大きく開けていれば常に空気が一定量炭火に届き，強い火力となる。火力を弱めたいときは窓を小さく開けて炭火に届く空気の量を少なくする。よって，窓の開け閉めで炭火の火力が調節できる。（下線部は酸素／閉じてでもよい）

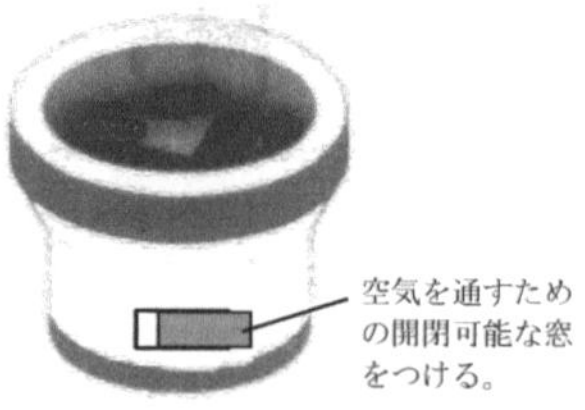

《適性検査Ⅱ》

課題１　⑴例…アドバイス　意味…助言　　⑵モチベーションは日々の状況や時間帯によって変化するものではなく、ない状態から外発的、そして内発的へと進む「連続体」であるから。　　⑶例…親におこられないためにテス

トで百点を目指す。　結果…長続きせず、百点が取れそうにないとすぐにあきらめてしまう。　⑷到達点を明確にすることでフォロワーの内発的モチベーションを刺激し、満足感や達成感を味わえる環境を提供していくこと。

課題２　〈作文のポイント〉

・最初に自分の主張、立場を明確に決め、その内容に沿って書いていく。

・わかりやすい表現を心がける。自信のない表現や漢字は使わない。

さらにくわしい作文の書き方・作文例はこちら！→

https://kyoei-syuppan.net/mobile/files/sakupo.html

課題３　⑴風力／太陽光／地熱／バイオマス　などから１つ　⑵原因…2011 年に起きた東日本大震災による福島第一原子力発電所の事故。　説明…原子力発電所に対する世論の変化が起こり，脱原発と再生可能エネルギー拡大への転換の機運が広がったため，原子力発電の割合が急減し，それを補う必要から石炭や天然ガス，再生可能エネルギーが含まれるその他が大幅に増加した。　⑶生産量上位３ヵ国は，人口も多く自国で消費してしまうため，人口の少ないオーストラリアが安定的供給先として適しているから。〔別解〕日本との関係が良好で，国際情勢に左右されにくく，安定的供給が可能であるから。

【算数分野の解説】

課題１

⑴　一方のサイコロの目の出方が６通りあり，その６通りに対してもう一方のサイコロの目の出方が６通りあるから，目の出方は全部で６×６＝36(通り)ある。

⑵　ルール１，２，３それぞれの場合で４マス進むことになる目の出方を考えると，解答例のようになる。また，２個のサイコロを同時に投げたときの進む数を表にまとめると，右表のようになる。

		赤					
		1	2	3	4	5	6
青	1	4	1	3	4	5	6
	2	1	4	2	4	5	6
	3	3	2	4	3	5	6
	4	4	4	3	4	4	6
	5	5	5	5	4	4	5
	6	6	6	6	6	5	4

⑶　１回目でゴールする場合と２回目でゴールする場合で，場合分けをして考える。
１回目でゴールする場合の目の出方は，⑵で求めた 12 通りある。
２回目でゴールする場合，（１回目，２回目）で進むマスの数が，（１，３）（２，２）（３，１）のいずれかになる。
⑵の表をふまえ，１マス，２マス，３マス進む場合の目の出方を考えることで，解答例のように出方を求めることができる。

課題２

⑴　壁《かべ》は１辺 70 ㎝だから，タイルを１辺に 70÷10＝７(枚)ずつ敷《し》き詰《つ》めるので，求める枚数は，７×７＝49(枚)

⑵　横１列に並んでいるタイルの枚数で場合分けをして考えると，解答例のようになる。５種類のタイルは，右図のようになる。

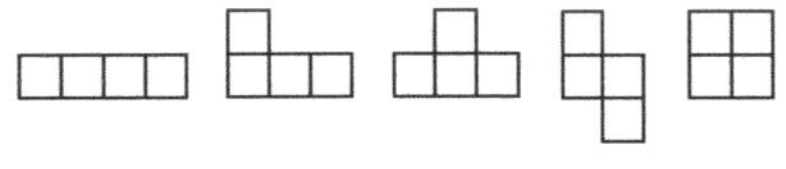

⑶　黒と白の正方形の数に注目する。Ｌ型のタイルを壁に敷き詰めると，どの位置においても黒と白の正方形が２個ずつ重なる。よって，Ｌ型のタイルを 11 回使うと，黒と白の正方形が２×11＝22(個)ずつ重なる。
黒の正方形は 25 個，白の正方形は 24 個あるから，Ｗ型のタイルは，黒の正方形が 25－22＝３(個)，白の正方形が 24－22＝２(個)重なるように置けばよい。
解答例のようにＷ型のタイルを置くと，右図ⅰのようにＬ型のタイルを置くことができる。また，Ｗ型のタイルを置く位置は，黒の正方形が３個，白の正方形が２個重なるように置き，Ｌ型のタイル 11 枚を使って壁を敷き詰めることができれば，右図ⅱのように解答例以外の位置でもよい。

図ⅰ

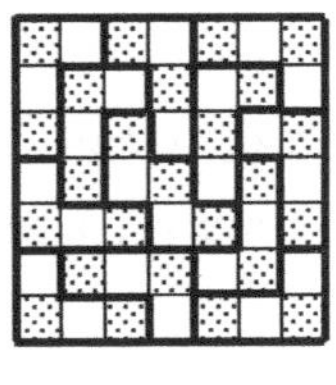

図ⅱ

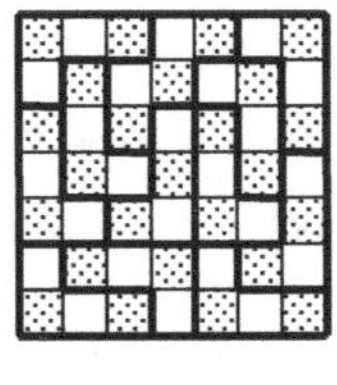

←解答例は前のページにありますので，そちらをご覧ください。

1 ⑴ 与式$=8+3-4=11-4=7$

⑵ 与式$=1\frac{1}{4}\times16=\frac{5}{4}\times16=20$

⑶ 与式$=198\times\frac{1}{6}\times\frac{1}{3}=11$

⑷ 与式$=\frac{1}{20}+\frac{11}{5}+\frac{7}{4}=\frac{1}{20}+\frac{44}{20}+\frac{35}{20}=\frac{80}{20}=4$

⑸ 与式$=\frac{1}{8}\times\frac{10}{3}\times\frac{12}{5}+1=1+1=2$

⑹ 与式$=1.57\times2\times3+0.314\times10\times2+31.4\times\frac{1}{10}\times10\times\frac{1}{2}=3.14\times3+3.14\times2+3.14\times5=$
$3.14\times(3+2+5)=3.14\times10=31.4$

2 ⑴ 整数で割り切れるかどうかがかかれているので，ある数は整数だと判断できる。１の位を四捨五入すると90になるから，ある数は85～94までの整数である。このうち，２，３，５，７で割り切れない（２，３，５，７の倍数でない）数は89だけなので，ある数は89である。

⑵ **食塩水の問題は，うでの長さを濃《のう》度《ど》，おもりを食塩水の重さとしたてんびん図で考えて，うでの長さの比とおもりの重さの比がたがいに逆比になることを利用する。**

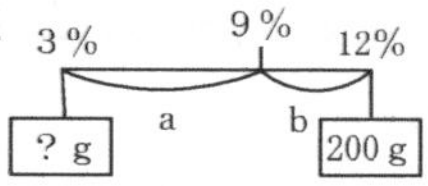

a：b＝（9－3）：（12－9）＝2：1より，３％と12％の食塩水の量の比は１：２だから，３％の食塩水を$200\times\frac{1}{2}=100$（g）加えればよい。

⑶ 面に書かれた数の合計は，$1+2+\cdots+20$である。右の筆算より，$1+2+\cdots+20$の２倍は21×20だから，$1+2+\cdots+20=\frac{21\times20}{2}=210$

$$\begin{array}{rr} & 1+2+3+\cdots\cdots+20 \\ +) & 20+19+18+\cdots\cdots+1 \\ \hline & 21+21+21+\cdots\cdots+21 \end{array}$$

向かい合った面は$20\div2=10$（組）あるから，向かい合った面の数字の合計は，$210\div10=21$

よって，９の面が上のとき，底面にある数字は，$21-9=12$

⑷ 斜線《しゃせん》部の３つの三角形は，高さが２cmとなるように底辺をとると，３つの三角形の底辺の長さの和が４cmとなるから，斜線部の面積は，$4\times2\div2=4$（cm²）

3 ⑴ **【解き方】速さの比は，同じ時間で進んだ道のりの比に等しいことを利用する。**

全体（駅から図書館まで）の道のりを①とする。二人が出発してから出会うまで，まりさんは全体の半分より$\frac{1}{20}$多く進んだので，$\textcircled{\frac{1}{2}}+\textcircled{\frac{1}{20}}=\textcircled{\frac{11}{20}}$だけ進み，みずきさんは①$-\textcircled{\frac{11}{20}}=\textcircled{\frac{9}{20}}$だけ進んだ。

よって，速さの比は，二人が出発してから出会うまでに進んだ道のりの比に等しく，$\textcircled{\frac{11}{20}}:\textcircled{\frac{9}{20}}=11:9$

⑵ ⑴をふまえる。まりさんは駅から$\textcircled{\frac{11}{20}}$進んだ位置で，みずきさんと出会った。そこから，まりさんは残りの①$-\textcircled{\frac{11}{20}}=\textcircled{\frac{9}{20}}$の道のりを18分で進んだから，求める時間は，$18\times\left(\textcircled{\frac{11}{20}}\div\textcircled{\frac{9}{20}}\right)=22$（分後）

⑶ ⑴，⑵をふまえる。同じ時間で進む道のりの比は速さの比に等しいから，まりさんが駅から図書館まで進んだとき，みずきさんは図書館から①$\times\frac{9}{11}=\textcircled{\frac{9}{11}}$だけ進んだ位置にいる。よって，①$-\textcircled{\frac{9}{11}}=\textcircled{\frac{2}{11}}$が400mにあたるのだから，①は$400\times\left(\text{①}\div\textcircled{\frac{2}{11}}\right)=400\times\frac{11}{2}=2200$（m）にあたる。したがって，駅から図書館までは2200mである。

4 ⑴（ア） １番目にできた正方形は１辺が13cmだから，残りは縦$21-13=8$（cm），横13cmの長方形となる。よって，２番目にできた正方形は１辺が８cmだから，残りは縦８cm，横$13-8=5$（cm）の長方形となる。したがって，３番目にできた正方形の１辺は，５cmである。

（イ） （ア）をふまえ，残りの作業をくり返すと，右図のように７枚の正方形ができる。

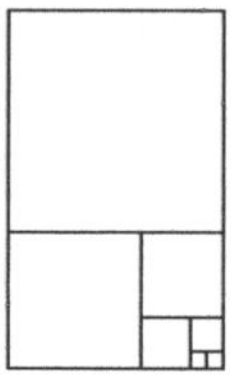

⑵　**【解き方】③の１辺の長さは①，②の１辺の長さの和，④の１辺の長さは②，③の１辺の長さの和，⑤の１辺の長さは③，④の１辺の長さの和，…となっている。**

⑧の１辺の長さは８＋13＝21(㎝)，⑨の１辺の長さは13＋21＝34(㎝)だから，⑩の１辺の長さは，21＋34＝55(㎝)

⑶　**【解き方】⑩までを使って作った長方形は，短い方の辺が⑩の１辺の長さ，長い方の辺が⑩と⑨の１辺の長さの和である長方形となる。**

求める面積は，55×(55＋34)＝4895(㎠)

5　⑴　６つのマスに対して，それぞれ○と×の２通りがあるので，○×の列は全部で２×２×２×２×２×２＝64(通り)ある。

⑵　決まりの③が多いほど点数が高くなるので，最高点は，「×○×○×○」の，１×３＋２×３＋３×３＝18(点)

最低点は，「××××××」の，１×６＝６(点)

⑶　**【解き方】見えなくなった部分は３か所だから，２×２×２＝８(通り)すべての○×の列の点数を考えてもよいが，次のように考えるとよい。見えている部分の得点は１×２＋２×１＝４(点)だから，見えなくなった部分で14－４＝10(点)追加させるような○×の列を考える。**

見えなくなった部分の得点の合計は，決まり①，②だけで１×３＝３(点)から２×３＝６(点)となるので，決まり③を含《ふく》めて10点となるのは，決まり③で３×２＝６(点)，決まり①，②で10－６＝４(点)を得るときである。つまり，見えなくなった部分には○が１つ，×が２つ入り，「×のすぐ右となりに○がある」場所が２か所あればよい。そのような○×の列を探すと，「×××○×○」「××○××○」が見つかる。

2021 算数解説 山陽学園中学校【1期表現力】

令和3年度

1 ⑴ 与式＝5＋4×(13－3)＝5＋4×10＝5＋40＝45

⑶ 与式＝$\frac{8}{12}+\frac{3}{12}=\frac{11}{12}$

⑷ 与式＝$\frac{7}{2}\div\frac{5}{4}\times\frac{1}{7}=\frac{7}{2}\times\frac{4}{5}\times\frac{1}{7}=\frac{2}{5}$

⑸ 与式＝$(\frac{7}{10}+\frac{8}{10})\div\frac{3}{10}=\frac{15}{10}\times\frac{10}{3}=5$

⑹ 与式＝1.83×(2×16＋4×17)＝1.83×(32＋68)＝1.83×100＝183

2 ⑴ のりしろは12－1＝11(か所)あるから，12本のテープの長さの和は，230＋2×11＝252(㎝)

よって，1本のテープの長さは，252÷12＝21(㎝)

⑵ この紙は，170ｇあたりの厚さが5㎜あるから，重さが1190ｇのとき，厚さは，$5\times\frac{1190}{170}=35$(㎜)

⑶ 兄が弟より多く買った，6さつ分のノートの代金は，200×6＝1200(円)である。よって，兄と弟が同じ数だけノートを買った場合は，兄の代金の方が弟の代金より1360－1200＝160(円)高くなる。兄が買うノートは，弟が買うノートより200－160＝40(円)高いので，弟が買ったノートは160÷40＝4(さつ)，兄が買ったノートは4＋6＝10(さつ)

⑷ **【解き方】右のように作図する。しゃせん部分の面積は，(三角形ＡＤＣの面積)＋(三角形ＡＤＭの面積)＋(おうぎ形ＤＣＭの面積)で求められる。**

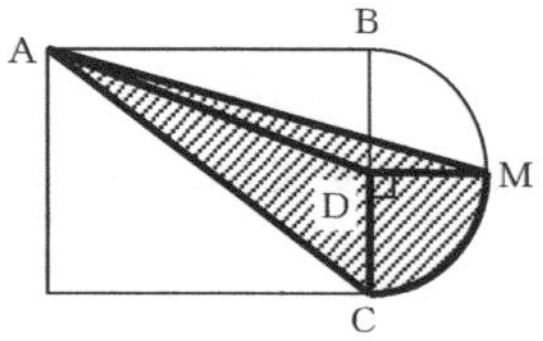

三角形ＡＤＣの面積は，ＤＣ×ＡＢ÷2＝4×12÷2＝24(㎠)

三角形ＡＤＭの面積は，ＤＭ×ＢＤ÷2＝4×4÷2＝8(㎠)

おうぎ形ＤＣＭの面積は，$4\times4\times3.14\times\frac{90^\circ}{360^\circ}=4\times3.14=12.56$(㎠)

よって，しゃせん部分の面積は，24＋8＋12.56＝44.56(㎠)

3 ⑴ 自動車①はトンネルで止まらずに，25㎞の道のりを時速30㎞で進んだので，求める時間は，

$25\div30=\frac{5}{6}$(時間)，つまり，$\frac{5}{6}\times60=50$(分)

⑵ **【解き方】自動車②がトンネルの入り口で待っている時間→トンネルの長さ，の順で求める。**

自動車②は，トンネルで止まらなかった場合，(25÷50)×60＝30(分)でＢ地点からＡ地点まで進めるので，

自動車②はトンネルの入り口で32－30＝2(分)止まった。

この2分間＝$\frac{2}{60}$時間＝$\frac{1}{30}$時間は，自動車①がトンネルを通っているので，トンネルの長さは，$30\times\frac{1}{30}=1$(㎞)

⑶ **【解き方】同じ時間で進む道のりの比は，速さの比に等しいことを利用する。**

自動車①，②は同時に出発し，同時にトンネルの入り口に着くから，それまでに進んだ道のりの比は，速さの比に等しく，30：50＝3：5である。トンネルを除くＡ，Ｂ間の道のりは，25－1＝24(㎞)だから，トンネルはＡ地点から$24\times\frac{3}{3+5}=9$(㎞)のところにある。

4 ⑴ さいころの目は1～6まであるから，最大で6回目までは異なる目が出る場合がある。同じ目が出たら終わりになるので，最大で7回までさいころをふることができる。

⑵ 最高得点は，1～6回目まで異なる目が出て，7回目に6の目が出る場合の，

1＋2＋3＋4＋5＋6＋6＝27(点)

⑶ **【解き方】3回目に終わるから，1回目と3回目または2回目と3回目の出た目が同じとなる。**

求める目の出方は，(1回目，2回目，3回目)の目の数が，(2，4，4)(2，6，2)(3，4，3)(4，2，4)(4，3，3)(6，2，2)の6通り。

(4)　【解き方】２回目，３回目，４回目，…に終わる場合を考える。

２回目に得点が 10 点で終わるのは，１，２回目でともに５の目を出した場合の１通りある。

３回目に得点が 10 点で終わるのは，(3)で求めた６通りある。

４回目に得点が 10 点で終わる場合について考える。４回目に１が出た場合，１～３回目で１回だけ１が出て，残り２回は１以外が出る(同じ目が２回出ない)ので，得点が 10 点となるときの１～３回目の出た目の数の組み合わせは，[１，３，５][１，２，６]である。[１，３，５]の場合，(１回目，２回目，３回目)の目の数の出方が(１，３，５)(１，５，３)(３，１，５)(３，５，１)(５，１，３)(５，３，１)の６通りあり，[１，２，６]の場合も同様に６通りある。４回目に２が出た場合，得点が 10 点となるときの１～３回目の出た目の数の組み合わせは，[１，２，５]があり，目の数の出方は６通りある。４回目の３以上の数が出た場合は，得点が 10 点となるような出た目の数の組み合わせはないので，４回目に得点が 10 点で終わるのは，$6+6+6=18$(通り)

５回目以降で得点が 10 点で終わることはないので，得点が 10 点で終わる目の出方は，$1+6+18=25$(通り)

5　(1)　２番目の図形の白い正三角形３つと黒い正三角形１つで，１番目の正三角形を４等分しているから，
２番目の黒い正三角形の面積は，$1\div4=\frac{1}{4}$(㎠)

(2)　【解き方】白い正三角形は，１番目が１個，２番目が $1\times3=3$ (個)，３番目が $3\times3=9$ (個)，…と，１つ番号が大きくなるたびに，個数は１つ前の番の個数の３倍になる。

白い正三角形の個数は，４番目が $9\times3=27$(個)，５番目が $27\times3=81$(個)，６番目が $81\times3=243$(個)となるので，200 個をこえるのは６番目である。

(3)　【解き方】(1)，(2)をふまえ，６番目の白い正三角形１つの面積→６番目の白い正三角形の面積の和→６番目の黒い三角形の面積の和，の順で求める。

２番目の白い正三角形１つの面積は，(1)で求めた面積に等しく，$\frac{1}{4}$㎠である。３番目の白い正三角形１つは，
２番目の白い正三角形１つを４等分したうちの１つだから，面積は，$\frac{1}{4}\times\frac{1}{4}=\frac{1}{16}$(㎠)

同様に考えると，６番目の白い正三角形１つの面積は，$\frac{1}{16}\times\frac{1}{4}\times\frac{1}{4}\times\frac{1}{4}=\frac{1}{1024}$(㎠)

よって，６番目の白い正三角形の面積の和は，$\frac{1}{1024}\times243=\frac{243}{1024}$(㎠)だから，６番目の黒い正三角形の面積の和は，
$1-\frac{243}{1024}=\frac{781}{1024}$(㎠)である。したがって，求める面積の比は，$\frac{243}{1024}:\frac{781}{1024}=243:781$

■ ご使用にあたってのお願い・ご注意

（1）問題文等の非掲載

著作権上の都合により，問題文や図表などの一部を掲載できない場合があります。

誠に申し訳ございませんが，ご了承くださいますようお願いいたします。

（2）過去問における時事性

過去問題集は，学習指導要領の改訂や社会状況の変化，新たな発見などにより，現在とは異なる表記や解説になっている場合があります。過去問の特性上，出題当時のままで出版していますので，あらかじめご了承ください。

（3）配点

学校等から配点が公表されている場合は，記載しています。公表されていない場合は，記載していません。

独自の予想配点は，出題者の意図と異なる場合があり，お客様が学習するうえで誤った判断をしてしまう恐れがあるため記載していません。

（4）無断複製等の禁止

購入された個人のお客様が，ご家庭でご自身またはご家族の学習のためにコピーをすることは可能ですが，それ以外の目的でコピー，スキャン，転載（ブログ，ＳＮＳなどでの公開を含みます）などをすることは法律により禁止されています。学校や学習塾などで，児童生徒のためにコピーをして使用することも法律により禁止されています。

ご不明な点や，違法な疑いのある行為を確認された場合は，弊社までご連絡ください。

（5）けがに注意

この問題集は針を外して使用します。針を外すときは，けがをしないように注意してください。また，表紙カバーや問題用紙の端で手指を傷つけないように十分注意してください。

（6）正誤

制作には万全を期しておりますが，万が一誤りなどがございましたら，弊社までご連絡ください。

なお，誤りが判明した場合は，弊社ウェブサイトの「ご購入者様のページ」に掲載しておりますので，そちらもご確認ください。

■ お問い合わせ

解答例，解説，印刷，製本など，問題集発行におけるすべての責任は弊社にあります。

ご不明な点がございましたら，弊社ウェブサイトの「お問い合わせ」フォームよりご連絡ください。迅速に対応いたしますが，営業日の都合で回答に数日を要する場合があります。

ご入力いただいたメールアドレス宛に自動返信メールをお送りしています。自動返信メールが届かない場合は，「よくある質問」の「メールの問い合わせに対し返信がありません。」の項目をご確認ください。

また弊社営業日（平日）は，午前９時から午後５時まで，電話でのお問い合わせも受け付けています。

2025 春

株式会社教英出版

〒422-8054　静岡県静岡市駿河区南安倍３丁目 12-28

TEL　054-288-2131　　FAX　054-288-2133

URL　https://kyoei-syuppan.net/

MAIL　siteform@kyoei-syuppan.net

教英出版

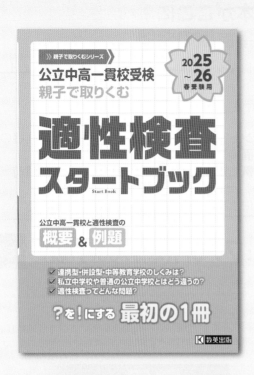

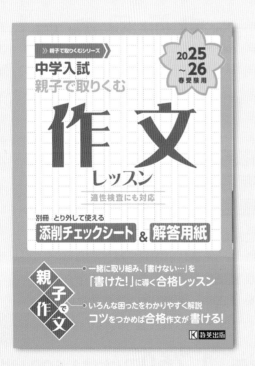

神奈川県

①[県立]相模原中等教育学校
　　　　平塚中等教育学校
②[市立]南高等学校附属中学校
③[市立]横浜サイエンスフロンティア高等学校附属中学校
④[市立]川崎高等学校附属中学校
✿⑤聖光学院中学校
✿⑥浅野中学校
⑦洗足学園中学校
⑧法政大学第二中学校
⑨逗子開成中学校(1次)
⑩逗子開成中学校(2·3次)
⑪神奈川大学附属中学校(第1回)
⑫神奈川大学附属中学校(第2·3回)
⑬栄光学園中学校
⑭フェリス女学院中学校

新潟県

①[県立]村上中等教育学校
　　　　柏崎翔洋中等教育学校
　　　　燕中等教育学校
　　　　津南中等教育学校
　　　　直江津中等教育学校
　　　　佐渡中等教育学校
②[市立]高志中等教育学校
③新潟第一中学校
④新潟明訓中学校

石川県

①[県立]金沢錦丘中学校
②星稜中学校

福井県

①[県立]高志中学校

山梨県

①山梨英和中学校
②山梨学院中学校
③駿台甲府中学校

長野県

①[県立]屋代高等学校附属中学校
　　　　諏訪清陵高等学校附属中学校
②[市立]長野中学校

岐阜県

①岐阜東中学校
②鶯谷中学校
③岐阜聖徳学園大学附属中学校

静岡県

①[国立]静岡大学教育学部附属中学校
　　　　(静岡·島田·浜松)
②[県立]清水南高等学校中等部
　[県立]浜松西高等学校中等部
　[市立]沼津高等学校中等部
③不二聖心女子学院中学校
④日本大学三島中学校
⑤加藤学園暁秀中学校
⑥星陵中学校
⑦東海大学付属静岡翔洋高等学校中等部
⑧静岡サレジオ中学校
⑨静岡英和女学院中学校
⑩静岡雙葉中学校
⑪静岡聖光学院中学校
⑫静岡学園中学校
⑬静岡大成中学校
⑭城南静岡中学校
⑮静岡北中学校
⑯常葉大学附属常葉中学校
　常葉大学附属橘中学校
　常葉大学附属菊川中学校
⑰藤枝明誠中学校
⑱浜松開誠館中学校
⑲静岡県西遠女子学園中学校
⑳浜松日体中学校
㉑浜松学芸中学校

愛知県

①[国立]愛知教育大学附属名古屋中学校
②愛知淑徳中学校
③名古屋経済大学市邨中学校
　名古屋経済大学高蔵中学校
④金城学院中学校
⑤椙山女学園中学校
⑥東海中学校
⑦南山中学校男子部
⑧南山中学校女子部
⑨聖霊中学校
⑩滝中学校
⑪名古屋中学校
⑫大成中学校
⑬愛知中学校
⑭星城中学校
⑮名古屋葵大学中学校
　(名古屋女子大学中学校)
⑯愛知工業大学名電中学校
⑰海陽中等教育学校(特別給費生)
⑱海陽中等教育学校(I·II)
⑲中部大学春日丘中学校
新刊⑳名古屋国際中学校

三重県

①[国立]三重大学教育学部附属中学校
②暁中学校
③海星中学校
④四日市メリノール学院中学校
⑤高田中学校
⑥セントヨゼフ女子学園中学校
⑦三重中学校
⑧皇學館中学校
⑨鈴鹿中等教育学校
⑩津田学園中学校

滋賀県

①[国立]滋賀大学教育学部附属中学校
②[県立]河瀬中学校
　　　　守山中学校
　　　　水口東中学校

京都府

①[国立]京都教育大学附属桃山中学校
②[府立]洛北高等学校附属中学校
③[府立]園部高等学校附属中学校
④[府立]福知山高等学校附属中学校
⑤[府立]南陽高等学校附属中学校
⑥[市立]西京高等学校附属中学校
⑦同志社中学校
⑧洛星中学校
⑨洛南高等学校附属中学校
⑩立命館中学校
⑪同志社国際中学校
⑫同志社女子中学校(前期日程)
⑬同志社女子中学校(後期日程)

大阪府

①[国立]大阪教育大学附属天王寺中学校
②[国立]大阪教育大学附属平野中学校
③[国立]大阪教育大学附属池田中学校

④[府立]富田林中学校
⑤[府立]咲くやこの花中学校
⑥[府立]水都国際中学校
⑦清風中学校
⑧高槻中学校（A日程）
⑨高槻中学校（B日程）
⑩明星中学校
⑪大阪女学院中学校
⑫大谷中学校
⑬四天王寺中学校
⑭帝塚山学院中学校
⑮大阪国際中学校
⑯大阪桐蔭中学校
⑰開明中学校
⑱関西大学第一中学校
⑲近畿大学附属中学校
⑳金蘭千里中学校
㉑金光八尾中学校
㉒清風南海中学校
㉓帝塚山学院泉ヶ丘中学校
㉔同志社香里中学校
㉕初芝立命館中学校
㉖関西大学中等部
㉗大阪星光学院中学校

兵庫県

①[国立]神戸大学附属中等教育学校
②[県立]兵庫県立大学附属中学校
③雲雀丘学園中学校
④関西学院中学部
⑤神戸女学院中学部
⑥甲陽学院中学校
⑦甲南中学校
⑧甲南女子中学校
⑨灘中学校
⑩親和中学校
⑪神戸海星女子学院中学校
⑫滝川中学校
⑬啓明学院中学校
⑭三田学園中学校
⑮淳心学院中学校
⑯仁川学院中学校
⑰六甲学院中学校
⑱須磨学園中学校（第1回入試）
⑲須磨学園中学校（第2回入試）
⑳須磨学園中学校（第3回入試）
㉑白陵中学校
㉒夙川中学校

奈良県

①[国立]奈良女子大学附属中等教育学校
②[国立]奈良教育大学附属中学校
③[県立] 国際中学校 / 青翔中学校
④[市立]一条高等学校附属中学校
⑤帝塚山中学校
⑥東大寺学園中学校
⑦奈良学園中学校
⑧西大和学園中学校

和歌山県

①[県立] 古佐田丘中学校 / 向陽中学校 / 桐蔭中学校 / 日高高等学校附属中学校 / 田辺中学校
②智辯学園和歌山中学校
③近畿大学附属和歌山中学校
④開智中学校

岡山県

①[県立]岡山操山中学校
②[県立]倉敷天城中学校
③[県立]岡山大安寺中等教育学校
④[県立]津山中学校
⑤岡山中学校
⑥清心中学校
⑦岡山白陵中学校
⑧金光学園中学校
⑨就実中学校
⑩岡山理科大学附属中学校
⑪山陽学園中学校

広島県

①[国立]広島大学附属中学校
②[国立]広島大学附属福山中学校
③[県立]広島中学校
④[県立]三次中学校
⑤[県立]広島叡智学園中学校
⑥[市立]広島中等教育学校
⑦[市立]福山中学校
⑧広島学院中学校
⑨広島女学院中学校
⑩修道中学校
⑪崇徳中学校
⑫比治山女子中学校
⑬福山暁の星女子中学校
⑭安田女子中学校
⑮広島なぎさ中学校
⑯広島城北中学校
⑰近畿大学附属広島中学校福山校
⑱盈進中学校
⑲如水館中学校
⑳ノートルダム清心中学校
㉑銀河学院中学校
㉒近畿大学附属広島中学校東広島校
㉓AICJ中学校
㉔広島国際学院中学校
㉕広島修道大学ひろしま協創中学校

山口県

①[県立] 下関中等教育学校 / 高森みどり中学校
②野田学園中学校

徳島県

①[県立] 富岡東中学校 / 川島中学校 / 城ノ内中等教育学校
②徳島文理中学校

香川県

①大手前丸亀中学校
②香川誠陵中学校

愛媛県

①[県立] 今治東中等教育学校 / 松山西中等教育学校
②愛光中学校
③済美平成中等教育学校
④新田青雲中等教育学校

高知県

①[県立] 安芸中学校 / 高知国際中学校 / 中村中学校

福岡県

①[国立]福岡教育大学附属中学校（福岡・小倉・久留米）
②[県立]
- 育徳館中学校
- 門司学園中学校
- 宗像中学校
- 嘉穂高等学校附属中学校
- 輝翔館中等教育学校

③西南学院中学校
④上智福岡中学校
⑤福岡女学院中学校
⑥福岡雙葉中学校
⑦照曜館中学校
⑧筑紫女学園中学校
⑨敬愛中学校
⑩久留米大学附設中学校
⑪飯塚日新館中学校
⑫明治学園中学校
⑬小倉日新館中学校
⑭久留米信愛中学校
⑮中村学園女子中学校
⑯福岡大学附属大濠中学校
⑰筑陽学園中学校
⑱九州国際大学付属中学校
⑲博多女子中学校
⑳東福岡自彊館中学校
㉑八女学院中学校

佐賀県

①[県立]
- 香楠中学校
- 致遠館中学校
- 唐津東中学校
- 武雄青陵中学校

②弘学館中学校
③東明館中学校
④佐賀清和中学校
⑤成穎中学校
⑥早稲田佐賀中学校

長崎県

①[県立]
- 長崎東中学校
- 佐世保北中学校
- 諫早高等学校附属中学校

②青雲中学校
③長崎南山中学校
④長崎日本大学中学校
⑤海星中学校

熊本県

①[県立]
- 玉名高等学校附属中学校
- 宇土中学校
- 八代中学校

②真和中学校
③九州学院中学校
④ルーテル学院中学校
⑤熊本信愛女学院中学校
⑥熊本マリスト学園中学校
⑦熊本学園大学付属中学校

大分県

①[県立]大分豊府中学校
②岩田中学校

宮崎県

①[県立]五ヶ瀬中等教育学校
②[県立]
- 宮崎西高等学校附属中学校
- 都城泉ヶ丘高等学校附属中学校

③宮崎日本大学中学校
④日向学院中学校
⑤宮崎第一中学校

鹿児島県

①[県立]楠隼中学校
②[市立]鹿児島玉龍中学校
③鹿児島修学館中学校
④ラ・サール中学校
⑤志學館中等部

沖縄県

①[県立]
- 与勝緑が丘中学校
- 開邦中学校
- 球陽中学校
- 名護高等学校附属桜中学校

もっと過去問シリーズ

北海道

北嶺中学校
7年分（算数・理科・社会）

静岡県

静岡大学教育学部附属中学校
（静岡・島田・浜松）
10年分（算数）

愛知県

愛知淑徳中学校
7年分（算数・理科・社会）
東海中学校
7年分（算数・理科・社会）
南山中学校男子部
7年分（算数・理科・社会）
南山中学校女子部
7年分（算数・理科・社会）
滝中学校
7年分（算数・理科・社会）
名古屋中学校
7年分（算数・理科・社会）

岡山県

岡山白陵中学校
7年分（算数・理科）

広島県

広島大学附属中学校
7年分（算数・理科・社会）
広島大学附属福山中学校
7年分（算数・理科・社会）
広島学院中学校
7年分（算数・理科・社会）
広島女学院中学校
7年分（算数・理科・社会）
修道中学校
7年分（算数・理科・社会）
ノートルダム清心中学校
7年分（算数・理科・社会）

愛媛県

愛光中学校
7年分（算数・理科・社会）

福岡県

福岡教育大学附属中学校
（福岡・小倉・久留米）
7年分（算数・理科・社会）
西南学院中学校
7年分（算数・理科・社会）
久留米大学附設中学校
7年分（算数・理科・社会）
福岡大学附属大濠中学校
7年分（算数・理科・社会）

佐賀県

早稲田佐賀中学校
7年分（算数・理科・社会）

長崎県

青雲中学校
7年分（算数・理科・社会）

鹿児島県

ラ・サール中学校
7年分（算数・理科・社会）

※もっと過去問シリーズは
国語の収録はありません。

教英出版
〒422-8054
静岡県静岡市駿河区南安倍3丁目12－28
TEL 054-288-2131
FAX 054-288-2133
詳しくは教英出版で検索
教英出版 検索
URL https://kyoei-syuppan.net/

令和６年度　山陽学園中学校　１期表現力入試　算数　　解答用紙

受験番号		氏名		得点	※100点満点（配点非公表）

1

(1)	(2)	(3)	(4)	(5)	(6)

2

(1)	(2)	(3)
人	cm	秒後
(4) cm		

3

(1)	(2)
ℓ	最低　　回

4

(1)	(2)	(3)
度	度	６時　　分と６時　　分

5

(1)①	(1)②	(2)①	(2)②
個	番目		個

令和六年度　中学一期表現力入試　国語解答用紙

問1
Ⓐ　げる
Ⓑ
Ⓒ
Ⓓ

問2
1
3

問3

問4
(1)
(2)

問5

問6

問7
(1)
4
5
(2)
(3)
(4)

問8

問9

(R6・一期表現力)

受験番号

氏名

得点

※100点満点
（配点非公表）

5 太郎《たろう》さんと花子《はなこ》さんは宿題に出た規則性の問題に取り組んでいます。2 人の会話文を読んで，次の問いに答えなさい。

ならびA　○○△△△△○○△△△△○○…

ならびB　○△○○△○○○△○△○○△○○○△○△○…

太郎：○と△がならんでいるね。

花子：先生は，○と△が左から，ある規則にしたがってならんでいるって言ってたけど，どんなきまりがあるのかな。

太郎：たとえばならびAで，左から 10 番目にあるのは 6 個目の△だね。

(1) ならびA について，考えています。

① 左から 100 番目までに△は何個ありますか。

② 左から 50 個目の△は，全体では左から何番目になりますか。

(2) ならびB について，考えています。

① 左から 138 番目は○と△のどちらですか。

② 左から 138 番目までに○は何個ありますか。

3　からの水そうに大きいバケツと小さいバケツで水を入れました。大きいバケツで6ぱい，小さいバケツで18ぱい入れるとちょうどいっぱいになりました。また，大きいバケツで10ぱい，小さいバケツで10ぱい入れるとちょうどいっぱいになりました。小さいバケツの容積が2ℓ のとき，次の問いに答えなさい。

(1)　大きいバケツの容積は何ℓ ですか。

(2)　この水そうに水をいっぱい入れた後，容積が7ℓ のバケツで水をくみ出して水そうをからにするには，最低何回くみ出せばよいですか。

4　先生と生徒の会話文を読んで，次の問いに答えなさい。

先生：今日の算数の授業は時計をあつかってみましょう。
生徒：長針と短針がつくる角度を考えてみよう。6時から7時までの間で，長針と短針が48度の角をつくることが2回あるよ。

(1)　時計の長針は1分間に何度進みますか。

(2)　時計の短針は1分間に何度進みますか。

(3)　6時から7時までの間で，長針と短針が48度の角をつくるのは，6時何分ですか。すべて求めなさい。

令和６年度　山陽学園中学校　１期表現力入試　算数　(35分)　(１期表現力算数 No. 1)

答えはすべて解答用紙に記入しなさい。

1　次の計算をしなさい。

(1)　$(11+4)\div3+7$

(2)　$7.6-3.9$

(3)　$\frac{5}{2}\div\frac{1}{4}-6$

(4)　$\frac{8}{7}-\frac{7}{8}$

(5)　$33-8\div2-3\times5$

(6)　$12.3\times33-123\times2.3$

2　次の問いに答えなさい。

(1)　40人のクラスで調査したところ犬を飼《か》っている生徒は23人，猫《ねこ》を飼っている生徒は18人，犬も猫も飼っていない生徒は10人でした。このとき，犬と猫の両方を飼っている生徒は何人ですか。

(2)　縦12 cm，横42 cmの１目もり１cmの方眼紙があります。これを目もりの線にそって切り，余りが出ないように同じ大きさの正方形に分けます。このとき，正方形が一番大きくなるのは１辺が何cmのときですか。

(3)　赤の電球は５秒に１回，青の電球は８秒に１回つきます。赤と青の電球が同時についてから次にまた同時につくのは何秒後ですか。

(4)　次の図は正方形と円を組み合わせたものです。図の斜線《しゃせん》部分の周の長さを求めなさい。ただし，円周率は3.14とします。

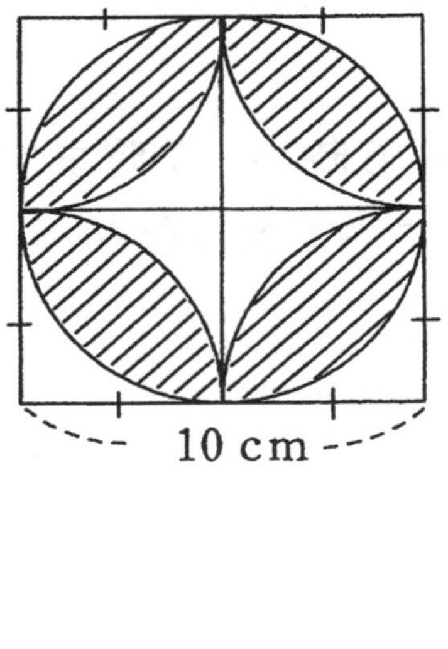

(2) 図1は味の共感覚を表したものです。図1のXにあてはまる言葉を漢字で答えなさい。

(3) ──線部あ～おのうち、図1のAの表現にあてはまるものをすべて選び、記号で答えなさい。

(4) ──線部かの「まろやかな味」は、図1のA～Dの表現のどの部分にあたりますか。あてはまるものをすべて選び、記号で答えなさい。

問8 ──線部⑤「明暗」と同じつくりの熟語を次のア～エから一つ選び、記号で答えなさい。

ア 市営　イ 進退　ウ 温泉　エ 立腹

問9 Ⅰ、Ⅱの文章を読んで、生徒たちが感想を言い合いました。Ⅰ、Ⅱの内容にあてはまらない感想を述べている生徒を一人選びなさい。

Aさん：この文章から、共感覚表現を使って色々なおいしさを言葉で表現できることを知りました。共感覚表現を使うことで味を表す言葉が豊かで奥深いものになり、よりおいしさが伝わると思います。

Bさん：オノマトペの果たす役割が重要なものだとわかりました。オノマトペは聴覚だけに関係するので、食べている音を使い分けることによって色々な味覚を表現しているのだなと納得しました。

Cさん：口の中も触覚を感じる場所であり、食べ物の温度や刺激の強さなどを細かく分類して食感を得るという部分が印象に残っています。食べる時に触覚という働きは意識しなかったので驚きました。

Dさん：カレーには立体の「奥深さ」があるという表現が素敵だと思いました。視覚表現を借りることで重層的な味が表現できるので、平面ではなく立体の奥深さが表現できるのだと考えました。

問1　——線部Ⓐ、Ⓒの漢字の読みはひらがなに、Ⓑ、Ⓓのカタカナは漢字に直してそれぞれ答えなさい。

問2　空らん［1］、［3］にあてはまるつなぎ言葉として正しいものを次のア～オから一つずつ選び、記号で答えなさい。

ア　たしかに　　イ　しかし　　ウ　たとえば　　エ　さらに　　オ　または

問3　空らん［2］にあてはまる言葉を漢字二字で文中からぬき出しなさい。

問4　——線部①「まるで空気や重力の存在のように」について次の(1)、(2)に答えなさい。

(1)　「まるで空気や重力の存在のように」という比喩《ひゆ》で、筆者はどのようなことを言おうとしていますか。答えなさい。

(2)　「まるで～ように」という表現を使って次のような例文を書きました。空らんにあてはまる言葉を五字以上で自分で考えて入れ、例文を完成させなさい。

［　　　　］は、まるで宝石のようにかがやいている。

問5　——線部②「オノマトペが活躍する」とありますが、オノマトペはどのように味覚に関わっていますか。オノマトペの果たす役割を答えなさい。

問6　——線部③「もっぱら」はどの部分にかかっていますか。次のア～エから一つ選び、記号で答えなさい。

ア　近ごろは　　イ　やわらかい　　ウ　触感が　　エ　好まれているようだ

問7　——線部④「共感覚表現」について、次の(1)～(3)に答えなさい。

(1)　——線部④「共感覚表現」とはどのような表現のことですか。それを説明した次の文の空らんにあてはまる言葉を［I］の文中からぬき出し、指定された字数でそれぞれ答えなさい。

固有の表現を持つ［4（二字）］が、お互《たが》いにことばを［5（四字）］することで成り立つ表現のこと。

Ⅱ

図1　味の共感覚

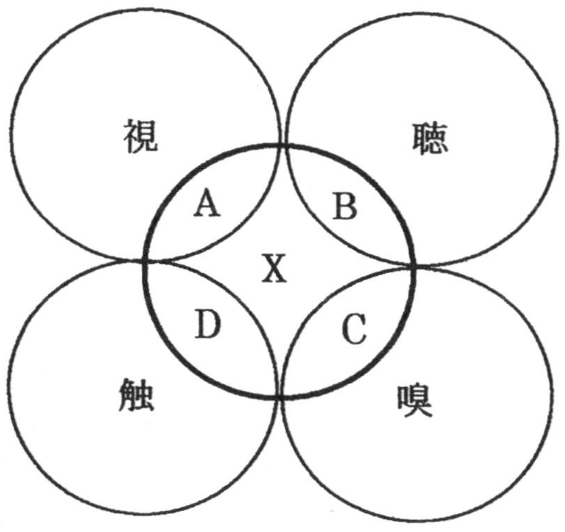

※問題の都合により一部を改変しています。

（注）※1　需要……あるものを必要として求めること。
※2　融通……その場その場に応じて適切な処置をすること。
※3　先に述べたので……この章より前の文章で「嗅覚」について述べた箇所《かしょ》がある。

お詫び
著作権上の都合により、文章は掲載しておりません。
ご不便をおかけし、誠に申し訳ございません。
教英出版

（注）※4　『美味しんぼ』……雁屋哲《かりやてつ》・花咲《はなさき》アキラによる日本の料理・グルメ漫画《まんが》作品。

（出典　瀬戸賢一編『おいしい味の表現術』）

山陽学園中学校　令和六年度　一期表現力入試　国語

（35分）

次の Ⅰ 、 Ⅱ の文章を読んで問1～問9に答えなさい。問いに字数の制限がある場合は、句読点や記号も一字に数えて解答すること。

Ⅰ

お詫び
著作権上の都合により、文章は掲載しておりません。
ご不便をおかけし、誠に申し訳ございません。
教英出版

（出典　瀬戸賢一編『おいしい味の表現術』）

令和６年度　山陽学園中学校　１期学力入試　社会　解答用紙

受験番号		氏名	

得点	※100点満点 （配点非公表）

1					
	(1)		(2)	18 歳から	25 歳から
	(3)		(4)		
	(5)				
	(6)				

2		
	(1)	
	(2)	
	(3)	
	(4)	

3						
	(1)		(2)		(3)	
	(4)					
	(5)		(6)			
	(7)		(8)			

4		
	(1)	
	(2)	
	(3)	
	(4)	

5						
	(1)		(2)		(3)	
	(4)		(5)			

令和６年度　山陽学園中学校　1期学力入試　理科　解答用紙

1

(1)	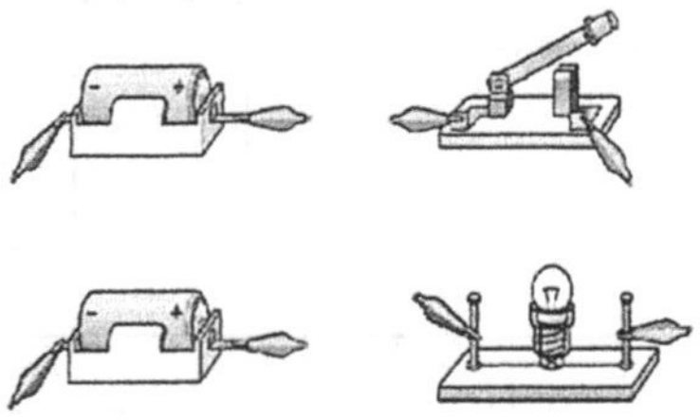	(2)	(a) ／ (b)
		(3)	mA

	明るい順	光っている時間の長い順
(4)		

2

(1)		(2)	

(3)		

	ヒト	カエル
(4)		

3

	①	②	③
(1)			
	④	⑤	⑥

(2)		(3)	

(4)	

4

(1)		(2)	

(3)	

受験番号	

氏名	

得点
※100点満点 （配点非公表）

令和６年度　山陽学園中学校　１期学力入試　英語　解答用紙

受験番号		氏名		得点	（配点非公表）

1

No.1	No.2	No.3

2

No.1	No.2	No.3

3

No.1	No.2	No.3

4

No.1	No.2	No.3

5

No.1	No.2

6

No.1	No.2	No.3

7

令和６年度　山陽学園中学校　入学試験問題（１期学力）算数（特別進学コース）解答用紙

受験番号		氏名		得点	※100点満点（配点非公表）

1

(1)	(2)	(3)	(4)	(5)	(6)

2

(1) m^2	(2) 日
(3) 通り	(4) cm^2

3

(1)	(2)	(3)
段	段	段

4

(1)	(2)	(3)
分	分後	km

5

(1)	(2)	(3)	(4)	(5)
cm	cm	cm	：	cm

裏

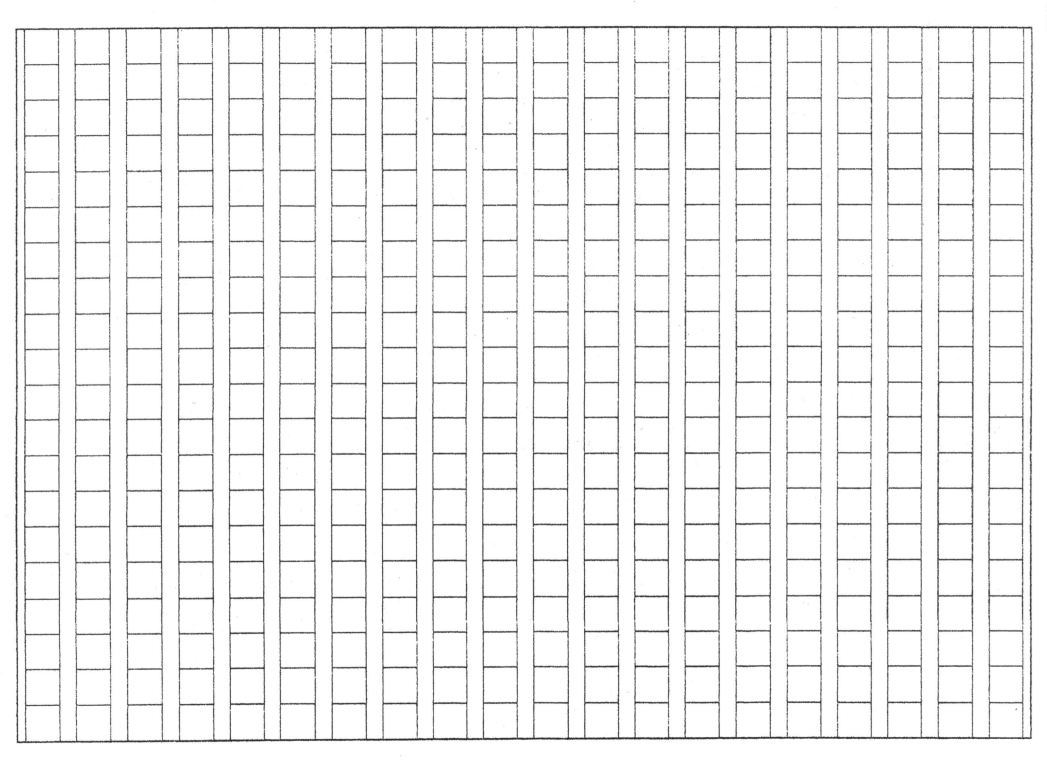

表

受験番号

氏名

（評価基準非公表）

令和六年度　中学一期学力入試　国語解答用紙（特別進学コース）

問1
Ⓐ いて
Ⓑ
Ⓒ
Ⓓ

問2

問3

問4
(1)
(2)
①
②

問5

問6

問7

問8
1
2
3
4

問9

問10
1
2
3
4
5

問11

(R6・一期学力)

受験番号

氏名

得点
※100点満点（配点非公表）

(3)　自然災害を今後も伝えていくために作成された「自然災害伝承碑《ひ》」の地図記号を，次の**ア～エ**から１つ選び，記号で答えなさい。

ア　　イ　　ウ　　エ

(4)　自然災害の被害《ひがい》を減らす「減災」が人類には求められています。日本国内の施設・資料の名称《めいしょう》と利用方法のうち<u>減災にならないもの</u>を，次の**ア～エ**から１つ選び，記号で答えなさい。

ア　砂防ダム　：　火山地域や土砂《どしゃ》災害の危険のある地域に設置され，火山から流れる火砕《かさい》流や土石流から集落を守ることができる。

イ　地下放水路　：　東京などの首都圏《けん》では降水を地下に流して他の大きな河川《かせん》へ放流することで，地上での氾濫《はんらん》を防止することができる。

ウ　埋立《うめたて》地　：　国土面積の狭《せま》い日本において，平坦《へいたん》で見通しが良い人工的な土地であり，海へも近いことで避難《ひなん》場所の確保のために有効活用できる。

エ　ハザードマップ　：　地震《じしん》や洪水《こうずい》の際に避難する場所や道順が一目《ひとめ》でわかる地図であり，災害に備えることができる。

(5)　次の**写真**は山陽学園中学校を中心に配置した航空写真です。豪雨が写真の範囲内に発生した場合，下の**ア～エ**のうちではどの行動が最も適当ですか，１つ選び記号で答えなさい。

山陽学園中学校周辺の航空写真

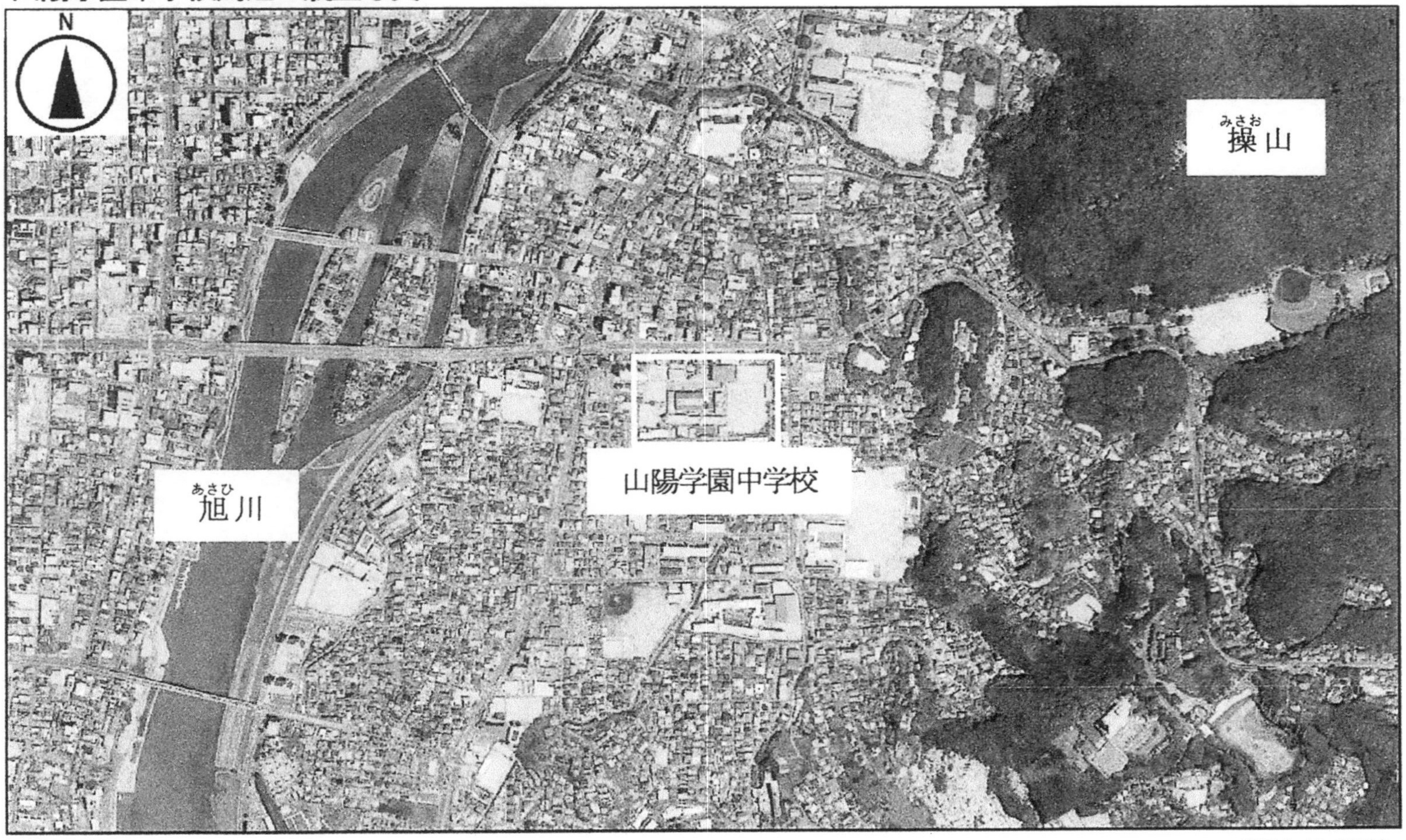

（国土地理院）

ア　旭川は下流ほど流れが遅《おそ》いが水量が多いため，河川からできるだけ離《はな》れる。

イ　増水に備えて，標高が高い操山のふもとから登山して避難する。

ウ　雨風を防ぐため，旭川の西側の繁華《はんか》街に広がる地下街に避難する。

エ　浸水《しんすい》の深さが床上《ゆかうえ》に近づいたら食料と家財道具を積んで自家用車で避難する。

(7)　下線部④について述べた文として正しいものを，次の**ア〜エ**から１つ選び，記号で答えなさい。

ア　国民所得倍増計画が発表された。　　**イ**　関東軍が満州《まんしゅう》事変を引き起こした。

ウ　ラジオ放送が始まった。　　**エ**　自由党や立憲改進党が結成された。

(8)　**資料６**は日露戦争の際によまれた反戦詩です。この反戦詩をよんだ人物を答えなさい。

4　日本の農業や水産業に関する次の**資料１・２**と**グラフ**を見て，あとの問いに答えなさい。

資料１

資料２

グラフ　日本の漁業・（D）業の生産量の推移

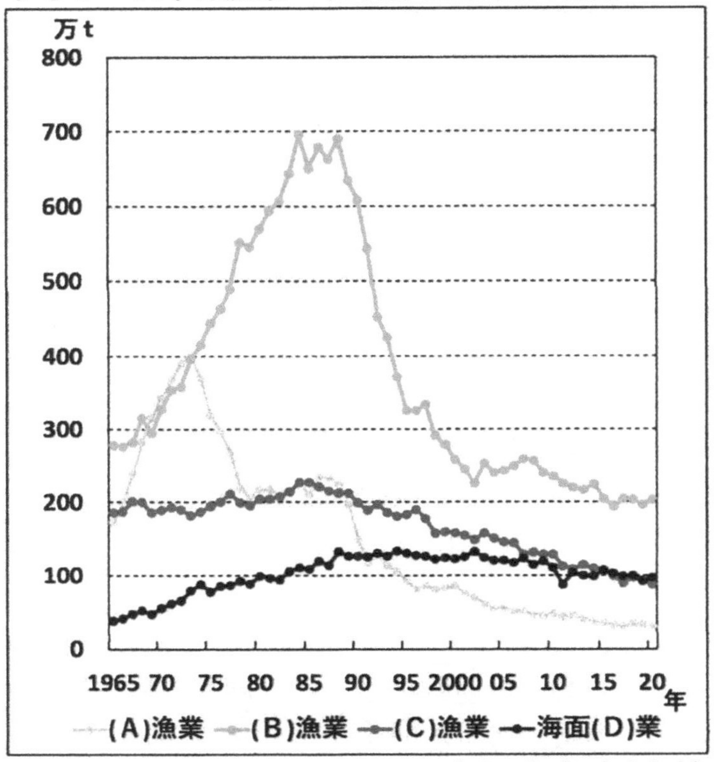

（令和３年度 水産白書）

(1)　**資料１**は日本で2020年には1970年より生産量が多い漁法のようすを示す写真です。この漁法のことを何というか答えなさい。

(2)　**資料１**の漁法の生産量が増えた理由を，この漁法の利点を挙げて説明しなさい。

(3)　**資料２**の施設《しせつ》を田畑などに設置する目的について，農村が抱える問題点とこの施設から生産できるエネルギーの２点を明らかにして，説明しなさい。

(4)　乳牛を飼育して生乳《せいにゅう》を生産したり乳製品を製造したりすることを酪農《らくのう》といいます。近年の日本の酪農について述べた文として適当なものを，次の**ア〜エ**から１つ選び，記号で答えなさい。

ア　余った生乳を加工して乳製品を製造するので，乳製品は輸入していない。

イ　乳牛の飼料の大部分は国内で生産している。

ウ　乳牛は舎飼いだけでなく，高原などの涼《すず》しい環境《かんきょう》で放牧することもある。

エ　乳牛を飼育する酪農家の戸数は2010年以降増加し続けている。

5　自然災害と防災に関するあとの問いに答えなさい。

2023年７月11日山陽新聞朝刊

(1)　右の**新聞記事**は，2023年に発生した豪雨《ごうう》についてのものです。このような新聞を授業などで活用する取り組みを何といいますか，アルファベット３字で答えなさい。

(2)　授業で学んだことについて，あるテーマで読者にわかりやすい新聞づくりを行うときの注意点について述べた文として適当でないものを，次の**ア〜エ**から１つ選び，記号で答えなさい。

ア　学習をふり返り，わかったことや自分の意見なども書く。

イ　多くの情報を伝えることが大切なので，学んだ内容すべてを入れる。

ウ　文章だけでなく，図や表，写真なども使う。

エ　学習のなかで心を動かされたことをもとに，新聞のタイトルをつける。

資料３　承久の乱直後の鎌倉《かまくら》幕府のしくみ

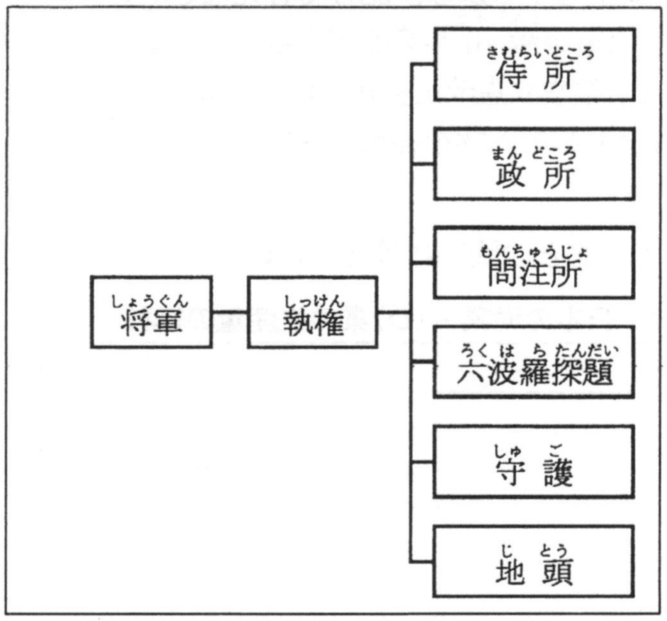

資料４　承久の乱に関する地図

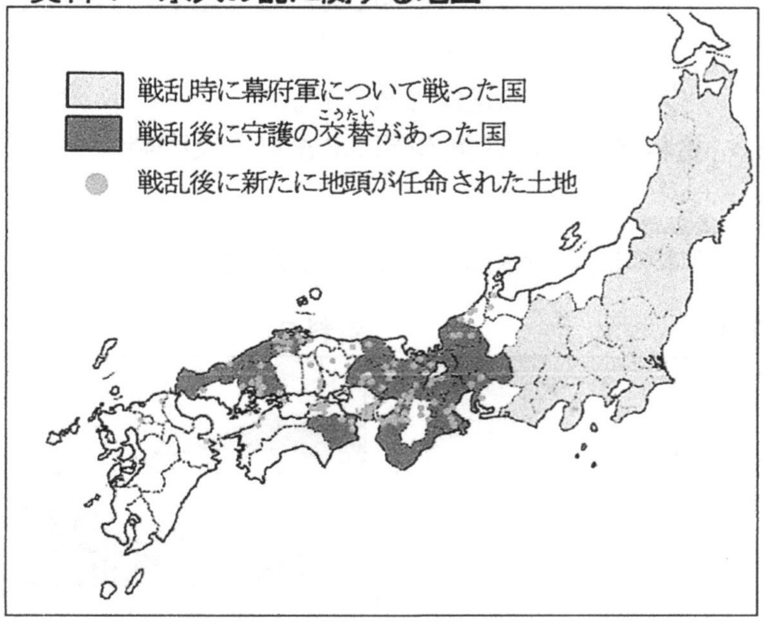

資料５

近ごろは，一揆や（　　　）がほうぼうで起こっています。昔は，めったにありませんでした。こうなったのは，人々が悪いからではなく，政治をする人が，正しくないことをおし通そうとするからです。

資料６

あ《あ》ゝ《お》をとうとよ君を泣く　君死にたまふ《う》ことなかれ
末に生れし君なれば　親のなさけはまさりしも
親は刃《やいば》をにぎらせて　人を殺せとを《お》しへ《え》しや
人を殺して死ねよとて　二十四までをそだてしや

(1)　下線部①について述べた文として正しいものを，次の**ア～エ**から１つ選び，記号で答えなさい。

ア　吉野ヶ里遺跡《よしのがりいせき》のように，周囲に堀《ほり》や柵《さく》をめぐらした集落ができた。
イ　外敵に対する博多湾《はかたわん》の防御《ぼうぎょ》を固めるために，防塁《ぼうるい》が築かれた。
ウ　社会不安が広がるなか，国ごとに国分寺を建てることが命じられた。
エ　呪術《じゅじゅつ》的な風習を示す土偶《どぐう》がさかんにつくられ，祈《いの》りがささげられた。

(2)　**資料１**の下線部は，当時何という王朝であったか，次の**ア～エ**から１つ選び，記号で答えなさい。

ア　漢　　**イ**　魏《ぎ》　　**ウ**　隋《ずい》　　**エ**　唐《とう》

(3)　下線部②や**資料２**に関して述べた次のａ，ｂの文の正・誤について正しい組み合わせを，あとの**ア～エ**から１つ選び，記号で答えなさい。

ａ　足利義政《あしかがよしまさ》の妻となり，夫の死後には幕府政治を主導して「尼《あま》将軍」とよばれた。
ｂ　承久の乱のときの**資料２**の演説は，朝廷にいる公家《くげ》に向けて行われた。

ア　ａ－正　ｂ－正　　**イ**　ａ－正　ｂ－誤
ウ　ａ－誤　ｂ－正　　**エ**　ａ－誤　ｂ－誤

(4)　承久の乱後，幕府は朝廷に対してどのような措置《そち》をとり，幕府の力が及《およ》ぶ範囲《はんい》はどのように拡大したのか，**資料３・資料４**を参考にして説明しなさい。なお，朝廷に対する措置については，**資料３**にある機関を１つ取り上げ，その機関の役割にもふれなさい。

(5)　下線部③は長い間ある書物を研究し，その書物の注釈《ちゅうしゃく》書を完成させました。ある書物とは何か，次の**ア～エ**から１つ選び，記号で答えなさい。

ア　『風土記《ふどき》』　　**イ**　『解体新書』
ウ　『古事記』　　**エ**　『曽根崎心中《そねざきしんじゅう》』

(6)　右の**図**は**資料５**の（　　　）に入る行為《こうい》をあらわしたものです。（　　　）に入る語句を答えなさい。

図

(6)　下線部⑥に関連して，国際連合の機関であるユニセフの活動を，次の**ア～カ**から<u>**２つ**</u>選び，記号で答えなさい。

ア　世界の文化遺産の保護や修理を行う。
イ　清潔な水が入手できるよう井戸をつくる。
ウ　国際的な児童労働についての給与《きゅうよ》基準を定める。
エ　予防接種のワクチンをこどもたちに配布する。
オ　核兵器《かくへいき》の拡散を防ぎ，原子力を平和目的で安全に利用できるようにする。
カ　学力調査を行い，知識や技能を実生活での課題にどの程度活用できるかを測る。

[2]　次の**資料**を見て，あとの問いに答えなさい。

(1)　**資料**中の（　　　　　　　）にあてはまる言葉を答えなさい。

資料　日本国憲法が定める国民の権利と義務（一部）

権利	思想や学問の自由（19条，23条）
	個人の尊重，男女の平等（13条，14条）
	政治に参加する権利（15条）
	健康で文化的な生活を営む権利（25条）
義務	こどもに（　　　　　　　）義務（26条）
	仕事について働く義務（27条）
	税金を納める義務（30条）

(2)　日本国憲法によって定められている国民の権利について述べた文として正しいものを，次の**ア～エ**から１つ選び，記号で答えなさい。

ア　宗教を信仰《しんこう》するかしないかは自由であり，また，どのような宗教を信じてもよい。
イ　男女は平等であるため，夫婦別姓《ふうふべっせい》が認められている。
ウ　日本国憲法第９条にもとづいて生活保護を受けることができる。
エ　政府の審査《しんさ》に通った本や新聞のみ，出版することができる。

(3)　車いすなどでも使いやすいよう工夫《くふう》されるなど，すべての人にとって使いやすい形や機能となるような設計を何といいますか，<u>**カタカナ10字**</u>で答えなさい。

(4)　国民の自由や権利は制限される場合もありますが，それはどのような場合か，「権利」という語句を用いて説明しなさい。

[3]　日本の歴史上の「争い」について発表準備をするやまとさんとあすかさんの会話文を読み，**資料１～６**を見て，あとの問いに答えなさい。

あすか	**資料１**の①<u>弥生《やよい》時代</u>以降，さまざまな争いが起こったけど，やまとさんはどんな争いを調べているの？
やまと	13世紀に起こった戦乱を調べていて，**資料２**は②<u>北条政子《ほうじょうまさこ》</u>が承久《じょうきゅう》の乱の際に行った演説だけど，この戦乱は朝廷《ちょうてい》と幕府の関係が大きく変わるきっかけになったので注目しているよ。あすかさんはどんな争いに注目して調べ学習を進めているの？
あすか	江戸《えど》時代の民衆が起こした一揆《いっき》などをテーマにして調べているよ。
やまと	それだったら，集めた資料のなかに③<u>本居宣長《もとおりのりなが》</u>が藩主《はんしゅ》に出した**資料５**があって，あすかさんのテーマに使えるかもしれないから，貸してあげるよ。
あすか	ありがとう。他のクラスメイトはどんなことを調べているのかな？
やまと	④<u>明治時代</u>に起きた日露《にちろ》戦争について調べている人がいたけど，戦争が起こった原因や社会に与《あた》えた影《えい》響《きょう》などをわかりやすくまとめていたよ。
あすか	そうなんだ。今からみんなの発表が楽しみだよ。

資料１

倭《わ》（日本）の国の王は，もとは男性が務めた。従《したが》えていたくにぐにが争いを起こし，戦いが続いたので，相談して，卑弥呼《ひみこ》という女性を王に立てた。卑弥呼は，よくうらないをして，人々《ひとびと》をひきつけるふしぎな力をもっていた。…卑弥呼は，<u>中国</u>に使いを送り，贈《おく》り物をしたので，中国の皇帝《こうてい》は，そのお返しに卑弥呼に倭王の称号《しょうごう》を与え，織物《おりもの》や銅の鏡などを授《さず》けた。

資料２

頼朝《よりとも》どのが平氏をほろぼして幕府を開いてから，そのご恩は，山よりも高く，海よりも深いほどです。ご恩に感じて名《めい》誉《よ》を大切にする武士ならば，よからぬ者をうちとり，幕府を守ってくれるにちがいありません。

令和６年度　山陽学園中学校　１期学力入試　　社会　(30分)　　

1　次の**資料**を見て，あとの問いに答えなさい。

資料　地域をささえるまちづくりレポート

○きっかけ　2023年４月に①こども（　　　）庁《ちょう》が発足《ほっそく》したニュースを見て，こどもをめぐる状《じょう》況《きょう》について調べてみると，日本にも，貧困《ひんこん》状態のこどもたちが存在していることがわかったこと。

○学習課題　「私たちのまちでは，どのようにして，こどもの貧困の解消に向けて取り組んでいるのか」

○調べ方　②国や県・市のサイトを見たり，こども食堂で取材したりして③調べる。

○わかったこと　Ⅰ困難を抱《かか》えるこどもに対応するため，スクールカウンセラーが配置されている。

Ⅱこども食堂で無料または安価な食事が提供されている。

こども食堂は④輸入品の値上がりで苦労している。

こども食堂では⑤地産地消の実践《じっせん》を目指している。

こども食堂に対して県が補助金を出している。

○感想・さらに調べたいこと

日本ではスクールカウンセラーやこども食堂以外にこどもの貧困に対してどのような取り組みがあるのか，さらに，⑥世界ではどのような活動が行われているのかについても調べてみたい。

(1)　下線部①は，こども政策を推進するために2023年４月に発足した庁です。（　　　）にあてはまる語を漢字２字で答えなさい。

(2)　下線部②に関連して，国や地方の政治に参加することには年齢《ねんれい》制限が存在します。18歳《さい》からできることと25歳からできることを，それぞれ次の**ア～カ**から１つずつ選び，記号で答えなさい。

ア　市議会議員選挙に立候補することができる。
イ　県議会や市議会を傍《ぼう》聴《ちょう》することができる。
ウ　市役所で市の政策について担当者に取材することができる。
エ　国会議員を選ぶ選挙で投票することができる。
オ　国会議員を選ぶ選挙の街頭演説を聞くことができる。
カ　市に対する意見や要望を市議会に提出することができる。

(3)　下線部③に関して，ものごとの調べ方について適当でないものを，次の**ア～エ**から１つ選び，記号で答えなさい。

ア　統計データを利用する際には，そのデータがいつのものかを確認《かくにん》する。
イ　アンケート調査では，多くの情報を得るために質問文を長くしておく。
ウ　ＳＮＳはすばやく情報を集めることができるが，その情報が正しいものか確かめる必要がある。
エ　わからない言葉が出てきたときは，百科事典などを利用して調べる。

(4)　下線部④に関連して，次の**ア～エ**は，アメリカ合衆国，韓《かん》国，サウジアラビア，中国のいずれかの国からの日本の2020年の輸入品目と輸入総額を表したものです。アメリカ合衆国にあてはまるものを，次の**ア～エ**から１つ選び，記号で答えなさい。

ア

機械類	48.6%
衣類	8.4%
金属製品	3.5%
家具	2.6%
その他	36.9%
総額	17兆5077億円

イ

機械類	26.2%
石油製品	10.9%
鉄鋼	9.3%
プラスチック	4.1%
有機化合物	3.9%
その他	45.6%
総額	2兆8416億円

ウ

機械類	25.8%
医薬品	7.6%
肉類	5.5%
科学光学機器	5.3%
液化石油ガス	3.9%
航空機類	3.6%
その他	48.3%
総額	7兆4536億円

エ

原油	93.2%
石油製品	2.1%
有機化合物	1.2%
その他	3.5%
総額	1兆9696億円

（日本国勢図《ず》会《え》2022/23）

(5)　下線部⑤の地産地消とはどういうことか，説明しなさい。

(3)　ゆたかさんは，春分《しゅんぶん》の日の図７のオーストラリアの都市Ｄでの太陽の１日の運動を透明《とうめい》半球で記録するとどのようになるのか予想しました。
　下はゆたかさんの予想ですが，この予想は正しくありません。正しい太陽の１日の動きを，上の会話文と下の資料を参考にして東西南北の方位を用いて説明しなさい。

ゆたかさんの予想

　オーストラリアは南半球にあるから，太陽は西からのぼって南の空を通って東に沈《しず》んでいると思う。

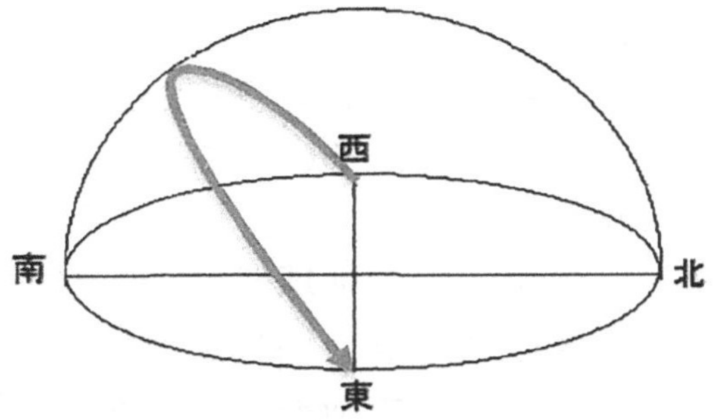

資料

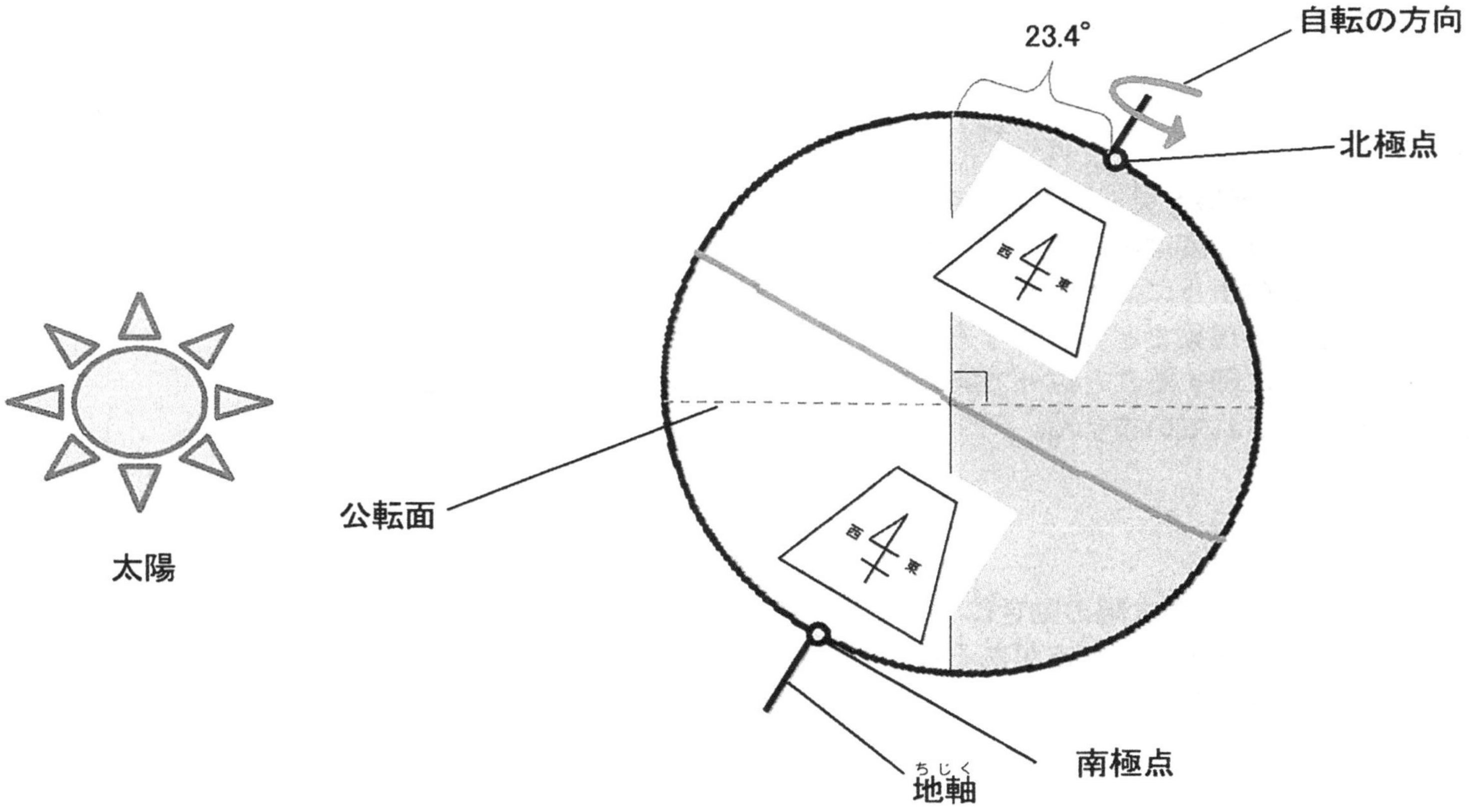

太陽と地球の位置関係の模式図

4　ゆたかさんと先生は，太陽の動きについて会話をしています。次の問いに答えなさい。

ゆたか　「先生，理科室は昼から夕方にかけて日差しが教室に入って明るくていいですね。」
先生　「そうですね。太陽の動きの関係で他の校舎も南側と北側だと日差しの入り方が違《ちが》いますよ。」
ゆたか　「やっぱり南向きの部屋の方が明るくてぼくは好きだな。マンションも南向きの部屋は人気だと聞いたことがあります。」
先生　「でもそれは，日本などの一部の国の話で，オーストラリアではそうでもないですよ。」
ゆたか　「それはどうしてですか。」
先生　「それでは，その理由を考えるためにこの地球儀《ちきゅうぎ》（図６）を使って少し考えてみませんか。」
ゆたか　「先生，この地球儀は少しかたむいています。なぜですか。」
先生　「実は地球は，地軸《ちじく》がかたむいているので，この地球儀もそのかたむきを表しています。そして地球は地軸を公転面とよばれる面に対して垂直に立てた線から 23.4°かたむけたまま太陽の周りを，１年をかけて１周しているのです。」
ゆたか　「なるほど。ではこの地球儀で考えると，地球はどの地点でも地軸を中心に同じ方向に１日に１回，１回転しているので太陽が動いてみえるのですね。」
先生　「そのとおりです。地球は，地軸を中心にして西から東に回転しています。今説明した所を資料で渡しておきます。ぜひこれをヒントに考えてみましょう。」

図６

(1)　ゆたかさんは地球儀を見ていると，図７の日本の都市Ｂとオーストラリアの都市Ｄは，ほぼ経度は同じですが，緯度《いど》が異なることに気づきました。都市Ｂと都市Ｄのように北半球と南半球で経度は同じですが，緯度が異なる２地点では自然現象でどのような違《ちが》いが生じるか答えなさい。ただし太陽の１日の動きに関すること以外で答えなさい。また，図７の地球は地軸のかたむきは示されていません。

(2)　ゆたかさんは世界での太陽の動きについて調べてみると，世界には夏至《げし》の日に１日中太陽が沈《しず》まない都市があることも知りました。その地域があるのは図７の都市Ａ～Ｄのどの地点だと考えられますか。１つ選び，記号で答えなさい。

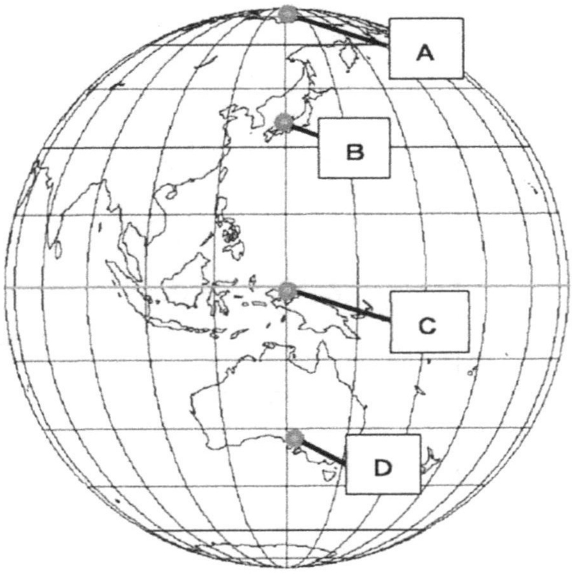

図７

3　たろうさんは，ペットボトルにはいくつか種類があることや加温・冷凍《とう》についての注意書きがあることに気付き，そのことについて，お父さんと話をしています。次の問いに答えなさい。

(1)　たろうさんとお父さんは，飲料の入ったペットボトルを加温したとき，容器内では次のような変化が起こると考えました。表１を参考にして，次の会話文の空らん（　①　）～（　⑥　）に適切な語句または数値を書きなさい。ただし，（　⑤　）は四捨五入をして小数第２位まで答えなさい。

父　　「飲料は，成分表示からも分かるように，水に色々な物質が溶《と》けているよ。まず，水に注目しよう。液体の水は温まると気体の水蒸気になりやすくなることは習ったかな？」
たろう　「うん，その変化を（　①　）というんだよね。(①) は，水が 100℃に達していなくても起こるね。」
父　　「そうだね。では，次に，水に溶けている物質に注目しよう。水に固体の物質が溶ける場合は，水の温度が高くなるにつれて，溶けることができる量が（　②　）なるよ。けれど，水に気体の物質が溶ける場合は，水の温度が高くなるにつれて，溶けることができる量が（　③　）なるんだ。」
たろう　「水に気体が溶けているものといえば，炭酸飲料があるね。炭酸飲料は，気体の（　④　）が溶けていると習ったよ。」
父　　「気体の (④) の水に溶けることができる量は，20℃のときと比べて 60℃のときは約（　⑤　）倍になるよ。だから水は温まると水に溶けきれない気体が外へ出てくるんだ。」
たろう　「２つの理由から，加温すると容器内には気体が増えることがわかってきたよ。」
父　　「ある量の液体がすべて気体に変化したとき，その体積は液体のときよりも（　⑥　）ね。容器内に気体が増えると，容器に気体の圧力がたくさん加わり，破れつする可能性があるんだ。だから，用途《と》や飲料の種類ごとにペットボトルの種類は使い分けられているんだね。」

表１　同じ条件における気体が１cm^3の水に溶けることができる量

温度[℃]	ちっ素[cm^3]	酸素[cm^3]	水素[cm^3]	二酸化炭素[cm^3]
0	0.024	0.049	0.022	1.71
20	0.016	0.031	0.018	0.88
40	0.012	0.023	0.016	0.53
60	0.010	0.019	0.016	0.36

(2)　水の入ったペットボトルを冷凍庫で冷凍しました。容器や容器の中で起こる変化について，水の性質に注目して，「密度」と「体積」という言葉を使って説明しなさい。

(3)　「温度と体積変化」の例や工夫としてふさわしくないものを，次の①～⑤から１つ選び，番号で答えない。

①　鉄道のレールとレールのつなぎ目にはすき間があいている。
②　ガラスのコップに熱湯をそそぐと割れる。
③　熱気球が空にうかぶ。
④　つぶれたピンポン玉をお湯にいれると，元にもどる。
⑤　山頂に，密閉されたお菓《か》子《し》の袋を持っていくとふくらむ。

(4)　便利なペットボトルですが，自然環境の面から考えたときにはどのような問題点がありますか。１つ答えなさい。

2　たろうさんとはなこさんは，生物実験室で飼育しているアフリカツメガエルとカメを見て会話をしています。次の問いに答えなさい。

たろう　「カエルのいる水槽《すいそう》がよごれているから，そろそろそうじをしないといけないね。」
はなこ　「そういえば，①家で飼っているキンギョの水槽中ではエアーポンプで空気を出しているけど，カエルの水槽にはないね。」
たろう　「本当だ。カエルは空気がなくても大丈夫なのかな。」
はなこ　「授業では，動物は呼吸をしないと生きていけないと習ったよ。」
たろう　「動物によって呼吸のしかたやからだのつくりにも違《ちが》いがあったよね。」
はなこ　「カメにはどんな特徴《とくちょう》があったかな。」
たろう　「②カエルもカメも卵を産むのは同じだけど，殻《から》があるのはカメだけだね。」

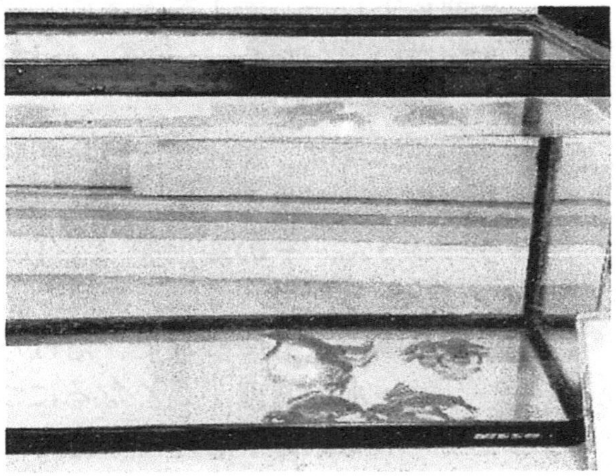

図５

(1)　カエルやカメのように背骨のある動物をまとめて何と言いますか。

(2)　下線部①について，カエルを飼育するとき，図５のように水槽に水をいっぱいにしていても，空気を出すエアーポンプはなくても生きていくことができます。その理由をカエルの呼吸のしかたとからだのつくりに注目して簡単《かんたん》に説明しなさい。

(3)　下線部②について，卵に殻があるとどのような良い点がありますか。２つ説明しなさい。

(4)　子の産まれ方には，ヒトのように母親のおなかの中である程度成長して産まれる場合と，カエルのようにたくさんの卵を同時に産卵する場合の２つの方法があります。２つの産まれ方を比べたとき，それぞれの良い点を簡単に説明しなさい。

(3)　電流計を回路に正しくつなぐと，電流計の針が図４のようにふれました。図４の電流計の数値を読みとりなさい。ただし[mA]は，ミリアンペアと読みます。

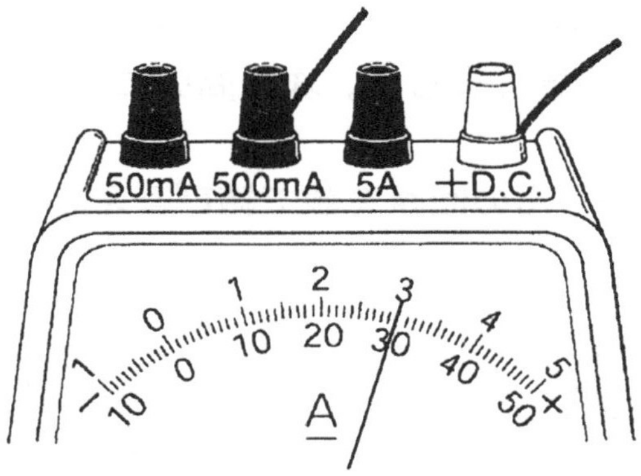

図４

(4)　同じコンデンサー５個をそれぞれ図２の回路で同様にじゅう電しました。じゅう電した５個のコンデンサーを用いて次の①～③のような回路をつなぎました。電流は全て矢印の向きに流れているものとします。豆電球の明るい順番と光っている時間の長い順に並べなさい。ただし，「＞，＝」の記号を使って例のように書きなさい。

例「①＞②＝③」

①

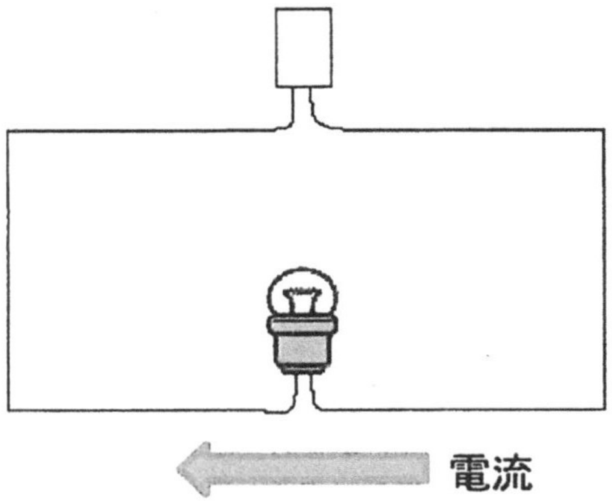

②

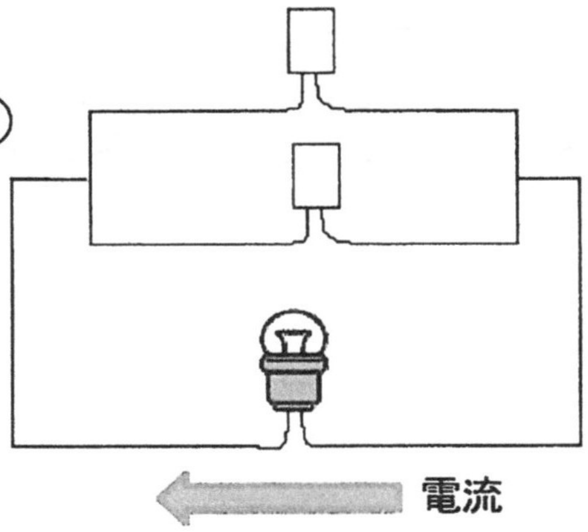

③

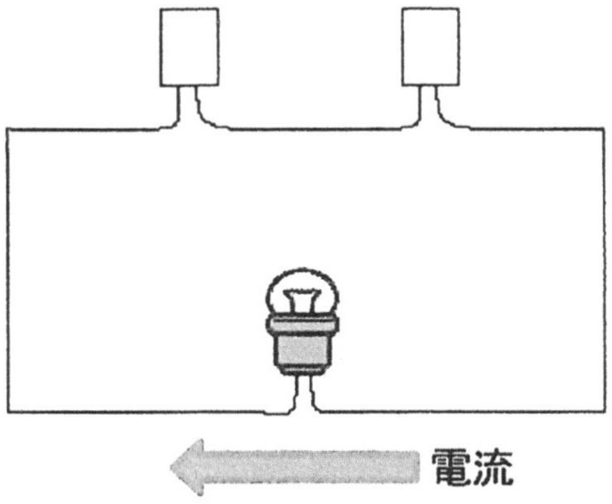

令和６年度　山陽学園中学校　１期学力入試　理科　(30分)

1　たろうさんとはなこさんは理科室でかん電池を使って豆電球を光らせることにしました。そこで，かん電池２個，スイッチ，豆電球を図１のように用意しました。次の問いに答えなさい。

(1)　豆電球が最も明るくつくように解答らんの回路を線で結び答えなさい。

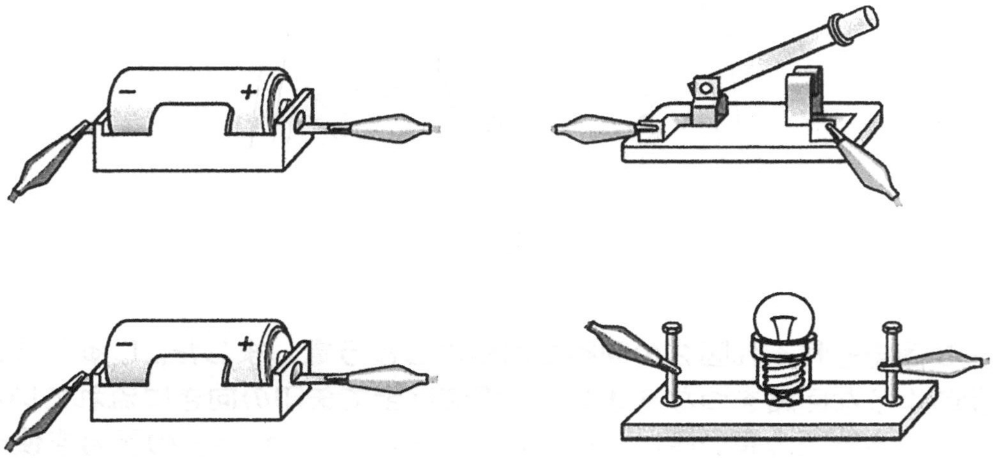

図１

次に二人はコンデンサーを理科室で見つけました。コンデンサーはじゅう電することによりあらかじめ電気をためて使うことができます。『電流計・コンデンサー・かん電池・スイッチ・豆電球』を用いて図２のような回路を作りました。ただし，電流計には，まだつながれていません。

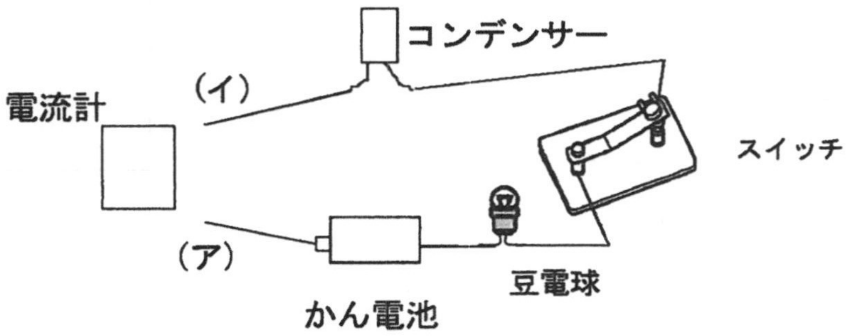

図２

(2)　図３の電流計の導線と接続する部分（ａ）（ｂ）は，上の回路の（ア）（イ）のどちらとつなぐとよいですか。それぞれ記号で答えなさい。

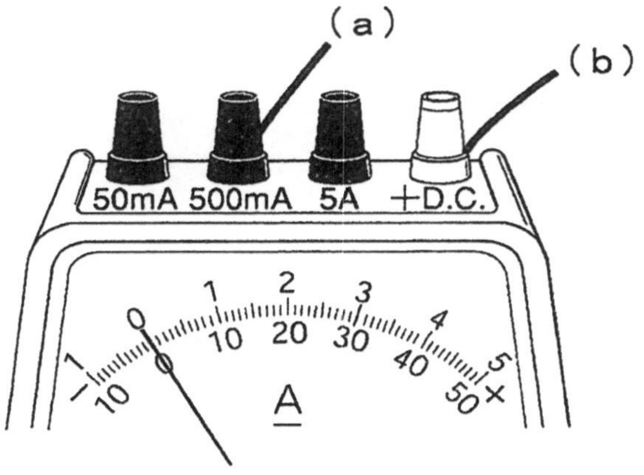

図３

6 David と Ann が会話をしています。それぞれの会話のあとに，１つ質問をします。その答えとして正しいものをア～エの中から１つ選び，記号で答えなさい。

No.1
ア At 6:00.
イ At 6:30.
ウ At 10:00.
エ At 10:30.

Ann

David

No.2
ア For an hour.
イ For four hours.
ウ After dinner.
エ Before dinner.

David

Ann

No.3
ア $ 1.
イ $ 1.15.
ウ $ 1.50.
エ $ 2.50.

Ann

David

7 来週の学校行事についての校内放送を流します。放送のあとに，その内容について質問します。質問に対する答えを日本語で書きなさい。なお，解答は漢字でもひらがなでもかまいません。

5 町の中で，Meg と Kevin が偶然出会いました。２人の会話を聞いて，質問の答えをそれぞれ地図のア～キの中から１つ選び，記号で答えなさい。なお，２人は地図上の★のところに立っているものとします。

No.1 Where is Meg's house?

No.2 Where is Kevin going?

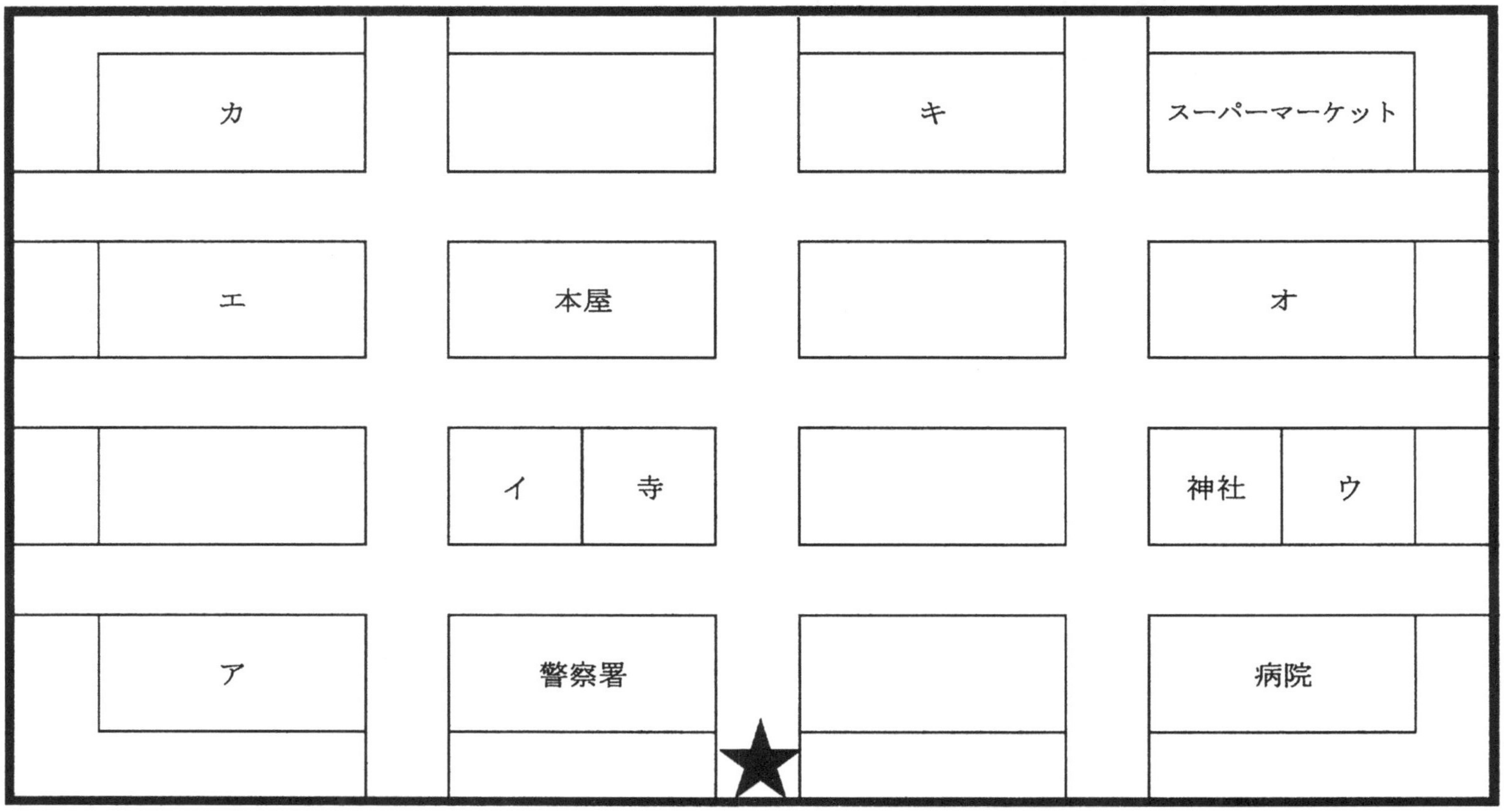

4 英語の授業で「私はどこにいるでしょうクイズ」をしています。それぞれ「わたし」はどこにいますか。ア～ウの中から１つ選び，記号で答えなさい。

No.1
ア I'm in Italy.
イ I'm in the stadium.
ウ I'm in the restaurant.

No.2
ア I'm in the gym.
イ I'm in the supermarket.
ウ I'm in the kitchen.

No.3
ア I'm in the school ground.
イ I'm in the movie theater.
ウ I'm in the amusement park.

2 放送される英文について，もっとも関係がある絵はどれですか。ア～ウの中から１つ選び，記号で答えなさい。

No.1 ア

イ

ウ

No.2 ア

イ

ウ

No.3 ア

イ

ウ

3 放送される英文について，もっとも適切な返答はどれですか。ア～エの中から１つ選び，記号で答えなさい。

No.1
ア Thank you.
イ It's mine.
ウ Of course.
エ Goodbye.

No.2
ア Good luck.
イ It's delicious.
ウ It's Sunday.
エ Two hamburgers, please.

No.3
ア You're welcome.
イ I like soccer.
ウ It's rainy today.
エ I'm sorry.

令和６年度　山陽学園中学校　１期学力入試　英語　（20分）

1　放送される英単語について，もっとも関係がある絵はどれですか。ア～オの中から１つ選び，記号で答えなさい。

※音声と放送原稿非公表

No.1 (1)

(2)

(3)

ア 

イ 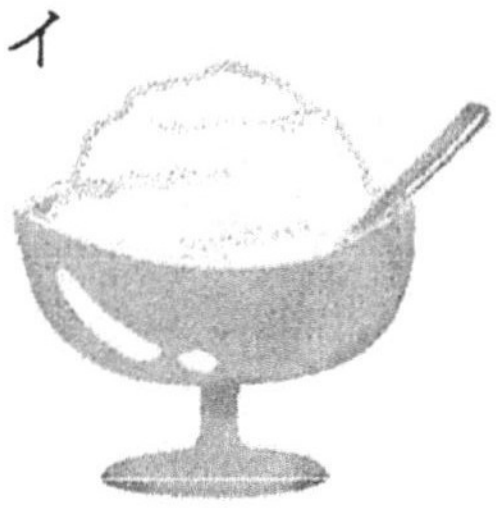

ウ 

エ 

オ 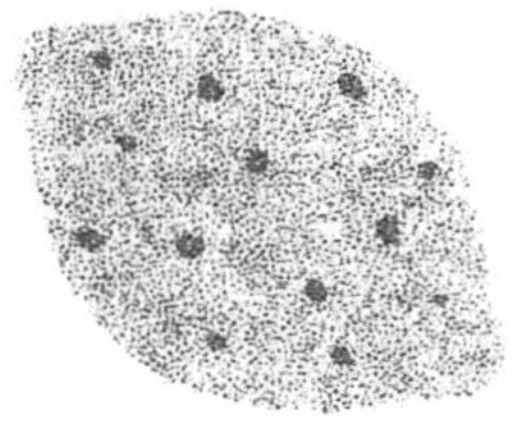

No.2 (1)

(2)

(3)

ア 

イ 

ウ 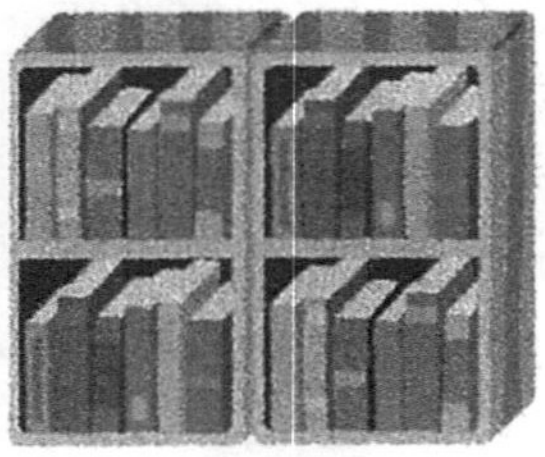

エ 

オ 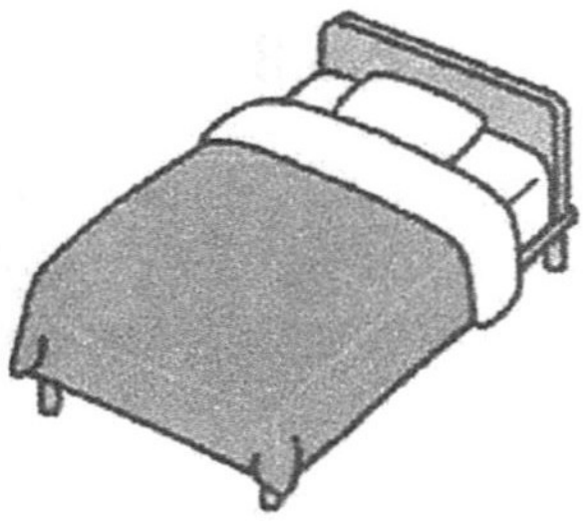

No.3 (1)

(2)

(3)

ア 

イ 

ウ 

エ 

オ 

5　次の文は，先生と陽菜《ひな》さんの会話です。(1) ～ (5) の空らんに適するものを入れなさい。ただし，容器の厚みは考えないものとします。

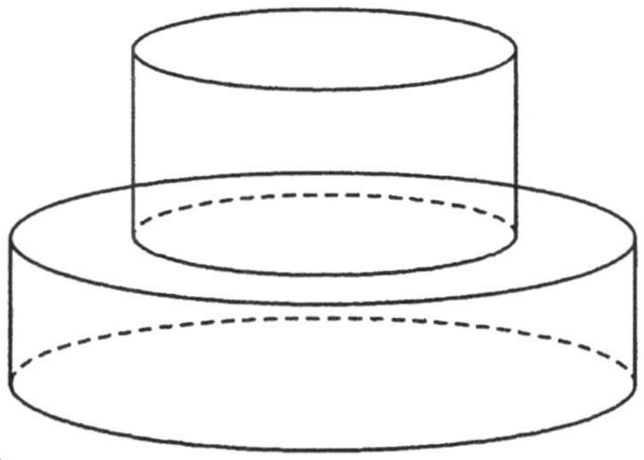

先生：今日は図形の問題を考えてみましょう。

陽菜：どんな図形ですか。

先生：ここに大きさの異なる 2 つの円柱を上下に組み合わせた形の容器があり，容器の高さは 22 cm です。

陽菜：2 つの円柱の重なっている部分はつながっているのですね。

先生：その通りです。この容器を水平な台の上に置いて，中に水を入れていきます。一定の割合で水を入れて，水面の高さを測ってみましょう。

陽菜：入れ始めてから 10 分後に 4 cm，20 分後に 14 cm，25 分後にちょうど水がいっぱいになりました。

先生：そこからどんなことが分かりますか。

陽菜：水面が上がる速さが変わります。水面が始めは 1 分間に [(1)] cm 上がっていきますが，途中《とちゅう》からは 1 分間に [(2)] cm 上がっていきます。

先生：その通りです。速さのちがいについて気づくことができましたね。では，10 分後から 20 分後までに注目して，下部分の円柱の高さを求めてみてください。

陽菜：下部分の円柱の高さは [(3)] cm になります。

先生：よくできましたね。では，水面が上がる速さの比を利用して，上部分の円柱と下部分の円柱の底面積の比はいくらになるでしょう。

陽菜：上部分と下部分の底面積の比は，[(4) ：] になります。

先生：容器の水を水面の高さが 5 cm になるようにしてから，容器にふたをして上下逆さまにして置くと，水面の高さは何 cm になりますか。

陽菜：[(5)] cm です。

先生：とてもよく考えることができました。今日もがんばりましたね。

陽菜：先生，どうもありがとうございました。

4　大和《やまと》くんの学年では，校外学習で公園に行くことになりました。3つの班に分かれて，1班，2班，3班の順に観覧車に乗ります。行きは公園入口前から観覧車乗り場までパークトレインに乗り，帰りは同じ道を歩いてもどります。前の班が出発してから15分後に，次の班がパークトレインに乗って出発します。公園入口前から観覧車乗り場までの道のりは片道1.8 km，パークトレインの速さは時速12 kmです。観覧車に10分間乗った後，班ごとに時速6 kmの速さで行きと同じ道を歩いてもどります。下の図は，1班が公園入口前を出発してからの時間と，各班の公園入口前からの道のりの関係を表したものです。このとき，次の問いに答えなさい。

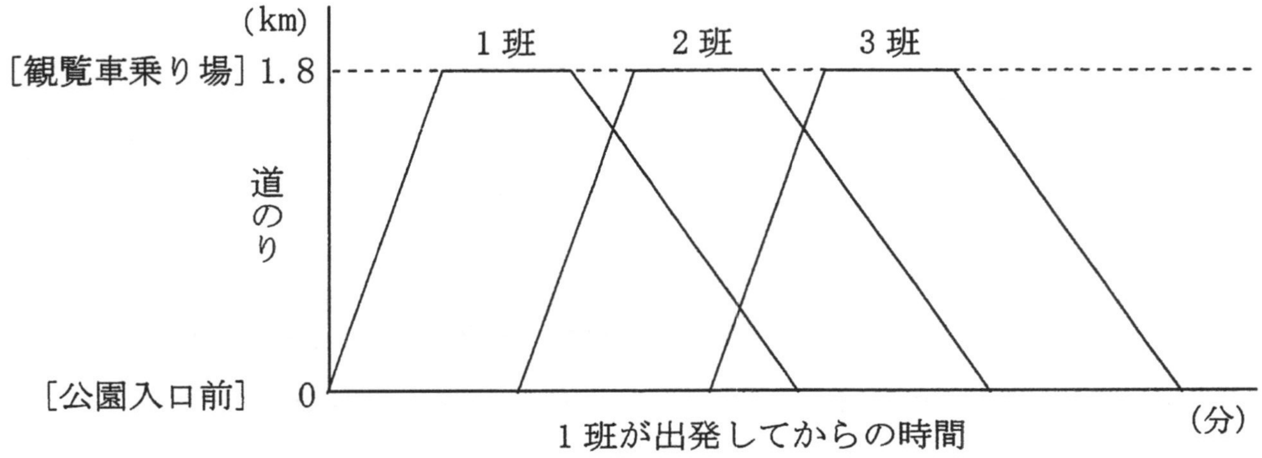

(1)　出発してから公園入口前にもどってくるまでにかかる時間は何分ですか。

(2)　2班が公園入口前に戻ってきたのは，1班が公園入口前を出発してから何分後ですか。

(3)　1班と3班がすれちがうのは，公園入口前から何 km のところですか。

3 太郎《たろう》さんとお父さんはある神社に来ています。2 人の会話文を読んで，下の問いに答えなさい。

お父さん：お父さんの子どものころは，この石段をよく登っていたよ。
石段は全部で 300 段もあるんだ。
太郎さん：とても長い石段だね。
お父さん：そうだよ。お父さんは昔から石段を 3 段とばしで 4 段ずつ登るのが得意だったから，久しぶりに 4 段ずつ登ってみよう。
太郎さん：すごいね。じゃあ，ぼくは 2 段とばしで 3 段ずつ登ってみるよ。

(1) お父さんがふんだ石段の数は全部で何段ですか。

(2) お父さんと太郎さんが 2 人ともふんだ石段の数は全部で何段ですか。

(3) 2 人ともふまなかった石段の数は全部で何段ですか。

令和６年度　山陽学園中学校　１期学力入試　算数（特別進学コース）(30分)

（１期学力算数 No. １）

答えはすべて解答用紙に記入しなさい。

1　次の計算をしなさい。

(1)　$7\times5-6$

(2)　$3.7+2.5$

(3)　$\dfrac{3}{14}+\dfrac{6}{7}-\dfrac{7}{10}$

(4)　$2\dfrac{1}{4}\div\dfrac{5}{8}\times\dfrac{2}{9}$

(5)　$83-20\div(11-7)\times5$

(6)　$199\times88-397\times44$

2　次の問いに答えなさい。

(1)　500 分の 1 の縮尺でかかれた地図があります。この地図上で，ある建物がたて 3 cm，よこ 5 cm の長方形でかかれているとき，実際の面積は何 m^2 になりますか。

(2)　ある仕事を完成させるのに，7 人でちょうど 16 日かかります。この仕事を，はじめの 12 日は 6 人で働き，残りの仕事を人数を 2 人増やして仕上げると，全部で何日かかりますか。

(3)　右の図のように A，B，C，D の 4 つの場所に赤，青，黄，緑の 4 色を使って色をぬります。4 色すべて使って色をぬる方法は全部で何通りありますか。

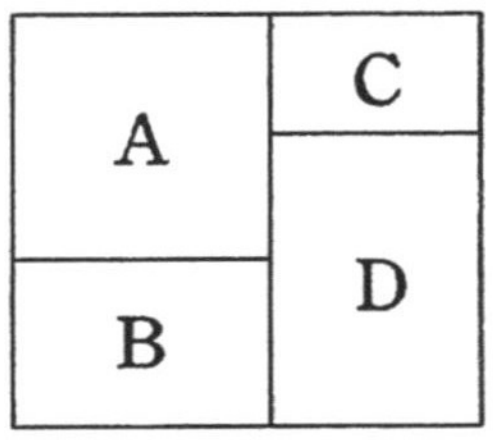

(4)　下の図において，四角形 ABCD の対角線の交点を E とします。三角形 BCE の面積は何 cm^2 ですか。

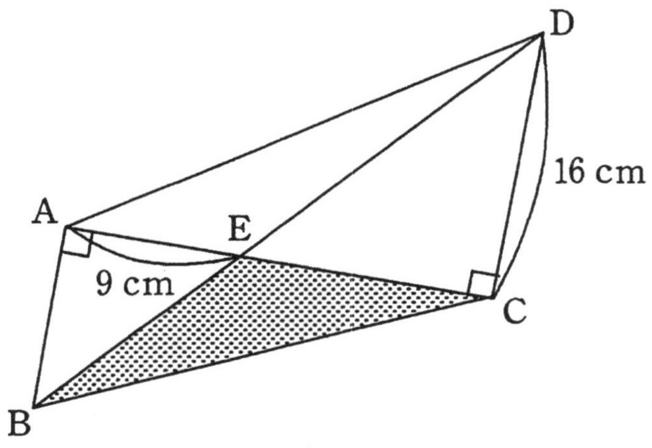

山陽学園中学校　令和六年度　一期学力入試　作文

（20分）

今、世界では、よりよい社会を目指すための世界共通の目標として、「SDGs」とよばれる十七の目標が示され、その実現に向けてさまざまな取り組みが進められています。

あなたの考える「よりよい社会」とはどのような社会かを述べ、そのためにあなたができることを書きなさい。

問10　[II]の文章を読んで、生徒が次のようにノートにまとめました。空らん[1]～[5]にあてはまる内容をそれぞれ答えなさい。ただし、[1]～[4]は文中からぬき出し、[5]は自分で考えて書きなさい。

【ノート】

ファーブル	ダーウィン
『昆虫記』 昆虫の生態を徹底的に[1]した。	『[2]』 自然の実態とかけ離れた観念的な理論
自然観察家 ダーウィンの『[2]』を[3]した。	学問的な大発見 十九世紀のヨーロッパでの生物学の権威

「僕」（筆者）…[4]に影響を受ける。

[5]ことを気にせず、情熱と探求心を持ち昆虫の世界に熱中した。

問11　次の会話文は[I]、[II]の文章を読んだ先生と生徒たちの会話です。[I]、[II]で述べられている筆者の考えをふまえていない生徒を一人選びなさい。

先　生　筆者は、昆虫たちが自然の中で多種多様に生きている姿にひき付けられた昆虫少年だったようですね。皆さんは何か熱中しているものがありますか。

Aさん　私は花が大好きで、育てている花の様子を見ています。毎日観察することで水や肥料の量を調整できるようになりました。

Bさん　僕は、先日行った化石の発掘体験がおもしろかったので、化石だけでなく地層や地形にも興味を持つようになりました。家の近所の河原にも化石がないかを探しています。

Cさん　私は、気象に興味を持っています。自然災害のニュースを見ると、胸が痛みます。筆者が言うように市民一人ひとりが意識をもってハザードマップを見たり、防災の設備を整えたりするなどの対策が必要だと思います。

Dさん　私は、ピアノが好きで毎日練習しています。弾《ひ》ける曲がどんどん増えて、成長している自分を実感できてうれしいです。

問９　――線部⑥「海からのシグナル」とありますが、これを具体的に表している部分を文中からすべてぬき出して答えなさい。

Ⅱ

僕《ぼく》が皆さんと同世代の頃、どんなふうに世界と出会い、結果として自分を再発見する糸口をつかんだか。それについて思いつくままに話したい。そこから皆さんが、自分自身の現在と未来に照らし合わせて、何かヒントになることを受け取ってくれたら、とても嬉《うれ》しい。

小さい頃に僕が初めて出会った世界は昆虫《こんちゅう》の世界だった。いまや虫は嫌《きら》われ者だけれど、一歩外に出れば豊かで神秘的な虫の世界が広がっていた。虫たちもまた、世界がわれわれに対して送り込んでる信号の一つだ。僕はその信号に関心をもち、虫を採ることで外の世界に飛び出し、対話することを学んだ。卵や幼虫を採集して飼育もした。そうやってひたすら昆虫のことを深く知ろうとした。

ファーブルの『昆虫記』は知っていると思う。ぼくも皆さんくらいの頃に虫を通じてジャン＝アンリ・ファーブル（一八二三～一九一五）の本に出会った。ファーブルはおもしろい人で、いうなれば権威《けんい》に対する反逆者だった。

当時のヨーロッパはチャールズ・ダーウィン（一八〇九～一八八二）の進化論が権威を持ち始めていた時期だ。生物が自然環境との関わりの中で共通の祖先から長い時間をかけて変化してきたことを明らかにした進化論は、学問的には一つの大発見だった。

ところがファーブルは『昆虫記』で「進化論に※2お灸《きゅう》を据《す》える」というタイトルの一章を書いている。ダーウィンの進化論は自然の実態とかけ離《はな》れた観念的な理論にすぎないのではないか。それがファーブルの意見だ。

『昆虫記』にあるように、ファーブルは南フランスの野山で小さな昆虫たちの生態を徹底《てってい》的に観察した。

（略）

結局、今に至るも学問としてはダーウィンの進化論は生物学の正統であり続け、ファーブルは自然観察家としては有名だが、学問的にはあまり評価されていない。それでよいのだろうか？ファーブルを学者として再評価するのは興味深いテーマだ。皆さんの中からそんなテーマに挑戦《ちょうせん》する人が出てくることを期待したい。

しかもファーブルは生物学だけの人ではない。詩人であり、作曲家でもあった。それから、南フランスのオック語という古い少数言語が消滅《しょうめつ》しかけているのを心配して、保護運動にも乗り出した。九二歳まで長生きした人だから、いろんなことをやっている。生涯を通じてアカデミズム（大学など学問の権威的な世界）の外にいた人で、※3反骨精神、批判精神が非常に強い。

今から振《ふ》り返ると、僕は虫の世界を通じてファーブルのそうした存在に惹《ひ》かれていたような気がする。僕自身ものちに、学問の形式的な枠組みからどんどん離れていってしまった。自分の中では一貫した情熱と探求心があるのだけれど、外からみると僕のやり方は決められた枠からはみだし、公式的な学問の道から外れてどこか遠くへ放浪《ほうろう》していったように見えるらしい。そうした動き方には、もしかしたら少年期に出会ったファーブルの影響が強いのかもしれない。

（出典　今福龍太「学問の殻を破る―世界に向けて自己を開放すること」（「何のために『学ぶ』のか」より））

（注）※2　お灸を据える…厳しく注意して行動を改めさせようとすること。
※3　反骨精神…権威に逆らおうとする精神。

さまざまな信号や情報を全身で受け止める。それは、自然に向けても社会に向けても自己を開放し、対話することなのだ。その行動を恐《おそ》れてはいけない。

（出典　今福龍太「学問の殻を破る―世界に向けて自己を開放すること」（「何のために『学ぶ』のか」より））

（注）※1　アーカイブ…保存記録。

問1　━━線部Ⓐ、Ⓒのカタカナは漢字に、Ⓑ、Ⓓの漢字の読みはひらがなに直してそれぞれ答えなさい。

問2　――線部①「誰でもおそらく…発見する」とありますが、なぜですか。中学生、高校生になる前と、なってからの変化を明らかにして説明しなさい。

問3　＝＝線部あ～えの「ある」から、他の「ある」と意味・用法の違うものを一つ選び、記号で答えなさい。

問4　――線部②「表裏一体」は四字熟語です。次の⑴、⑵に答えなさい。

⑴「表裏一体」の意味としてあてはまるものを、次のア～エから選び、記号で答えなさい。

ア　目に見える物事の一面は場合によっては真実ではないこと。
イ　何も言わなくても心で思っていることが相手に通じること。
ウ　性質の異なるものが同じところに同時に存在すること。
エ　対立する二つのものが根元では一つに結びついていること。

⑵　次の空らんにあてはまる漢字を入れて、四字熟語を完成させなさい。

①　本□転倒《てんとう》　　②　温故知□

問5　――線部③「自分の狭い殻に閉じこもっていては」とありますが、文中【X】の部分から「自分の狭い殻に閉じこもって」いる具体例を表す一文をぬき出し、最初の五字で答えなさい。

問6　空らん【　】にあてはまる言葉を文中からぬき出して答えなさい。

問7　――線部④「開く勇気を持つ」とありますが、なぜ「開く勇気を持つ」ことが必要なのですか。答えなさい。

問8　――線部⑤「そんな教訓でよいのだろうか」とありますが、一般的な教訓に対して筆者のいう教訓はどのようなものですか。次の説明文の空らんにあてはまる言葉を答えなさい。【1】～【3】はそれぞれ文中からぬき出し、【4】は文中の言葉を使ってまとめなさい。

人々は長い歴史の中で自然がもたらす情報をキャッチする【1】を大切にし、常に自然と【2】することで危険から身を守ってきたが、今ではその【3】の一つを捨ててしまった。そのため、【4】を恐れてはいけない。

山陽学園中学校　令和六年度　一期学力入試　国語（特別進学コース）

（30分）

次のⅠ、Ⅱの文章を読んで問1～問11に答えなさい。問いに字数の制限がある場合は、句読点や記号も一字に数えて解答すること。

Ⅰ

①誰《だれ》でもおそらく中学生、高校生の頃に「自分」を発見する。と同時に、その反対側に(あ)ある「世界」と出会う。自分を包み込《こ》んでいるもっと大きな世界。自分がその中で生きている社会環境《かんきょう》としての世界。あるいは人によっては自然環境としての世界かもしれない。

いずれにせよ、中学生、高校生の頃に、「自分」のまわりには「世界」というものが(い)あるのだ、という感触《かんしょく》を初めて本当に知ることになるのだと思う。それまでは生まれ育った「家」に守られていて、自分が無防備な状態で世界に直面しているという実感はない。

自分を発見すること。世界と出会うこと。この二つは②表裏一体の出来事だ。世界と出会うことによって改めて自分を発見しなおす、と言ってもよい。

「世界と出会う」とは、もう少し詳《くわ》しく言うと「自分にとって手も足も出ないような、人間のスケールを超《こ》えた、(う)ある大きな力と出会う」ことだ。そういう経験がきっと皆さんにもあると思う。まだないという人も、近いうちにきっと(え)ある。「大きな力」とは何なのか、人によって違《ちが》うだろうが、それに出会う瞬間《しゅんかん》は必ず訪れるにちがいない。

しかし、③自分の狭《せま》い殻《から》に閉じこもっていては、そういう機会が訪れても気づくことができない。だから、自分をバリアで囲い込むのではなく、何か□と出会う機会に向けて、常に自分を開いていてほしい。「自分」はつねに「世界」のさまざまな波打ち際と接している。その波打ち際はいつも近くにある。それに向けて自分を開いておく。④開く勇気を持つ。

たしかに大きな津波が来たらどうするのか。逃《に》げられないではないか。とすると「世界の波打ち際に向けて自分を開く」のは一見、怖《こわ》いこと、危険なことのように思えるかもしれない。

でも、そうではない。

X

東日本大震災の大津波では、防波堤《ぼうはてい》を人工的にⒶキズいても役にたたないことがわかった。でもそれはコンクリートの防波堤を超える高さと威力《いりょく》の津波が来たからで、もっと高くてⒷ強固な防波堤をキズくべきだ、という判断がいまだにある。けれども、本当にそうだろうか？⑤そんな教訓でよいのだろうか？

私たちは海という巨大な謎《なぞ》の世界と、自分たちが住んでいる見知った街を、防波堤という境界で分断してしまった。つまり、バリアをキズいて自分たちを囲い込んでしまった。そう考えてみてはどうだろう。

かつて海辺で暮らしていた人々は、海を通じて世界と対面していた。海の色、潮の匂い、波の音や高さ。これらはすべて情報の※1アーカイブだった。それを読み解けば、Ⓒテンコウがどんなふうに変化するか、いつ、どのくらいの大きさの波が来るかがわかった。つまり海という巨大な謎の世界からのシグナルをキャッチできた。それは長い時間のなかで知らず知らずに身についた知恵だ。

ところが、海と人との間に巨大なコンクリートの壁《かべ》をキズいたらどうなるか。そうした自然がもたらす情報は遮断《しゃだん》されてしまう。人間が海と対話することができなくなってしまう。テンコウの変化も、津波の危険性もⒹ察知できない。やがて⑥海からのシグナルをキャッチする感受性は失われていく。人は生きるための大切な知恵の一つを捨ててしまったのだ。

だから皆さんに言いたい。自分を開くのは決して無防備な仕草《しぐさ》ではない。外の世界から発信されている

受検番号			氏名	

課題３　2023 年 4 月, 岡山県内のある中学校で, 社会情勢や生活の変化について陽子さんと操さんが授業の中で話し合いを行いました。

あとの会話文を読み進めながら, （１）～（４）に答えましょう。

陽子：今日は学校の給食であまり食べたことがない野菜と肉のスープが出てきましたね。

先生：あのスープは, じつはフランスの家庭料理「ポトフ」です。じゃがいもやにんじん, 牛肉が入った煮込《にこ》み料理なんですよ。

操　：なんで急にポトフが給食に出てきたのかな？

先生：それは５月に国際会議が開かれるからです。この会議は, 毎年, 関係国が順番に開催国《かいさいこく》となって自分の国で開く会議で, 今年は日本の番なんですよ。それで参加国への関心を高めてもらおうと関係国の家庭料理を給食で出しているんです。

【資料１】日本での開催年と開催地

開催年	開催地
2000 年	九州・沖縄
2008 年	北海道
2016 年	三重
2023 年	広島

（１）【資料１】は, 上の会話文にある下線の国際会議が日本で開催された年と場所を示しています。このＧ７とも呼ばれる国際会議の名前を答えましょう。

（２）以下の関係国の国名を情報として, ウクライナ問題とも深く関係している【資料１】の開催年の変化と, なぜそのような変化が起こったのかを簡潔に説明しましょう。

（関係国：イギリス, フランス, ドイツ, イタリア, カナダ, アメリカ, 日本, ロシア）

陽子：ポトフはフランスの料理ですが, 今日の給食の材料は日本産ですよね。

先生：そうですね。ポトフの主な材料が日本のどこで作られているか見てみましょう。国内生産量を調べると, 【資料２】のようになりますよ。

操　：第１位は同じ都道府県なんですね。

【資料２】「生産量（飼育頭数）」都道府県ランキング

	１位	２位	３位
じゃがいも		鹿児島県	長崎県
にんじん		千葉県	徳島県
牛肉		鹿児島県	宮崎県

出典：農林水産省「作物統計」「畜産統計」（2022 年）から作成

（３）じゃがいも・にんじん・牛肉で共通する生産量第１位の都道府県を漢字で答えましょう。なお, 空らんにはすべて同じ都道府県が入ります。

操　：実は僕, 前までにんじんが苦手だったんだけど, 何回も食べているうちに食べられるようになったんだよ。

陽子：にんじんは色々な料理に入っているもんね。そういえば, にんじんはいつでもお店で売っているけど, どうやって作っているのかな？

先生：【資料２】を見てください。にんじんの全国生産量上位３位までは他の２つとは違い, すべて違う地方区分に分散しています。なぜなのか, 【資料３】と【資料４】を参考に考えてみましょう。

（４）上の会話文にある先生の発言のように, なぜにんじんの生産量が多い都道府県は日本国内の各地に分散しているのでしょうか。【資料３】【資料４】を参考に, 「気候」と「にんじんの価格」の語句を使ってその理由を簡単に答えましょう。なお【資料４】のＸの都道府県名は, （３）の問題の解答と同じ都道府県です。

【資料３】

‘にんじん’ の本来の旬《しゅん》は, 9 月から 12 月頃です。‘春夏にんじん’‘秋にんじん’‘冬にんじん’ などに区分され, 1 年を通して栽培《さいばい》されています。また, 冬場は土の中にうめて保存できる特徴《とくちょう》もあり, 貯蔵《ちょぞう》性が高い野菜です。

（出典：農畜産業振興機構「今月の野菜にんじん」から抜粋）

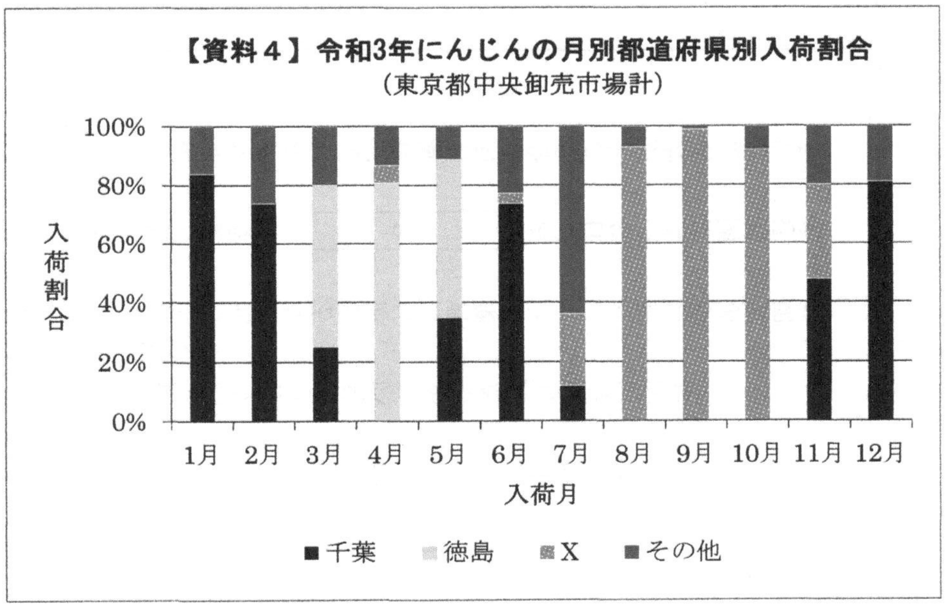

【資料４】令和3年にんじんの月別都道府県別入荷割合
（東京都中央卸売市場計）

（農畜産業振興機構「ベジ探」から作成）

受検番号		氏名	

（3） 太郎さんたちのグループは、内容を深めるために文章を読みながら話し合いを行いました。次は、【話し合いの様子の一部】です。これを読んで、空らん［A］・［B］にあてはまる言葉を本文の言葉を参考にして考えましょう。ただし、Aは二十字以内、Bは二十五字以内で書きましょう。

【話し合いの一部】

太郎　――線部ウ「自分で自分の周りに檻を作ってしまった囚人」とあるけど、これはどういう意味だろう？

陽子　囚人は、捕《と》らわれて、閉じ込められている人ってことだよね。

次郎　つまり、筆者は速読しようとする人は［A］状態の読者だということを言いたかったんじゃないかな。

太郎　なるほどね。でも、なぜ速読をするとそんな状態になるんだろう？

陽子　速読って視覚で記憶した言葉から内容をつかむものだよね。だから元となる記憶した言葉がどういうものかが大切なんじゃないかな。

太郎　そうか。速読をすると、印象に残った言葉や馴染みがある言葉のように、［B］から、自分の檻に閉じ込められてしまうんだね。

次郎　そういうことか。だから筆者はよく考えながら読むスローリーディングをして、作者と向き合うことが大切だというんだね。

A

20字

B

25字

課題2　陽子さんのクラスでは社会の授業で瀬戸内海《せとないかい》のごみ問題について調べ学習をすることになりました。あなたは、調べ学習をするうえで、どのような手段を用いて、どんなことに気をつけて行いますか。条件に従って、あなたの考えを二百字以内で答えましょう。（段落分けはせず、一マス目から書き始めましょう。）

条件
・一文目に用いる手段、二文目に気をつけることを具体的に書きなさい。（手段は複数でもかまいません）
・三文目以降に理由を書きなさい。

100字

200字

（配点非公表）　受検番号　　氏名

課題１　次の文章を読んで、あとの（１）から（３）に答えましょう。

速読法の技術としてよくあるのは、こういう話である。ページを開いたときに、文章を最初から目で追うのではなく、その全体をながめて、写真を撮《と》るようにしてそこに並んでいる文字群を、いわば映像として目に焼きつける。そうすると、意識のレヴェルでは読んではいなくても、無意識のレヴェルでは情報の取り込《こ》みが完了《かんりょう》していて、本を閉じて思い返すと、内容が理解できている、と。

こういう突拍子《とっぴょうし》もない話は、一般人《いっぱんじん》の心理学や脳科学に対する無知につけこんだあやしげな理論だが、訓練次第ではそれができるようになると言われると、なんとなく信じてみたくなったりするのが人間の悲しい※1性《さが》だ。

しかし、よく考えてみて欲しい。本当にそんなことが可能だろうか？

無意識というのは、ご存じの通り、意識でコントロールできない領域《りょういき》である。意識を通過して無意識の世界に取り込まれた内容を、あとから自由に意識しなおし、内容を論理的に組み立てるなどということができるはずがない。

こうした理論が述べようとしていることは、実際には、見開きページに並べられた文字情報を視覚的に記憶《きおく》して、思い出された言葉から、およその内容を推論するというに過ぎない。

しかし、そもそも、そうしたア手間に意味があるのだろうか？　無理にも、意味的にではなく、イ視覚的に記憶した言葉の断片《だんぺん》から内容を推論する。しかも、推論されたところの内容は、かなりの確率で不正確である。これは、信頼《しんらい》性の低い読書方法である。

最近の「ワーキングメモリ」の研究では、私たちが、読書を含《ふく》め、日常生活に使用している一時記憶の容量は、かなり小さいことが指摘《してき》されている。視覚的に取り込まれた文章を、振り返って点検した際に、それが取り込まれる前と欠けるところなく同じ「映像」である保証はどこにもないし、それは決して十分に持続しない。ページをめくっていく度に、次々と失われていってしまう。

さらに、その映像を取り込む際に、すべての言葉が、完全に平等に取り込まれる保証もどこにもない。誰《だれ》でも知っている通り、私たちは、何かを見、何かを聴《き》いているとき、視覚や聴覚《ちょうかく》に入ってくるすべての情報を平等に扱《あつか》っているわけではない。そのときどきの関心によって、自《おの》ずと※2焦点《しょうてん》が決まってくる。試みに、手近にある本を手に取って、見開きページを読まずに視覚的に記憶するということをやってみて欲しい。その結果はどうだろうか？

特に強く印象に残った言葉と、そうでない言葉との間には、はっきりとした差があるだろう。記憶に残りやすいのは、自分にとって馴染《なじ》みのある言葉や、自分が普段から関心を持っている言葉である。あるいは、※3トラウマとなっている出来事に関する言葉を、「無意識」に拾《ひろ》ってしまうかもしれない。しかし、それらはいずれも、読者にとって重要な言葉であり、文脈上、作者が特に強調したかった言葉ではないのである。つまり、読者はそのとき、作者の言わんとするところを理解するのではなく、単に自分自身の心の中をそこに映し出しているに過ぎない。そうした読書の仕方では、多く本を読めば読むほど、自分の偏《かたよ》ったものの見方が反復され、視野が広がるどころか、ますます狭《せま》い考えへと偏っていくだろう。

現に何を読んでも、「今までの自分」という殻《から》からは一歩も外に出られず、一本調子の感想しか抱《いだ》くことのできない人は、世の中にもたくさんいるのである。そういう人は、ウ自分で自分の周《まわ》りに檻《おり》を作ってしまった囚人《しゅうじん》であり、いつまで経《た》ってもその狭い檻から抜け出せず、その中からしか、世界を見ることができないのである。私たちはもちろん、そうはなりたくない。

私たちは、理性偏重《へんちょう》主義や、意識された世界がすべてであるといった考え方に対する反省から、感性や無意識といった領域の可能性に目を向ける。それは大切なことである。しかし、感性や無意識に対する※4盲信《もうしん》は、ときに自分に対する「批評《ひひょう》性」を失わせることになる。読書は、「作者」という名の他者と向かい合うことを通じて、私たちをより開かれた人間にするきっかけを与えてくれる。そのためには、一にも二にも「意識的」に、十分に思考を巡《めぐ》らせながらスロー・リーディングすることが大切である。

（平野啓一郎『本の読み方―スロー・リーディングの実践―』ＰＨＰ研究所から）

※1性…生まれつきの性質や性格。　※2焦点…物事の一番重要な所。

※3トラウマ…精神に受けたきず。　※4盲信…深く考えずにひたすらに信じ込むこと。

※5批評…物事の価値を検討し、評価すること。

（１）――線部ア「手間」のように、体の一部を意味する漢字が含《ふく》まれる二字熟語はたくさんあります。解答らんにあてはまるように、体の一部が入った漢字二字の言葉を考えましょう。ただし、「左手」のように二字熟語が体の一部を表すものや、本文で用いられている熟語は書いてはいけません。

足	頭

（２）――線部イ「視覚的に記憶した言葉の断片から内容を推論する」とありますが、これは「信頼性が低い読書方法である」と筆者は評価しています。それはなぜですか。書き出しの言葉に続けて、六十字以内で説明しましょう。

視覚的に文章を取り込むときには、

60字

令和六年度

山陽学園中学校１期入試　適性検査Ⅱ

氏名	

受検番号	

・この検査は、文章や資料を読んで、太字で書かれた課題に対して、答えやあなたの考えなどを書く検査です。課題ごとにそれぞれ指定された場所に書きましょう。

・字数が指定してある問題は、「、」や「。」、かぎかっこも一字に数えます。

・検査用紙は、表紙（この用紙）をふくめて四枚あります。指示があるまで、下の検査用紙を見てはいけません。

・「始め」の合図があってから、検査用紙の枚数を確かめ、四枚とも指定された場所に受検番号と氏名を記入しましょう。

・検査用紙の枚数が足りなかったり、やぶれていたり、印刷のわるいところがあったりした場合は、手をあげて先生に知らせましょう。

・この検査の時間は四十五分間です。

・表紙（この用紙）と検査用紙は持ち帰ってはいけません。

受検番号		氏名	

課題３　次の（１）～（３）に答えましょう。

（１）下の折り順にしたがって折り紙を３回折って，そのままの向きで２回切ると右の図のような形ができました。
切り取り線として正しいものを次のア～エから１つ答えましょう。

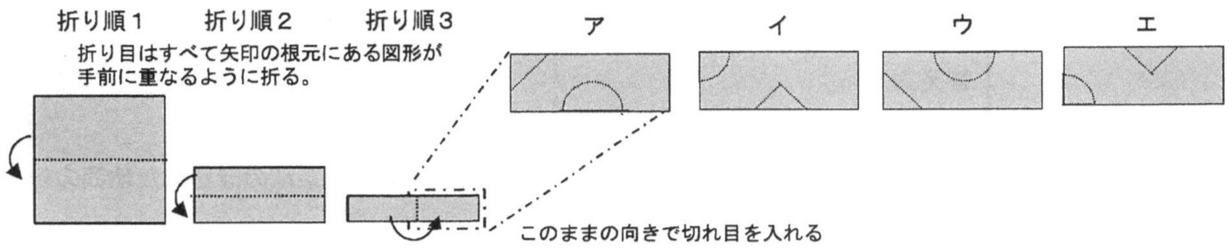

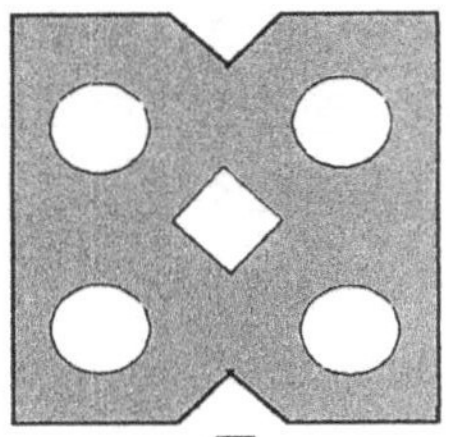
図

正しいもの

（２）下の表１はある遊園地の乗り物の待ち時間を示したものです。入口から出発して２時間以内に乗り物に３つ以上乗り，入口にもどってくるとき，どのような順番で回るとよいですか。ただし，それぞれの乗り物や入口の間の移動時間はきょりにかかわらず１回の移動につき５分かかります。条件に当てはまるような乗り物と，入口を出発して入口に戻《もど》って来るまでの合計時間を１つ答えましょう。

表１

乗り物の名前	待ち時間（分）	所要時間（分）
ジェットコースター	50	3
ゴーカート	30	5
３Ｄシアター	10	10
コーヒーカップ	20	5
バンジージャンプ	35	10

乗り物の名前

合計時間　　　　分

（３）ある小学校では４～６年生の各学年に「昼休みにやりたい遊びのアンケート」を実ししました。１人１つ必ず回答しており，各学年の人数とアンケートの集計結果は下の表２，グラフのようになっています。その結果をもとにイベント委員会では１番回答数が多かった遊びを昼休みに行うことにしました。やりたいと答えた人数が１番多かった遊びは次のグラフ中の①～⑤の遊びのうちどれですか。それぞれの遊びの回答数を求めて説明しましょう。

表２

学年	人数（人）
４年生	180
５年生	150
６年生	192

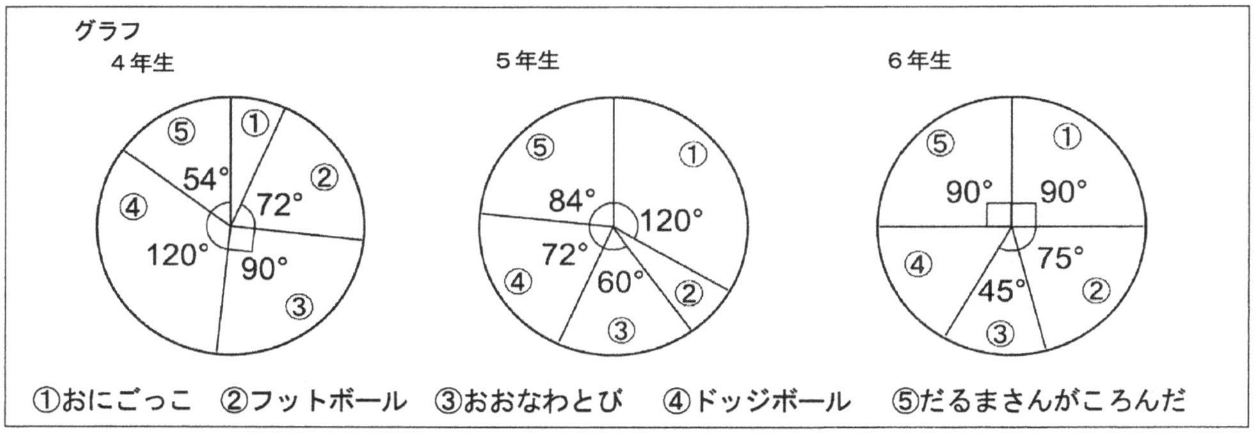

１番回答数が多かった遊び：

説明：

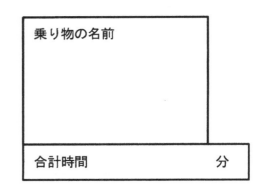

受検番号			氏名	

課題２　次の（１）～（３）に答えましょう。

図１．建築予定地のほられた地面の様子

（１）図１は，山陽学園中学校・高等学校の新しい校舎の建築中の様子です。自然災害に強く，安全な校舎にするために，建物を建てる前に地面を深くほり，長くてじょうぶな棒（杭《くい》）を差しこむ準備をしています。安全性や減災を考えたこのような作業によって，ひ害を軽くすることができると考えられる自然災害を１つ答えましょう。

答え

（２）３つの気体Ａ，Ｂ，Ｃがあり，これらは，酸素，ちっ素，二酸化炭素のどれかです。気体の発生方法は表に示します。これらの気体のうち，気体Ａと気体Ｂを体積比１：１で十分に混ぜ合わせ，図２のようなびんの中に入れ，火のついた線香をゆっくり差しこむと，線香の火の様子はどのようになると考えますか。理由もあわせて説明しましょう。

表．気体Ａ，Ｂ，Ｃのそれぞれの発生方法

気体	気体を発生させる方法
Ａ	亜硝酸《あしょうさん》アンモニウムをゆっくり加熱する。
Ｂ	二酸化マンガンにうすい過酸化水素水を加える。
Ｃ	石灰石にうすい塩酸を加える

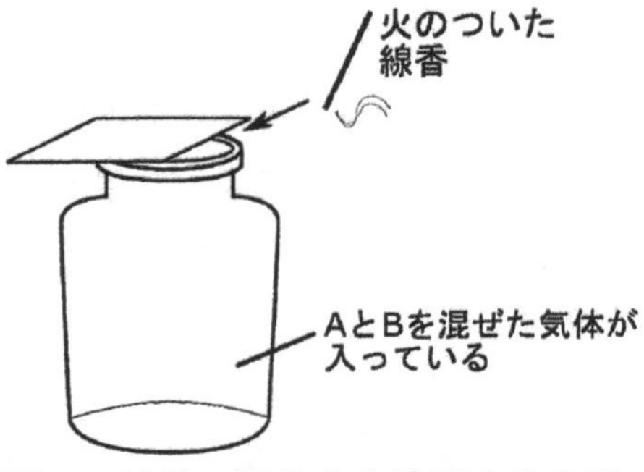

図２．線香の燃え方を確認する実験

説明

（３）ザリガニは私たちの周りでよく見る動物ですが，今年の６月からペットとしても飼われるアメリカザリガニは「条件付特定外来生物」に指定され，こう入やはん売，野外への放出などが禁止されました。図３は，日本に生息している主要な３種類のザリガニの分布を示した資料です。このうち，ニホンザリガニだけは日本にしか生息しない「固有種」です。一方，アメリカザリガニとウチダザリガニは元々日本に生息していない種類でしたが，ある理由から現在は日本に定着した「外来種」です。外来種の中でも特別にはんしょく力が強く，日本に元々生息していた固有種やかん境に悪えいきょうをあたえる生物を「特定外来生物」といい，ウチダザリガニもその１つにふくまれます。

外来種である２種類のザリガニが日本に生息する理由を答えましょう。また，同じ外来種でもアメリカザリガニとウチダザリガニの日本国内での生息地域には大きなちがいがあります。この理由として考えられることを図中のザリガニの言葉も参考にして説明しましょう。

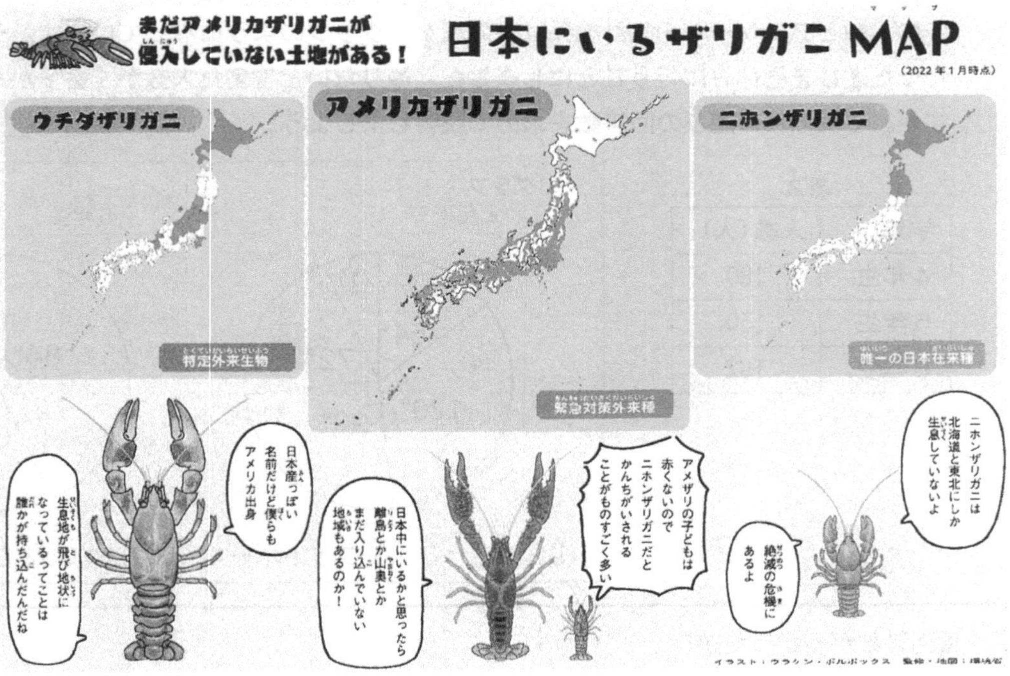

図３．日本におけるザリガニの生息地域の分布
（かん境省 自然かん境・生物多様性 ホームページから引用）

日本に生息する理由

説明

受検番号		氏名	

（配点非公表）

課題１　ある遊園地の観覧車は 60 台のゴンドラが円の周りに等間かくで設置されています。図１のように，ゴンドラは点Ｃを中心とする直径 100mの円の周りを一定の速さで移動します。太郎《たろう》さんと花子さんはこの観覧車について話し合っています。以下の会話文を読んで次の（１）～（３）に答えましょう。ただし，円周率を 3.14 とし，ゴンドラの大きさは考えないものとします。

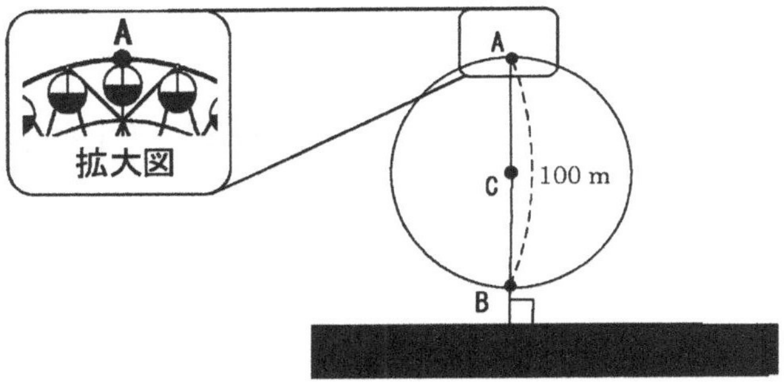

図１

太郎：とても大きな観覧車だね。ゴンドラとゴンドラの間かくはどのくらいはなれているのだろう。
花子：円の中心と，となり合う２つのゴンドラで作られる角度で求めてみよう。

（１）となり合う２つのゴンドラと点Ｃで作られる角度のうち一番小さいものは何度であるか答えましょう。

度

太郎：調べてみたら，１周するのに 10 分 28 秒かかるんだって。
花子：ゴンドラってとてもゆっくり動いているように見えるけど、実際はどのくらいの速さなのかな。

（２）ゴンドラが円周上で，１ｍ進むには何秒かかるか答えましょう。また，どのように求めたのかも説明しましょう。

秒

説明

太郎：この観覧車には，かべもゆかも全てが透《とう》明になっているゴンドラがいくつかあるね。ぼくは透明なゴンドラに乗りたいな。
花子：そのゴンドラはこわいな。私は透明ではないゴンドラに乗ることにするね。
太郎：いっしょに乗れないのは残念だね。じゃあ別々のゴンドラに乗って，同じ高さになったらおたがいに手をふろうよ。

（３）花子さんがゴンドラに乗ったあと，５分 14 秒後に太郎さんは透明なゴンドラに乗りました。花子さんが乗ったゴンドラと，太郎さんが乗ったゴンドラの高さが同じになるのは，太郎さんが乗ってから何分何秒後であるか答えましょう。また，どのように求めたかも説明しましょう。

分　　　秒後

説明

受検番号	

氏名	

令和６年度

山陽学園中学校１期入試　適性検査Ⅰ

【注意】

・この検査は，文章や資料を読んで，太字で書かれた課題に対して，答えやあなたの考えなどをかく検査です。課題ごとに，それぞれ指定された場所にかきましょう。

・検査用紙は，表紙（この用紙）をふくめて４枚あります。指示があるまで，下の検査用紙を見てはいけません。

・「始め」の合図があってから，検査用紙の枚数を確かめ，４枚とも指定された場所に受検番号と氏名を記入しましょう。

・検査用紙の枚数が足りなかったり，やぶれていたり，印刷のわるいところがあったりした場合は，手をあげて先生に知らせましょう。

・この検査の時間は，４５分間です。

・表紙（この用紙）と検査用紙は，持ち帰ってはいけません。

・表紙（この用紙）のうらを，計算用紙として使用してもよろしい。

令和５年度　山陽学園中学校　１期表現力入試　算数　　解答用紙

受験番号		氏名		得点	

※100点満点

1
５点×６

(1)	(2)	(3)	(4)	(5)	(6)

2
５点×４

(1)	(2)	(3)
台	年後	個
(4) cm^2		

3
(1)５点
(2)６点
(3)６点

(1)	(2)	(3)

4
(1)５点
(2)６点
(3)６点

(1)	(2)	(3)
分速　　m	分後	m

5
(1)５点
(2)５点
(3)６点

(1)	(2)	(3)
個	円	円

令和五年度　中学一期表現力入試　国語解答用紙

問1
Ⓐ
Ⓑ　れた
Ⓒ
Ⓓ　えて

問2

問3

問4
(1)
(2)
(3)

問5
(1)
(2)
ア
イ
ウ
エ
オ

問6
1
2

問7

問8

問9

問10

問11

問１．　５点×４
問２．　３点
問３．　３点
問４．　３点×３
問５．　(1)５点
　　　　(2)４点×５
問６．　５点×２
問７．　５点
問８．　10点
問９．　５点
問10．　５点
問11．　５点

(R5・一期表現力)

受験番号

氏名

得点

※100点満点

5 ある雑貨店では，2 種類の商品 A と商品 B を売りました。商品 A は 1 個あたり原価 400 円で，商品 B は 1 個あたり原価 300 円で仕入れ，それぞれいくらかの利益を見込んで定価をつけ売り出すことにしました。商品A の 1 個あたりに見込んだ利益は，商品 B の 1 個あたりに見込んだ利益の $\frac{4}{3}$ 倍でした。1 日目は商品 A と商品 B が合計で 220 個売れ，売上金額は 114000 円，また利益は 38000 円でした。2 日目は商品 B を定価で，商品 A を定価から何割引きかして売ったところ，商品 A と商品 B で売り上げた個数は 1 日目の売り上げた個数と入れ替わり，2 日目の売上金額は 102600 円でした。

(1) 1 日目に商品 A は何個売れましたか。

(2) 商品 B の定価は何円ですか。

(3) 2 日目の値引き後の商品 A の 1 個あたりの利益は何円ですか。

4　家から 2640 m先に学校があり，そのとちゅうに公園があります。ある日，兄と妹が同時に家を出発し，それぞれ一定の速さで学校に向かいました。兄は公園で 13 分休けいし，妹は公園で休けいしないで学校に向かいました。妹の速さは分速 66 m で，兄の速さと妹の速さの比は 5：2 です。次の問いに答えなさい。

(1)　兄の速さは分速何 m ですか。

(2)　兄が学校に着いたのは，家を出発してから何分後ですか。

次の日も，兄と妹が同時に家を出発し，それぞれ前日と同じ速さで，どちらも公園で休けいしないで学校に向かいました。兄は学校に着いてから10分後に，学校を出発し，家に向かっていると，公園で妹に出会いました。

(3)　家と公園は何 m 離れていますか。

3 太郎《たろう》さんと花子《はなこ》さんは先生が黒板に書いていた数の並びについて考えています。太郎さんと花子さんの会話文を読んで，下の問いに答えなさい。

先生が書いていた数の並び

$$1,\ \frac{1}{2},\ 1,\ \frac{1}{3},\ \frac{2}{3},\ 1,\ \frac{1}{4},\ \frac{2}{4},\ \frac{3}{4},\ 1,\ \cdots$$

太郎さん：整数と分数が並んでいるね。
花子さん：先生はあるきまりにしたがって数が並んでいるって言ってたけど，どんなきまりがあるのかな。
太郎さん：1の出る回数と分数の分母に注目をしたら，きまりを見つけられそうだね。

(1) はじめから数えて，16番目の数を答えなさい。

(2) はじめから数えて6回目の1が出るまでの和を答えなさい。

(3) $\frac{8}{16}$ が最初に出てくるのは，はじめから数えて何番目ですか。

令和５年度　山陽学園中学校　１期表現力入試　算数　(35分)

答えはすべて解答用紙に記入しなさい。

1　次の計算をしなさい。

(1)　$(13+5)\div 3+2$

(2)　$3.4-0.9$

(3)　$\frac{4}{3}-\frac{3}{4}$

(4)　$\frac{3}{2}\div\frac{1}{4}-4$

(5)　$14\div(3+1.2\times 5-2)$

(6)　99×123

2　次の問いに答えなさい。

(1)　二輪車と三輪車が全部で 40 台あります。車輪は全部で 98 個あります。このとき，二輪車は何台ありますか。

(2)　現在，私は 12 才，父は 42 才です。父の年れいが私の年れいの 2 倍になるのは何年後ですか。

(3)　1 から 99 までの整数で，3 でも 4 でも割り切れない整数は何個ありますか。

(4)　右の図は，たての長さが 6cm の長方形と 2 つの円でできたものです。黒くぬりつぶされた部分の面積を求めなさい。

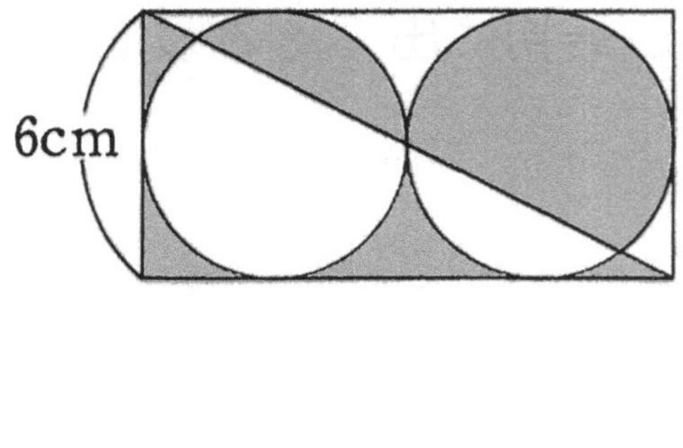

（出典　古川大輔・山崎亮『森ではたらく！27人の27の仕事』）

（注）
※5　建材……建物を建てる材料。材木など。
※6　攪乱……かきみだすこと。混乱させること。
※7　推奨……人にすすめること。
※8　契機……きっかけ。

問10　空らん［3］にあてはまる言葉を［Ⅱ］の文中から五字以内でぬき出して答えなさい。

問11　次の会話文は［Ⅰ］、［Ⅱ］の文章を読んだ生徒たちの感想です。［Ⅰ］、［Ⅱ］の内容にあてはまらない発言をしている生徒を一人選びなさい。

Aさん　昔の日本人は都会にあこがれていたけれど、今では森の暮らしやはたらき方に魅力を感じているようだね。

Bさん　筆者も、人工的に作られた空間よりも、森のままの形で人々が工夫する方に興味があると言っているものね。

Cさん　森の仕事の一つである製材所が減ったら切り倒《たお》される木も減るよね。生態系が守られ美しい森が保たれることになるから、よいことだね。

Aさん　都会で暮らしている私たちにも森ではたらく人の知恵が必要だとも言っているね。意外だな。

Dさん　私も、都市の暮らしは便利だから一人でも生きていけると思っていた。でも、人は誰にも頼らずに生きてはいけないんだね。だから、私たちは森の暮らしに魅力を感じるんだと思う。

問6　――線部②「都市ではたらく多くの人も…当然のことなのかもしれない」とありますが、なぜですか。理由を説明している次の文の空らん［１］、［２］にあてはまる言葉を解答用紙の字数に合うように文中からぬき出して、それぞれ答えなさい。

森ではたらいてきた先祖から無意識的に引き継いだ家庭でのしつけや食事の味、［１（十一字）］などが、［２（十五字）］に関係しているから。

問7　――線部③「つまらない場所になったな」とありますが、筆者はどのような点を「つまらない」と感じたのですか。あてはまるものを次のア～エから一つ選び、記号で答えなさい。

ア　森が開発され、自然が破壊《はかい》されたという点。
イ　森には子どものために用意された遊具がない点。
ウ　児童公園にはめずらしい遊具がない点。
エ　児童公園では用意された遊びしかできない点。

問8　――線部④「そういう所作」とありますが、どのような所作ですか。説明しなさい。

問9　――線部⑤「美しい森の風景」とありますが、筆者が考える「美しい森の風景」とはどのようなものだと考えられますか。あてはまらないものを次のア～エから一つ選び、記号で答えなさい。

ア　山菜採りをするために自然にできた道。
イ　畑の肥料にするために下草を刈《か》った森。
ウ　常に季節の花々を植えかえている公園。
エ　薪《まき》ストーブ用に木々を間引いた雑木林。

Ⅱ

お詫び
著作権上の都合により、文章は掲載しておりません。
ご不便をおかけし、誠に申し訳ございません。
教英出版

お詫び
著作権上の都合により、文章は掲載しておりません。
ご不便をおかけし、誠に申し訳ございません。
教英出版

（出典　古川大輔・山崎亮『森ではたらく！ 27人の27の仕事』）

（注）
※1　トレンディでナウい……流行の最先端《さいせんたん》をいくさま。
※2　里山……集落、人里に隣接した結果、人間の影響《えいきょう》を受けた生態系が存在する山。
※3　流儀……その人やその家などの独特のやり方。
※4　ランドスケープデザイン……風景や景観を意識した住宅庭園や公共の場のデザイン。

問1　――線部Ⓐ、Ⓓのカタカナは漢字に、Ⓑ、Ⓒの漢字の読みはひらがなに直してそれぞれ答えなさい。

問2　＝線部㋐「庭」の部首名をひらがなで答えなさい。

問3　＝線部㋑「から」と同じ意味・用法のものを次のア～エから一つ選び、記号で答えなさい。
ア　紙は木からできている。
イ　暑いから上着をぬぐ。
ウ　西から太陽がのぼる。
エ　不注意から失敗をした。

問4　＝線部㋒「無意識」は上の字が下の熟語の意味を打ち消している三字熟語です。次の空らんに下の熟語を打ち消す漢字を一字ずつ入れて熟語を完成させなさい。
(1)　□完成　(2)　□可能　(3)　□日常

問5　――線部①「この印象がいつの間にか逆転してしまった」について次の(1)、(2)に答えなさい。
(1)　この内容を具体的に説明している一文を文中からぬき出して、最初の五字を答えなさい。
(2)　「印象」が逆転した理由として文中の内容にあてはまるものには〇を、あてはまらないものには×をそれぞれ書きなさい。
ア　都市では人口が増え、交通渋滞《じゅうたい》が激しく暮らしにくいから。
イ　美しい自然の中で暮らす里山の生活が見直されてきたから。
ウ　森での仕事は、都市と違ってまったくストレスがないから。
エ　インターネットの普及《ふきゅう》で、どこにいても情報が得られるから。
オ　森では豊富な食材を食べられる豊かな暮らしができるから。

山陽学園中学校　令和五年度　一期表現力入試　国語

（35分）

次の Ⅰ 、Ⅱ の文章を読んで問1～問11に答えなさい。問いに字数の制限がある場合は、句読点や記号も一字に数えて解答すること。

Ⅰ

お詫び
著作権上の都合により、文章は掲載しておりません。
ご不便をおかけし、誠に申し訳ございません。
教英出版

令和５年度　１期学力入学試験問題　社会　解答用紙

受験番号		氏名		得点	

※100点満点

1						
	(1)		(2)		(3)	
	(4)					
	(5)					

(1)３点
(2)３点
(3)３点
(4)３点
(5)４点

2					
	(1)				
	(2)	a			
		b			
	(3)		(4)		

(1)４点
(2)４点×２
(3)３点
(4)３点

3								
	(1)							
	(2)							
	(3)							
	(4)		(5)		(6)		(7)	
	(8)							
	(9)	若者を指す。						

(1)４点
(2)３点
(3)４点
(4)３点
(5)３点
(6)４点
(7)３点
(8)４点
(9)４点

4						
	(1)					
	(2)	形				
		理由				
	(3)		(4)		(5)	
	(6)	関係費	(7)			
	(8)	歳	(9)			

(1)４点
(2)４点×２
(3)３点
(4)３点
(5)３点
(6)３点
(7)４点
(8)３点
(9)３点

令和５年度　山陽学園中学校　1期学力入試　理科　解答用紙

1

(1)		(2)	①	②

③	(3)		(4)		(5)	
						cm³

2

(1)	①	②	③	④	⑤

⑥	⑦	(2)	自転	公転	(3)	いつ	方向

3

(1)	m	(2)	m	(3)	

(4)	

4

(1)	①	②	(2)		(3)	色	め花	(4)	

(5)	月	(6)	

5

(1)

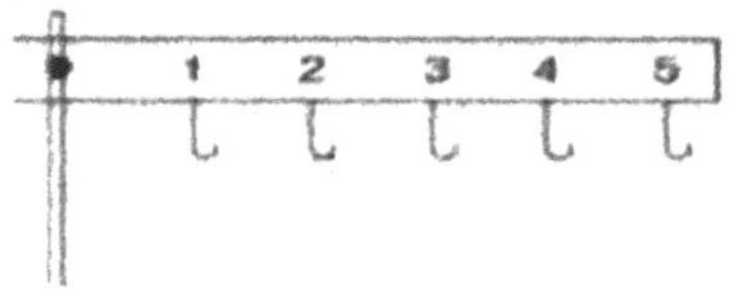

(2)	g	(3)	下から（　　　　）までつける

6

(1)	ア	イ

(2)	

(3)		(4)		(5)	

(6)	g

受験番号	

氏名	

得点

※100点満点

1 (1)３点 (2)３点×３ (3)３点 (4)２点 (5)３点
2 (1)１点×７ (2)２点×２ (3)２点×２
3 (1)４点 (2)４点 (3)２点 (4)３点
4 (1)３点×２ (2)２点 (3)２点×２ (4)２点 (5)３点 (6)３点
5 ４点×３
6 (1)２点×２ (2)３点 (3)３点 (4)３点 (5)３点 (6)４点

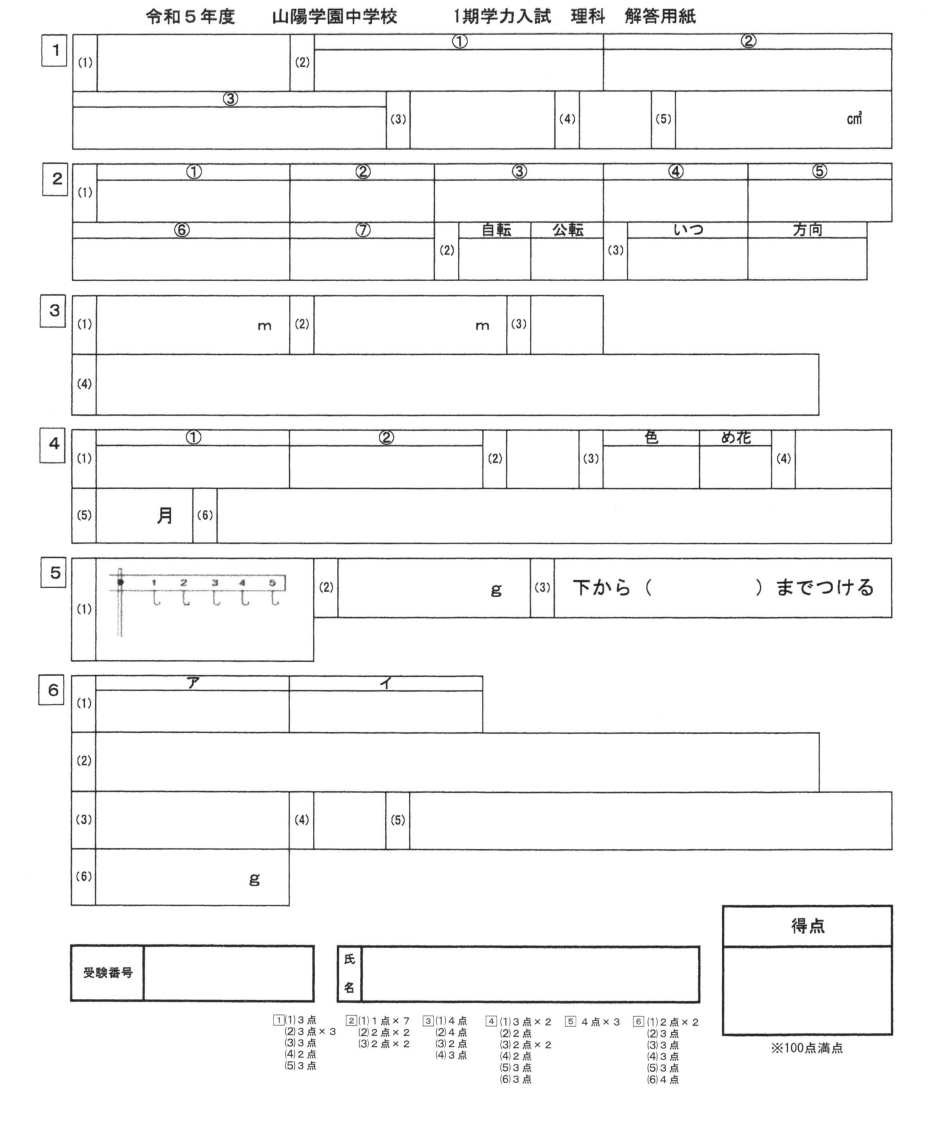

令和５年度　山陽学園中学校　入学試験問題（１期学力）算数（特別進学コース）解答用紙

受験番号		氏名		得点	

※100点満点

1
４点×６

(1)	(2)	(3)	(4)	(5)	(6)

2
４点×４

(1) g	(2) 円
(3) 通り	(4) cm^2

3
５点×４

(1)	(2)	(3)	(4)
本	本	本	円

4
５点×４

(1)	(2)	(3)	(4)
毎分 m	m	毎分 m	m

5
５点×４

(1)	(2)①	(2)②	(2)③
cm	cm^2	秒後	cm^2

受験番号

氏名

（評価基準非公表）

作文用紙

令和五年度　中学一期学力入試　国語解答用紙（特別進学コース）

問1
Ⓐ
Ⓑ
Ⓒ
Ⓓ
め

問2

問3

問4

問5

問6
(1)
(2)

問7
4
5
6

問8
(1)
(2)
7
8
9

問9
一つ目
二つ目

問1．５点×４
問2．６点
問3．５点
問4．５点
問5．５点
問6．(1)５点
(2)６点
問7．４点×３
問8．(1)６点
(2)7．５点
8．５点
9．６点
問9．７点×２

(R5・一期学力)

受験番号

氏名

得点

※100点満点

(3)　**資料Ⅱ**は内閣の主なしくみを示しています。**資料Ⅱ**中の（　X　）には，国民が生涯《しょうがい》にわたって健康で充実《じゅうじつ》した生活を営めるようにさまざまな仕事を行っている省があてはまります。**資料Ⅱ**中の（　X　）にあてはまる語句を答えなさい。

(4)　**資料Ⅱ**中の（　Y　）は，東日本大震災《しんさい》をきっかけに設立された庁です。**資料Ⅱ**中の（　Y　）にあてはまる語句を漢字３字で答えなさい。

(5)　内閣の仕事にあてはまらないものを次のア～エから１つ選び，記号で答えなさい。

ア　天皇の国事行為に助言と承認を与《あた》える。

イ　法律案や予算を国会に提出する。

ウ　政府と国民との争いを裁く。

エ　最高裁判所の長官を指名する。

(6)　一年間の日本の国の支出（歳出）の計画を示す**資料Ⅲ**中の（　Z　）の項目《こうもく》にあてはまる，国民の安心や生活の安定を支えるために使われるお金のことを何というか，解答欄にあてはまるように答えなさい。

(7)　**資料Ⅲ**中の下線部の国債とは何か，簡潔に説明しなさい。

(8)　**資料Ⅳ**はよりよいくらしを実現するために重要な地方自治の主なしくみを示しています。**資料Ⅳ**中の（　ア　）にあてはまる数字を答えなさい。

(9)　**資料Ⅳ**中の（　イ　）にあてはまる都道府県の首長を何というか，漢字２字で答えなさい。

4　次の資料Ⅰ～Ⅳを見て，あとの(1)～(9)の問いに答えなさい。

資料Ⅰ　日本の将来推計人口（単位　万人）

	0～14歳《さい》	15～64歳	65歳以上	総数
2020年	1,503	7,509	3,602	12,615
2030年	1,321	6,875	3,716	11,913
2040年	1,194	5,978	3,920	11,092
2050年	1,077	5,275	3,841	10,192
2060年	951	4,793	3,541	9,284

（令和４年版高齢《こうれい》社会白書から作成）

資料Ⅱ　内閣の主なしくみ

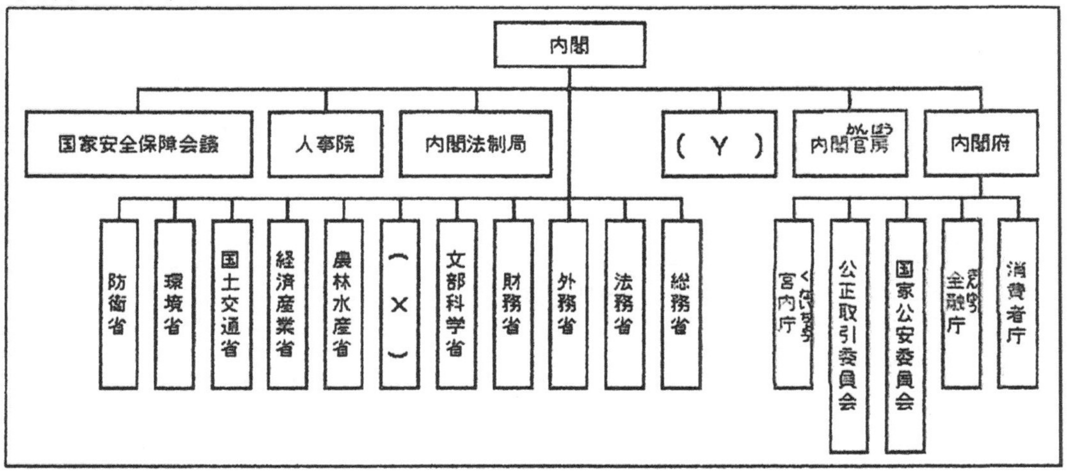

資料Ⅲ　2022年度の日本の国の歳出（予算）

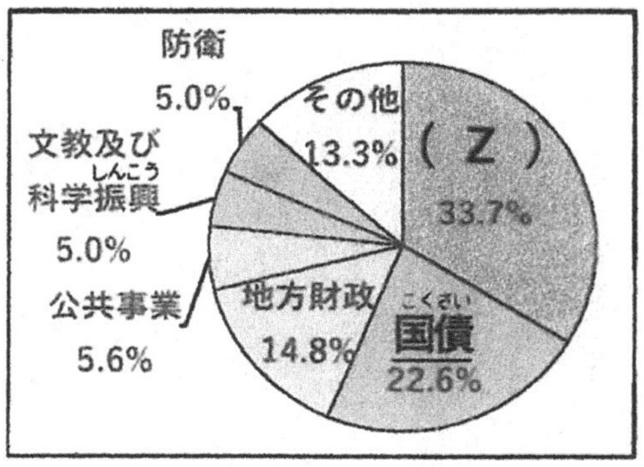

（令和４年度一般《いっぱん》会計歳入歳出概算《がいさん》から作成）

資料Ⅳ　地方自治の主なしくみ

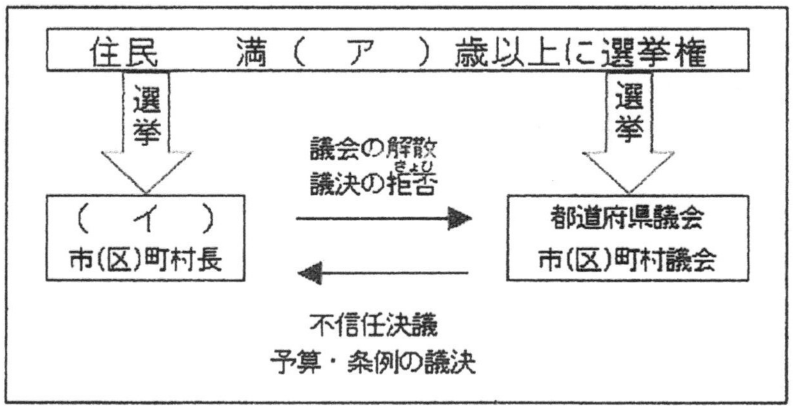

(1)　資料Ⅰからわかることを述べた文として正しいものを次のア～エから１つ選び，記号で答えなさい。

ア　2030年の高齢者の割合は約20%になると予想されている。
イ　2040年の14歳以下の人口の割合は約20%になると予想されている。
ウ　2050年の15～64歳の人口の割合は約40%になると予想されている。
エ　2060年の高齢者の割合は約40%になると予想されている。

(2)　資料Ⅰから2060年の日本の人口ピラミッドはどのような形になると予想されているでしょうか。あてはまるものを次のア～ウから１つ選び，選んだ理由を説明しなさい。

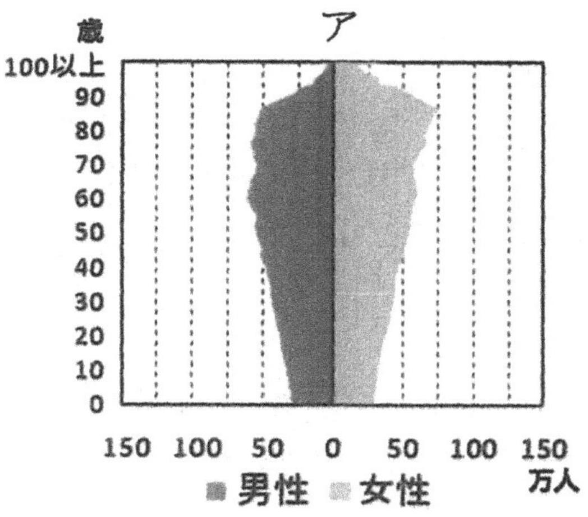

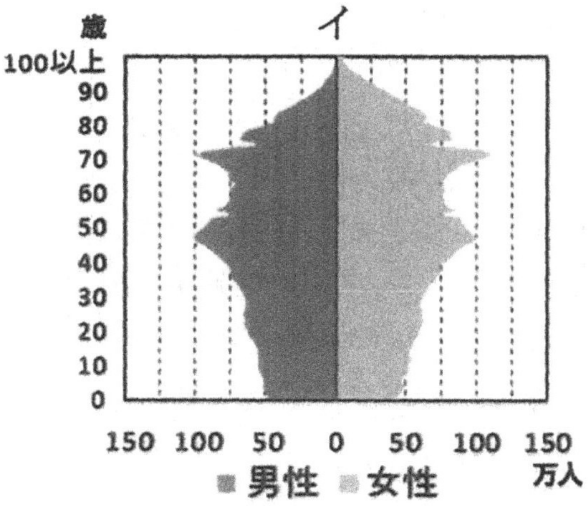

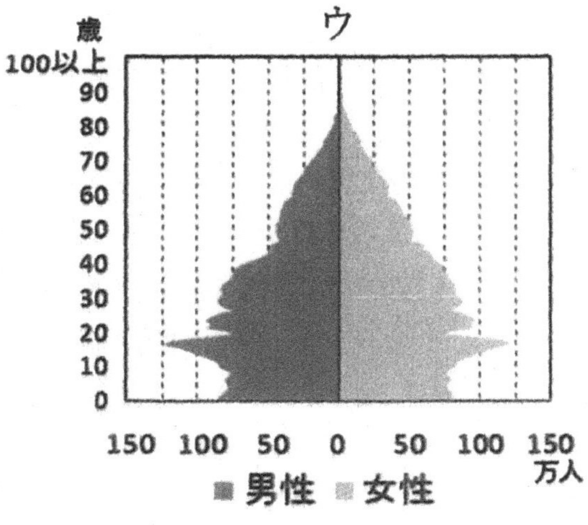

3 次の**資料**Ⅰ～Ⅵを見て，あとの(1)～(9)の問いに答えなさい。

資料Ⅰ

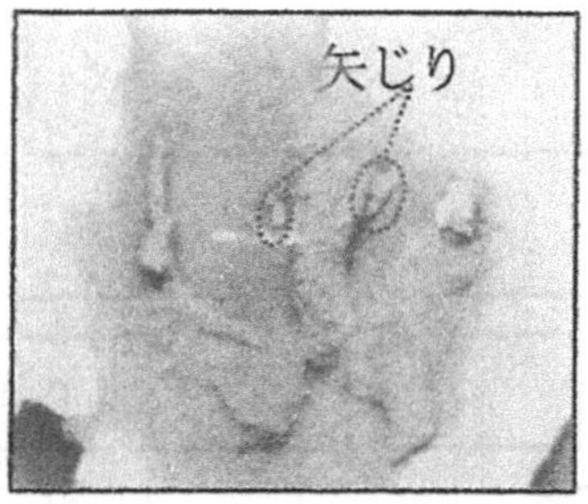

資料Ⅱ

年	主な出来事
710	都が平城京に移る。
712	『古事記』ができる。
713	地誌である（　A　）が編纂《へんさん》される。
720	『日本書紀』ができる。
737	このころ都で病気が流行する。
740	貴族の反乱が起こる。
741	国分寺を建てる詔《みことのり》が出される。・・・X
743	大仏をつくる詔が出される。・・・・・Y
749	聖武《しょうむ》天皇が天皇の位を退く。

資料Ⅲ

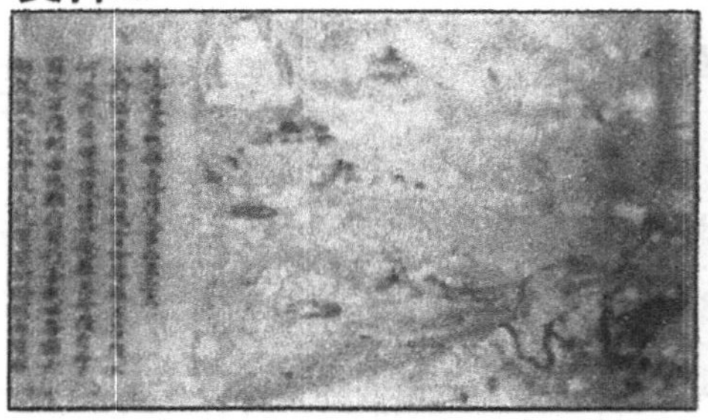

資料Ⅳ

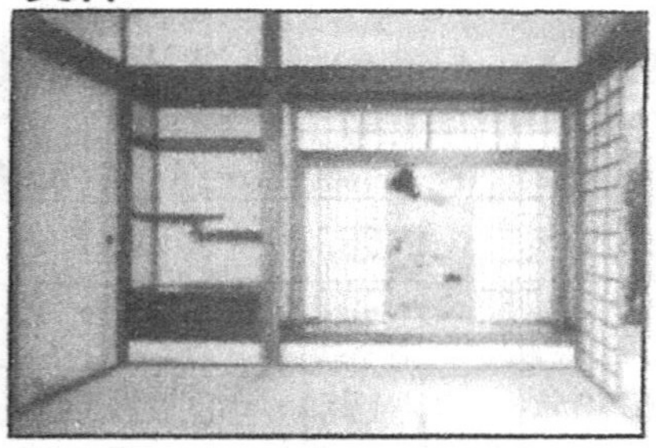

資料Ⅴ

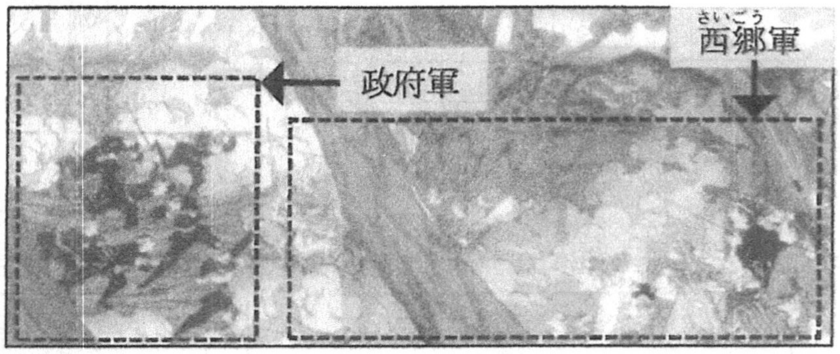

資料Ⅵ

(1)　**資料Ⅰ**は，吉野ヶ里《よしのがり》遺跡から発掘《はっくつ》された人骨です。この資料からうかがえる弥生《やよい》時代の社会の様子を説明しなさい。

(2)　**資料Ⅱ**中の（　A　）に入る語句を答えなさい。

(3)　**資料Ⅱ**中のXやYのような政策が行われた理由を，資料Ⅱから読み取れる背景にふれつつ，「仏教」の語句を使って説明しなさい。

(4)　**資料Ⅲ**は，平清盛が一族の繁栄《はんえい》を願って，あるところに奉納《ほうのう》したものです。どこに奉納されたかを次のア～エから１つ選び，記号で答えなさい。

ア　伊勢《いせ》神宮　　イ　出雲《いずも》大社　　ウ　宗像《むなかた》大社　　エ　厳島《いつくしま》神社

(5)　**資料Ⅳ**にみられる建築様式を何というか，答えなさい。

(6)　**資料Ⅳ**の建物がつくられた時代の出来事を次のア～エから１つ選び，記号で答えなさい。

ア　藤原道長が娘《むすめ》を天皇家にとつがせて権勢をふるった。
イ　朝廷《ちょうてい》側が幕府打倒《ばくふだとう》をめざして承久《じょうきゅう》の乱を起こした。
ウ　京都を主な戦場として応仁《おうにん》の乱が展開された。
エ　近松門左衛門《ちかまつもんざえもん》が人形浄瑠璃《じょうるり》などの脚本《きゃくほん》を書いた。

(7)　**資料Ⅴ**は，1877年に起こった西郷隆盛《たかもり》を首領とする軍と政府軍の戦闘《せんとう》の様子を描《えが》いたものです。この**資料Ⅴ**に描かれた戦闘を何というか，次のア～エから１つ選び，記号で答えなさい。

ア　戊辰《ぼしん》戦争　　イ　西南戦争　　ウ　大塩の乱　　エ　島原の乱

(8)　**資料Ⅴ**に描かれている西郷軍が特定の身分の人々によって構成されていたのに対し，政府軍はある制度にもとづいて集められた人々によって構成されていました。それぞれの軍はどのような人々によって構成されていたのか，西郷軍については身分に，政府軍については制度にふれつつ説明しなさい。

(9)　**資料Ⅵ**に写る若者たちは，高度経済成長期に「金の卵」とよばれました。「金の卵」とはどのような若者を指すのか，「都会」の語句を使い，解答欄《らん》に合うように説明しなさい。

2　次の文章は，たろうさんが修学旅行先の北海道についてまとめたレポートです。**レポートと資料Ⅰ～Ⅴ**を見て，あとの(1)～(4)の問いに答えなさい。

レポート

北海道では，広大な土地で①稲作や畑作，酪農《らくのう》が行われてきました。北海道の②自然環境《しぜんかんきょう》は厳しいものですが，さまざまな工夫によって農業や観光などの産業に生かされています。また，近年では農業のあり方も変化し，③最新の技術を取り入れた新しい農業が試行されており，北海道で生産された農産物は④日本各地に運ばれています。

資料Ⅰ　日本の米の生産量

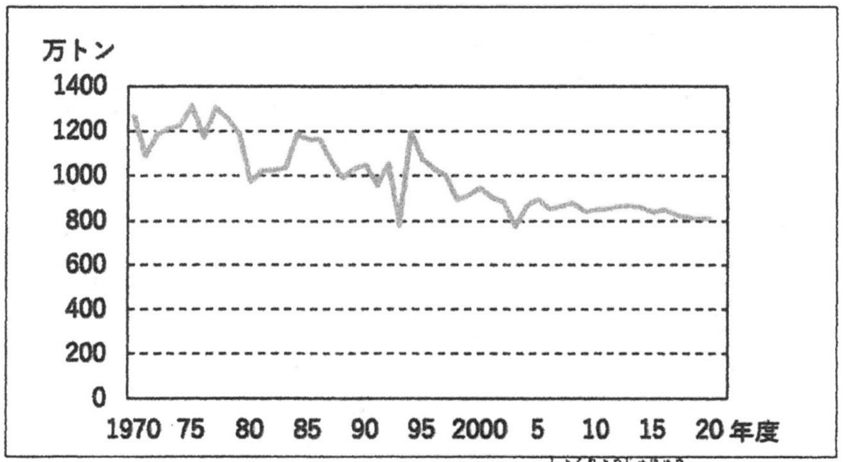

（令和２年度食料需給《しょくりょうじゅきゅう》表から作成）

資料Ⅱ　米の作付《さくつけ》面積と米の１人あたりの年間消費量

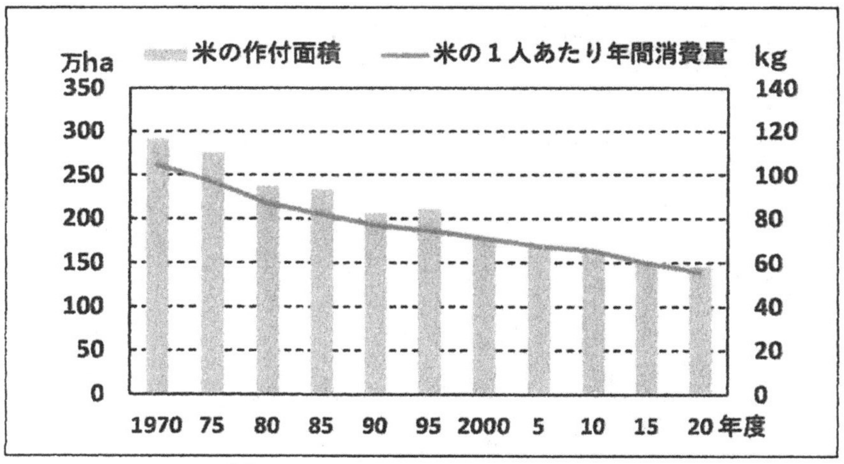

（令和２年耕地及《およ》び作付面積統計・令和２年度食料需給表から作成）

資料Ⅲ　北海道の住宅

資料Ⅳ

資料Ⅴ　国内の貨物輸送手段（2019 年度）

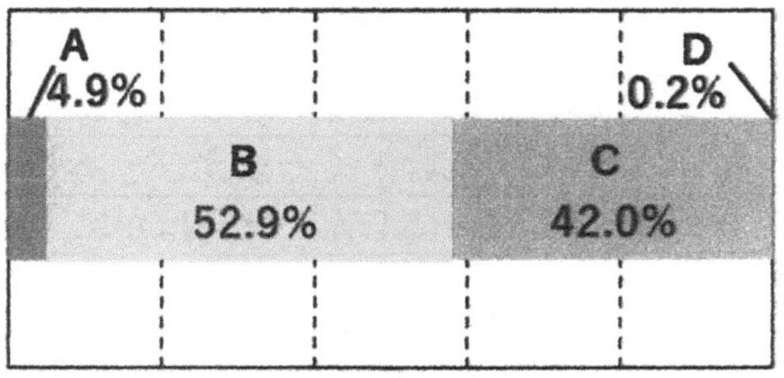

（国土交通省統計調査から作成）

(1)　下線部①について，**資料Ⅰ**の1970年代と2020年を比べると日本の米の生産量が減少していることがわかります。その理由を，**資料Ⅱ**の作付面積及び消費量と関係づけて説明しなさい。

(2)　下線部②について，北海道の住宅は**資料Ⅲ**のように自然環境に合わせて工夫されています。**資料Ⅲ**に見られる北海道の住宅の特徴を述べた次の文の（　a　）（　b　）にあてはまる語句を答えなさい。

屋根が平らや（　a　）いるのは，（　b　）ようにして，近隣《きんりん》に迷惑《めいわく》をかけない工夫の一つである。

(3)　下線部③について，**資料Ⅳ**のトラクターには，人工衛星の電波を受信するXの装置が取り付けられています。このような人工衛星の電波によって現在位置を正確に測るシステムを何というか，答えなさい。

(4)　下線部④について，国内の貨物輸送手段の割合を示した**資料Ⅴ**中のBにあてはまる輸送手段を次のア～エから１つ選び，記号で答えなさい。

ア　船　　　イ　自動車　　　ウ　鉄道　　　エ　航空機

令和５年度　１期学力入学試験問題　　社会　(30分)　　(社会　NO. １)

1　次の**資料Ⅰ～Ⅲ**を見て，あとの(1)～(5)の問いに答えなさい。

資料Ⅰ

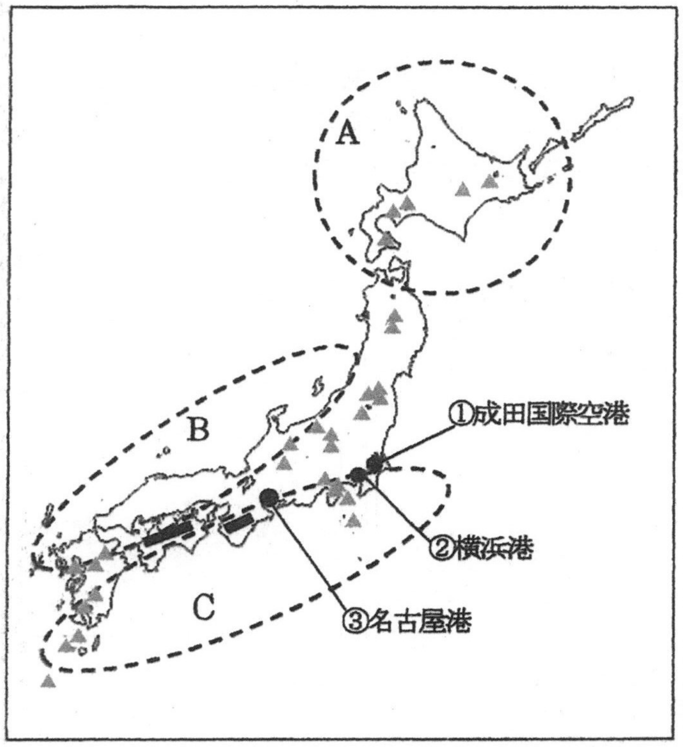

資料Ⅱ　みかんの収穫《しゅうかく》量(2020 年)

1位	和歌山県	16.7 万トン
2位	静岡県	12.0 万トン
3位	愛媛《えひめ》県	11.3 万トン

(令和２年産果樹生産出荷統計から作成)

資料Ⅲ

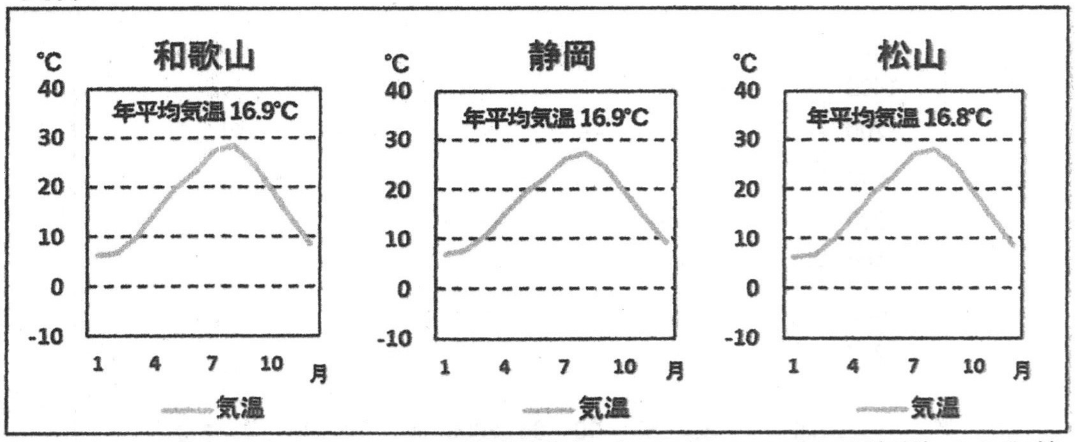

(気象庁資料（1991 年～2020 年の平年値）から作成)

(1)　日本の南の端《はし》である沖《おき》ノ《の》鳥《とり》島が属する都道府県の名前を答えなさい。

(2)　**資料Ⅰ**中の▲で示した場所周辺など，日本には国立公園に指定されている地形が多くあります。▲が示しているのは何ですか。

(3)　**資料Ⅰ**中のＡ～Ｃは漁業が盛《さか》んな海域です。次のア～ウのグループはそれぞれの海域で主に獲《と》れる魚《ぎょ》介《かい》類の名前です。Ａの海域にあてはまるものを１つ選び，記号で答えなさい。

ア	ずわいがに・ふぐ・ぶり・さわら
イ	かつお・たい・くるまえび・あじ
ウ	ほたて貝・にしん・たらばがに・たら

(4)　日本の工業は海に面した工業地帯を中心にして，原材料を輸入して商品を生産し，生産した商品を輸出して海外で販売《はんばい》して利益を得ています。次の表は**資料Ⅰ**中の①～③のいずれかの港・空港の輸出額・輸入額と主な品目を示しています。③の名古屋港のものをア～ウから１つ選び，記号で答えなさい。

港・空港		金額	主な品目
ア	輸出	12.3 兆円	1.自動車　2.自動車部品　3.内燃機関　4.金属加工機械
	輸入	5.1 兆円	1.液化ガス　2.石油　3.衣類　4.絶縁《ぜつえん》電線・ケーブル
イ	輸出	6.9 兆円	1.自動車　2.自動車部品　3.内燃機関　4.プラスチック
	輸入	4.9 兆円	1.石油　2.液化ガス　3.アルミニウム　4.衣類
ウ	輸出	10.5 兆円	1.半導体等製造装置　2.科学光学機器　3.金　4.電気回路用品
	輸入	13.0 兆円	1.通信機　2.医薬品　3. コンピュータ　4.集積回路

(2019 年／日本国勢図会《ずえ》2020/21 から作成)

(5)　**資料Ⅱ**はみかんの主な産地と収穫量を示しています。**資料Ⅰ・Ⅲ**を参考にして，みかんの栽培《さいばい》地の特《とく》徴《ちょう》について，地形と気候の点から説明しなさい。

6　物質によって燃焼後に発生する物質に違いがあるかを調べるために，紙とスチールウールを用いて次の実験を行い，結果を表１にまとめました。

【実験】操作１　紙とスチールウールをガラスびんにそれぞれ入れて完全に燃やし，燃焼後のガラスびんの内側を調べた。
操作２　燃焼後のガラスびんに石灰水を入れて振り，石灰水の変化を調べた。

表１

	紙	スチールウール
ガラスびんの内側	白くくもった	（　ア　）
石灰水	（　イ　）	変化なし

(1)　表１の（ア）・（イ）に実験結果を示す適当な語句を書きなさい。
(2)　操作１について，紙を燃やしたときにガラスびんの内側が白くくもったのはなぜか理由を書きなさい。
(3)　スチールウールを同じ成分からできている鉄くぎに変えると，燃焼反応がうまく進みませんでした。この違いを説明する次の文の空らんに適当な語句を書きなさい。

スチールウールに比べて鉄くぎは（　　　　　）が小さいため空気と十分に触れ合えなかったから。

(4)　次のア～エの物質の中で，燃焼すると紙と同じ実験結果になると予想されるものを１つ選び，記号で答えなさい。
ア　木炭　　イ　プラスチック　　ウ　マグネシウムリボン　　エ　カルシウム

次に，スチールウールを燃やすと重さがどのように変化するかを調べました。表２は，いろいろな重さのスチールウールの燃焼前と燃焼後の重さを示しています。ただし，表２のスチールウールは完全に燃焼しているものとする。下の問いに答えなさい。

表２

燃焼前（g）	1	1.5	2	2.5
燃焼後（g）	1.4	2.1	2.8	3.5

(5)　燃焼後，質量が増加するのはなぜか理由を書きなさい。
(6)　スチールウール７ｇが完全に燃焼したら，燃焼後の物質の重さは何ｇになりますか。

【実験1】図2のように，左のうでに2個のおもりをつるした。右のうでに4個のおもりをつるしてつり合わせたい。

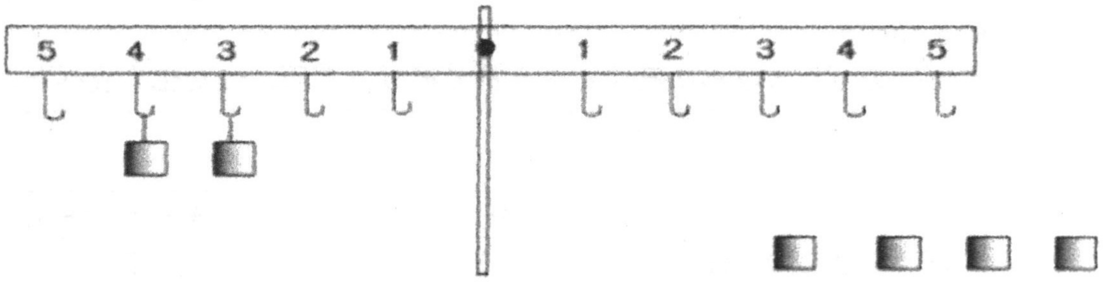

図2

(1) 解答欄《らん》の図につりあうようにおもり4個をかきなさい。おなじところに2個以上つるしてもよい。

【実験2】図3のように，左のうでに3個のおもりをつるした。右のうでの4のところに糸をつけて下に引いててこをつり合わせた。

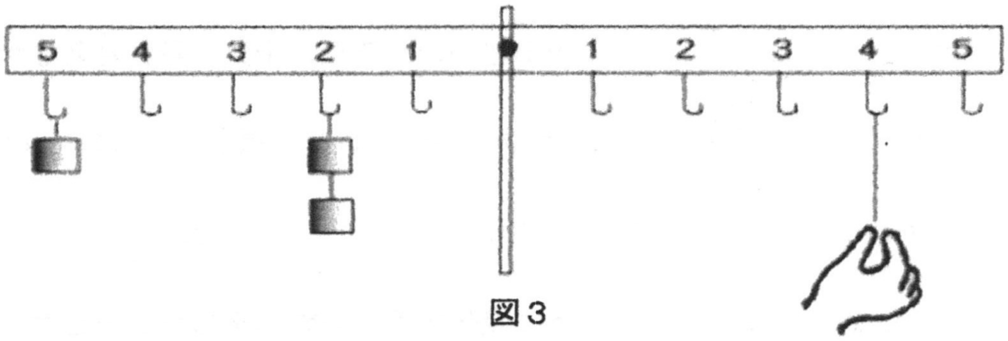

図3

(2) 糸を何ｇ分の力で引きましたか。

【実験3】図4のように，20ｇのおもり1個をばねばかりにつるすと20ｇを示している。ばねばかりにつるされたおもり1個を，水の入っているビーカーに接触させないように完全につけると，ばねばかりは15ｇを示した。次に，図5のように，左右のうでに1個20ｇのおもりをつるした。この時てこは傾いていた。右のうでの4の位置の4個のおもりの下から，水の入った大きなビーカーを持ち上げておもりを下からてこをつりあわせるためにビーカーの中につけていきます。

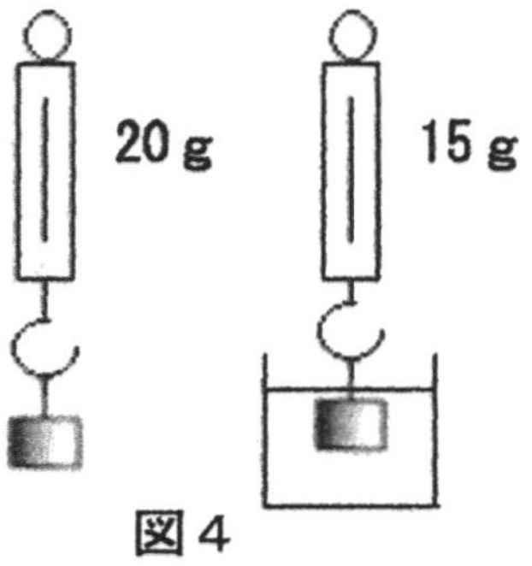

図4

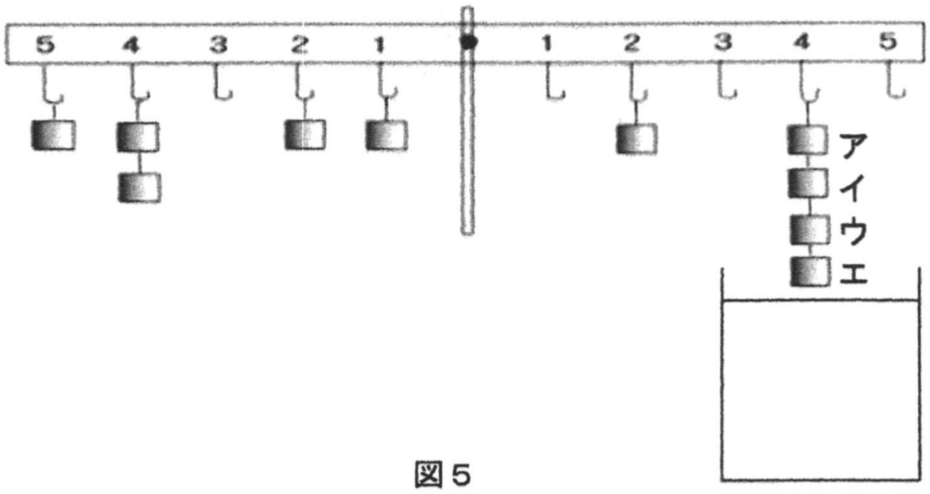

図5

(3) 図5のてこで，右のうでの4の位置のおもりア～エのうち，どのおもりまで水につけるとてこはつりあいますか。ア～エから1つ選び，記号で答えなさい。

4 次の図１はヘチマのいろいろな成長の時期を表したものです。下の問いに答えなさい。

図１

(1) 図１の①，②の葉をそれぞれ何といいますか。

(2) ヘチマをポットから花だんやプランターに植えかえる時期として最もよいものを図１のア～エから１つ選び，記号で答えなさい。

(3) 次の図２はヘチマの花をあらわしたものです。ヘチマの花は何色ですか。また，図２のオ，カのどちらがめ花ですか。記号で答えなさい。

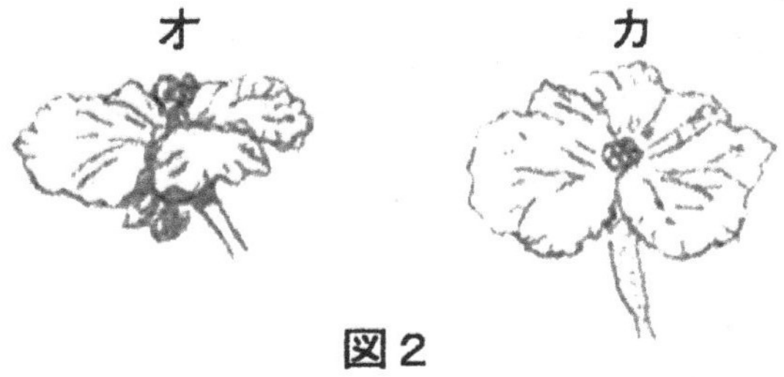

図２

(4) 一かぶに多く咲くのはお花，め花のどちらか答えなさい。

次の表はヘチマのくきののび方について調べたものです。表を見て下の問いに答えなさい。なお，このときの各月の平均気温は例年通りとします。

表

調べた月日	５月１日	６月１日	７月１日	８月１日	９月１日
くきの長さ（cm）	25	80	400	825	1125

(5) くきの長さが最ものびたのは何月だといえますか。

(6) くきののびが９月になるとほとんどありませんでした。その理由を答えなさい。ただし葉でつくられる栄養分の量に大きな変化はないものとします。

5 図１のように，棒の中央を支点とするてこを作り，支点から両側に等間隔《かく》に１から５までおもりをつりさげるフックを用意しました。20ｇのおなじ重さのおもりを多く用意し，左右のうでのフックにつりさげて，次の【実験１】から【実験３】を行いました。あとの問いに答えなさい。

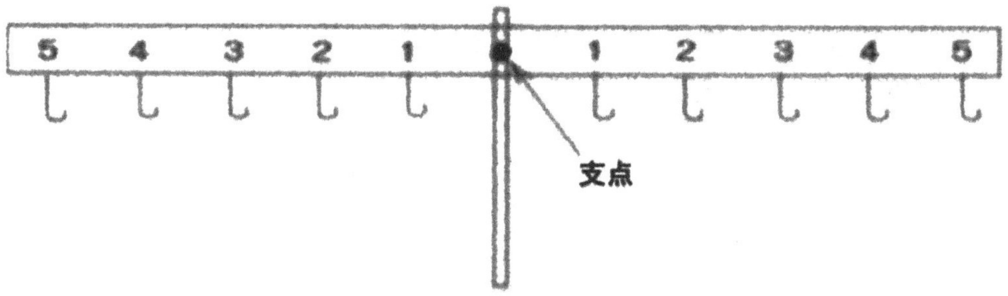

図１

3　太郎さんとお父さんは電気自動車（EV）で山にドライブに行きました。下の問いに答えなさい。

(1)　太郎さんとお父さんは，ドライブの途中，見晴らしのいい駐車場で自動車を止め，向こうに見える山に向かって警笛を1.5秒間鳴らしたところ，警笛を鳴らし終えてから2.5秒後に山びことして反射してきた音が聞こえはじめました。その後，警笛は1.5秒間聞こえました。自動車とその山との間の距離は何mですか。ただし，音は毎秒340mの速さで伝わるものとします。

(2)　音の反射に興味を持った太郎さんとお父さんは，図１のような実験を試してみました。

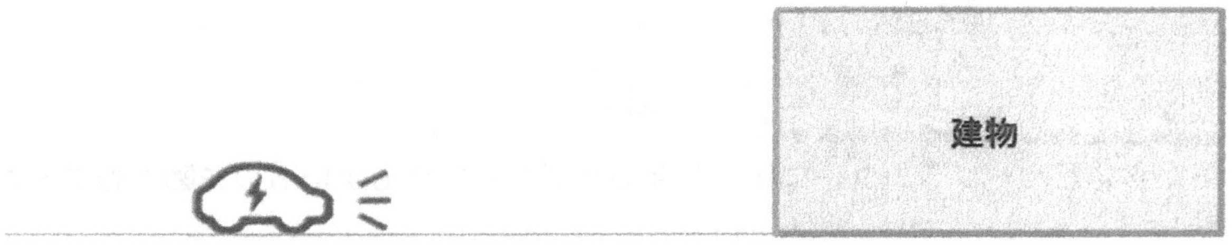

図１

広い駐車場で遠く離れた建物に向かって毎秒 10mで自動車を動かし，建物の壁に垂直にむかって警笛を鳴らしたところ，3.0秒後に反射してきた音を聞きました。反射した音を聞いたときの建物の壁《かべ》と自動車との距離は何mですか。ただし，自動車のエンジン音，風を切る音などは無いとして考えましょう。

(3)　自動車の窓ガラスから太陽光がさしこんでいます。外の空気から窓ガラス，車内へと光がさしこむときの正しい光の道すじはどれですか。図２のア～オから１つ選び，記号で答えなさい。

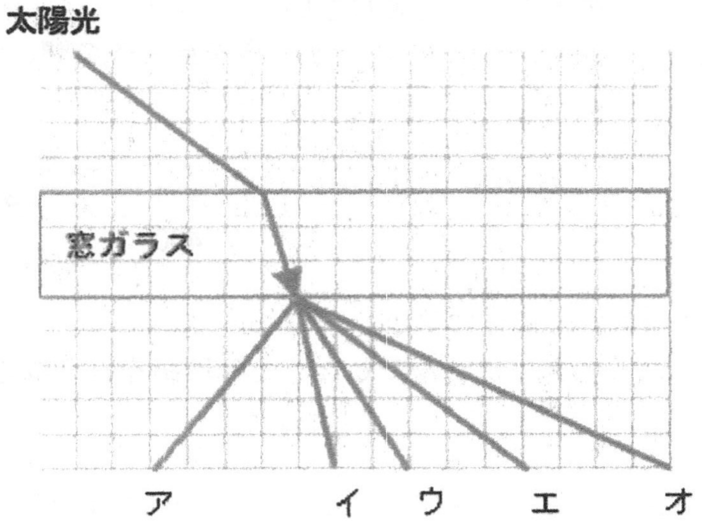

図２

(4)　近年，電気をエネルギーとして走る電気自動車は注目されています。ハイブリッド車は電気とガソリンの両方を使いますが，電気自動車はガソリンを使いません。また，スマートフォンと同様に電気自動車もバッテリー（電池）を装備《そうび》していて，充電によって，エネルギーを蓄《たくわ》えます。その蓄えたエネルギーを使って，車を動かしています。次の表に電気自動車のさまざまな利点をあげています。
電気自動車の欠点としては何が考えられますか。簡単に１つ答えなさい。

表

利点	欠点
・排気ガスを出さず環境にやさしい ・家庭で充電できる ・エンジン音が静かである	

(3)　この実験で発生した気体は何ですか。名前を答えなさい。

(4)　実験２の結果から読み取ることができることについて，次のア～オから最も適しているものを１つ選び，記号で答えなさい。

ア　塩酸の量と気体の発生量には関係がない。

イ　塩酸の量が多いほど，気体の発生量が増える。

ウ　塩酸の量と気体の発生量には反比例の関係がある。

エ　塩酸を 30 cm^3 加えたとき，ちょうど反応が完了する。

オ　塩酸を 50 cm^3 加えたとき，反応せずに余った物質はアルミニウムである。

(5)　アルミニウムの量を 4.0 g にしたとき，アルミニウムを完全に反応させるために必要な塩酸の体積［cm^3］はいくらですか。ただし，塩酸の濃さは実験と同じとする。

2　夜空を観察した陽太さんが緑さんにその様子を伝えています。次の会話文を読んで，下の問いに答えなさい。

陽太さん　「昨日の夜，星空を観察していたら，星座早見にない星が見えたんだ。」

緑さん　「星座早見には，地球からの距離が非常に遠く，自分から光をだす（　①　）という星がのっているのよ。陽太さんが見た星はわく星といって，自分からは光を出さない星よ。」

陽太さん　「でも，昨日見た星も光っていたよ。」

緑さん　「その星は月と同じように（　②　）の光を（　③　）して光っているのよ。月は（　④　）のまわりをまわっている（　⑤　）という星で，陽太さんが見た星は、太陽のまわりを回っていて，水星，金星などと同じわく星とよばれる星よ。」

陽太さん　「水星といえば，少し前，水星探査《たんさ》機『みお』が打ち上げられたというニュースを見たよ。」

緑さん　「私も見たわ。水星はなぞのわく星と言われていて，太陽よりは小さい星というのはわかっているけど，１０年くらい前は，表面の半分の写真しかなかったそうよ。その表面には，月と同じように（　⑥　）とよばれる円形のくぼみがたくさんあったわ。
それから，水星は地球のように（　⑦　）に包まれていないから，太陽のエネルギーをためておくことができず，夜は－170℃にまでなるそうよ。でも，まだまだなぞがたくさんあるから，『みお』が水星に到着して，いろいろなことがわかることは楽しみね。」

(1)　文章中の①～⑦の空らんに適当な語句や文章を答えなさい。

(2)　図１は，ある日の太陽と金星と地球の位置を北極星の方向から見たものです。地球の自転の方向と，公転の方向をア～エからそれぞれ選び，記号で答えなさい。

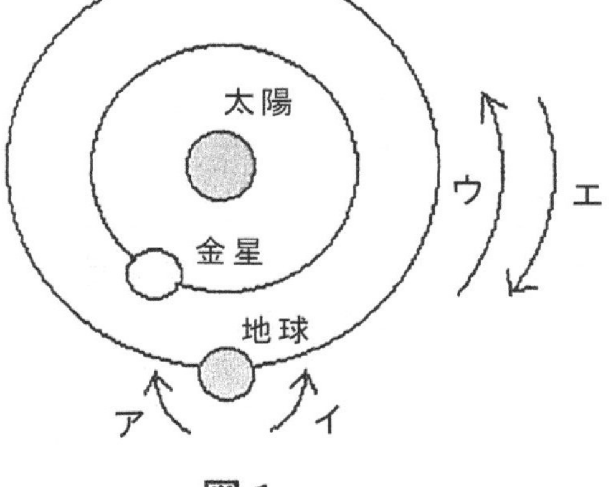

図１

(3)　図１の場合，金星は地球からいつ，どの方向に見えますか。

令和５年度　山陽学園中学校　１期学力入試　理科　（30分）

1　太郎さんと花子さんは，授業で習った「水よう液の性質」に興味を持ち，実験１を行いました。次の会話文を読んで，下の問いに答えなさい。

太郎さん　「授業で，水よう液には酸性・アルカリ性・中性の３種類があることを学んだよ。身の回りの水よう液について，もっと調べてみたいな。」

花子さん　「いいね。いつも，私たちが料理に使ったり，そうじに使っているものは何性かな。」

太郎さん　「調べたい水よう液を用意して，①リトマス紙を使って，調べてみよう！」

【実験１】食塩水・酢《す》・セッケン水・台所用洗剤《せんざい》・トイレ用洗剤の５種類の水よう液を用意した。それぞれリトマス紙につけて，色の変化を観察し，結果を表１にまとめた。

表１

水よう液	赤色リトマス紙	青色リトマス紙
食塩水	変化なし	変化なし
酢	変化なし	赤色
セッケン水	青色	変化なし
台所用洗剤	変化なし	変化なし
トイレ用洗剤	変化なし	赤色

(1)　下線部①について，リトマス紙の正しい使い方を，次のア～オからすべて選び，記号で答えなさい。

ア　容器から取り出すときには，かわいたきれいな手で持ち，やぶらないように気を付ける。

イ　容器から取り出すときには，ピンセットを使う。

ウ　リトマス紙を使うときは，水よう液に直接つけて，リトマス紙全体に液がつくようにする。

エ　リトマス紙を使うときは，リトマス紙の一部にガラス棒で水よう液をつける。

オ　何性かわからないときは，水よう液によって赤色リトマス紙と青色リトマス紙を使い分ける。

(2)　次の会話文は，二人が表１からわかることを読みとったときのものです。花子さんの会話文の①～③の空らんにあてはまる水よう液をそれぞれすべて答えなさい。

太郎さん　「実験１の結果を表１にまとめたよ。」

花子さん　「結果から，それぞれの水よう液を仲間分けすると，酸性は（　①　），アルカリ性は（　②　），中性は（　③　）ということがわかったね。」

さらに，二人は洗剤のラベルに気になる注意書きを見つけたことから，物質の量と反応の進みとの関係性に興味を持ち，実験２を行いました。次の会話文を読み，下の問いに答えなさい。

太郎さん　「洗剤のラベルには必ず『使用量の目安』が書いてあるよ。」

花子さん　「そうだね。私は，水よう液の量が多いほど，よく反応すると思うわ。」

太郎さん　「物質の量と反応の進みには何か関係があるのかな。授業で習った「水よう液と金属」の反応を基にして，調べてみよう！」

【実験２】アルミニウムを 0.5g 用意し，塩酸を加える。加える塩酸の体積を変化させ，発生する気体の体積との関係を調べ，結果を表２にまとめた。ただし，塩酸の濃《こ》さは常に同じとする。

表２

塩酸の体積［cm^3］	0	10	20	30	40	50
発生した気体の体積［cm^3］	0	200	400	600	600	600

5 大和《やまと》くんと結衣《ゆい》さんは，放課後に教室で算数の時間に習った直角三角形について話をしています。会話文を読んで，下の問いに答えなさい。

結衣：直角三角形は，1 つの角が直角になっている三角形のことだったね。
大和：うん。1 つの角が直角で，2 つの辺の長さが等しい三角形のことを直角二等辺三角形というんだ。
結衣：正方形を 2 等分や 4 等分すると直角二等辺三角形が作れるわ。
大和：直角二等辺三角形を使った問題を考えてみよう。

(1) 図 1 のように，直角二等辺三角形ABCを，点Cを中心に矢印の方向に回転させると，辺ACが直線と重なりました。このとき，点Bが通ったあとの線の長さを求めなさい。ただし，円周率を 3.14 とします。

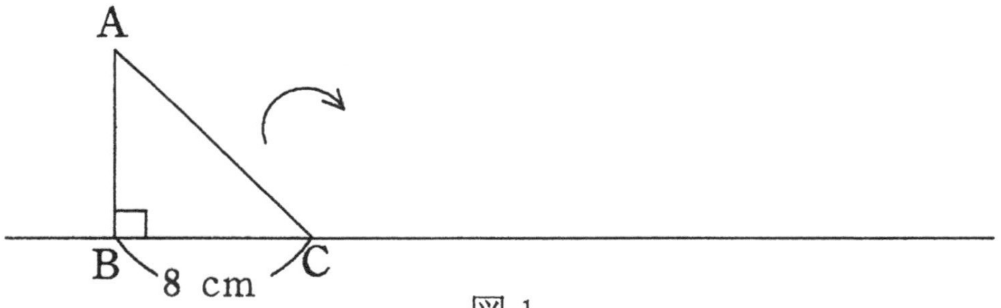

図 1

(2) 図 2 のように，直線上に大きさの異なる 2 つの直角二等辺三角形ABCとDEFがあります。2 つの三角形がそれぞれ矢印の方向に毎秒 1 cmの速さで動きます。

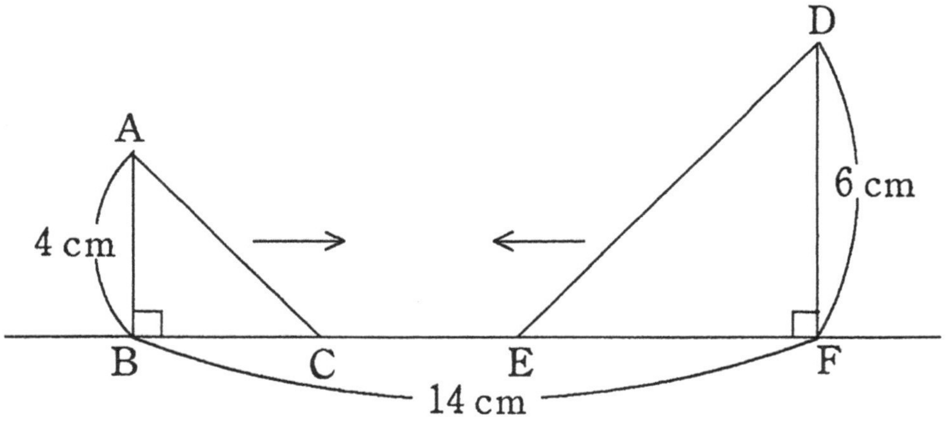

図 2

① 動き始めてから 3 秒後の 2 つの三角形の重なる面積を求めなさい。

② 辺 AB と辺 DF が重なるのは動き始めてから何秒後ですか。

③ 辺 BC の中点が辺 EF の中点と重なるとき，2 つの三角形の重なる面積を求めなさい。

4 兄と弟は同時に家を出発して，親せきの家へ歩いて向かいました。途中で兄は忘れ物をしたことに気がついて，これまでの 2 倍の速さで走って家に戻ってから，2 分後に自転車に乗って親せきの家に向かいました。兄は途《と》中《ちゅう》で弟に追いつきましたが，そのまま自転車で進むと弟より 6 分早く着きました。下の図は，兄と弟の出発してからの時間と家からの道のりを表したものです。このとき、次の問いに答えなさい。

(1) 兄と弟の歩いた速さは毎分何 m ですか。

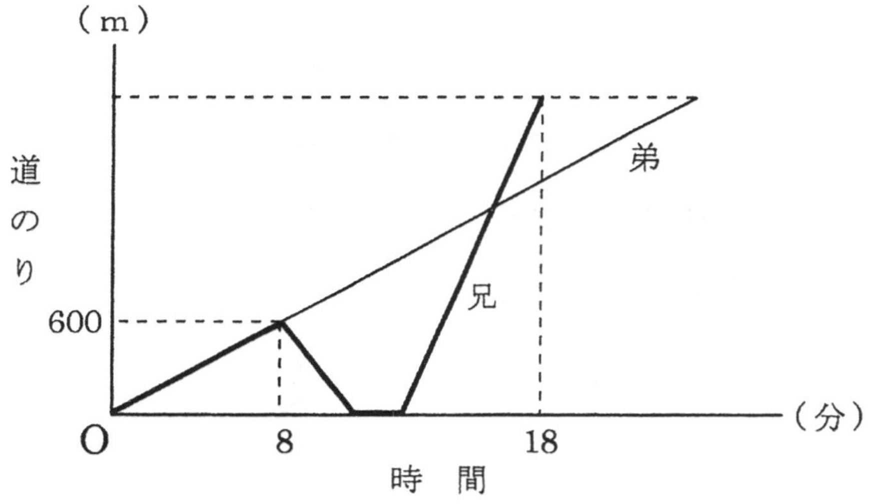

図 1

(2) 家から親せきの家までの道のりは何 m ですか。

(3) 兄が自転車で走った速さは毎分何 m ですか。

(4) 兄が弟に追いつくのは，親せきの家から何 m 手前のところですか。

3 太郎《たろう》さんと花子《はなこ》さんはお店にジュースを買いに行きました。そのお店に貼《は》ってある広告には,「ジュースの空きビン 4 本でもう 1 本ジュースがもらえます」と書いてありました。このときの 2 人の会話文を読んで，下の問いに答えなさい。

花子：7 本買ったら，そのうち 4 本の空きビンでジュースを 1 本もらえるのね。

太郎：残りの 3 本の空きビンともらった ジュース 1 本の空きビンでさらにもう 1 本ジュースがもらえるよ。

花子：じゃあ，7 本買うと全部で 9 本も飲めるわ。

太郎：そうだね。13 本買ったら全部で [ア] 本飲めるよ。

(1) [ア] にあてはまる数を求めなさい。

(2) 太郎さんの家に 58 本の空きビンがあります。この空きビンを使うと，太郎さんは何本までジュースを飲むことができますか。

(3) ジュースを 100 本買うと，何本のジュースを飲むことができますか。

(4) ジュースを 1 本 130 円で売っています。150 本のジュースを飲むためには，少なくとも何円支払う必要がありますか。

令和５年度　山陽学園中学校　１期学力入試　算数（特別進学コース）(30分)

（１期学力算数No. １）

答えはすべて解答用紙に記入しなさい。

1　次の計算をしなさい。

(1)　$6+4\times2$

(2)　$9.3-1.8$

(3)　$\frac{7}{12}+\frac{1}{4}+\frac{1}{9}$

(4)　$\frac{3}{5}\div\frac{4}{15}\times\frac{2}{3}$

(5)　$(10.8\div3)\times0.5$

(6)　$5.3\times97+4.7\times97$

2　次の問いに答えなさい。

(1)　卵 4 個の平均の重さが 48.5 g です。重さが 57 g の卵を 1 個追加すると，卵 5 個の平均の重さは何 g になりますか。

(2)　兄と弟は合わせて 3600 円 持っていました。兄が弟に 500 円渡すと，兄と弟の所持金の比は 5 : 3 になりました。はじめに兄はいくら持っていましたか。

(3)　[1]，[1]，[2]，[3] の 4 枚のカードの中から 3 枚を取り出して 3 けたの整数をつくるとき，全部で何通りできますか。

(4)　下の図において，直径 20 cm の半円と，1 辺の長さが 20 cm の正三角形が重なっています。色のついた部分の面積は何 cm^2 ですか。ただし，円周率を 3.14 とします。

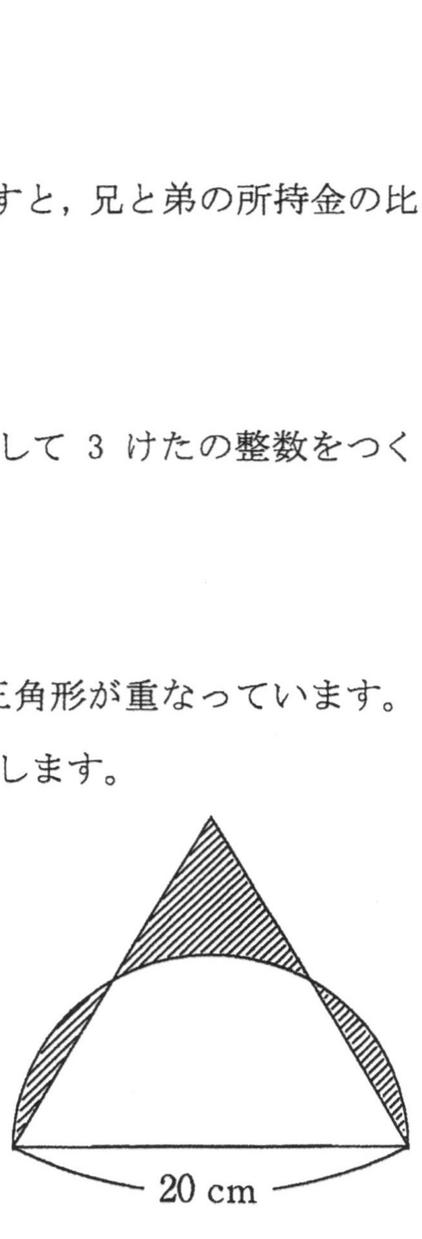

令和五年度　一期学力入試　作文

(20分)

あなたはA中学校の一年生です。この学校では、生活委員が毎朝校門前で、あいさつ運動を行っています。しかし、声をかけてもあいさつをせず下を向いたまま通りすぎたり、お辞儀《じぎ》だけしたりする人がいます。ある日、あいさつがよりできる学校にするために、あいさつ運動を見直そうと委員会から提案がありました。

その内容とは、

(1) クラスごとに全員で毎朝あいさつ運動を行う。

(2) やりたい人は、自分のクラス以外の日も参加してもよい。

というもので、これまでのあいさつ運動とは違《ちが》ったものでした。帰りの会では次のような意見が出ました。

生徒A

「これまでどおりのあいさつ運動でいいと思う。たくさんの人が校門にいたら、緊張《きんちょう》して声がでない人もいると思う。」

生徒B

「そうかな。私はみんなで協力してあいさつ運動をすることはいいと思う。あいさつの大切さに気づくきっかけになると思うな。」

生徒C

「私は、クラスごとではなくて、委員会の人と委員会以外のやりたい人だけでやればいいと思う。」

あなたの考えにもっとも近い意見はどの生徒のものですか。それを答えた上で、あなたの意見を理由とともに述べなさい。

問8 ――線部④「横断的授業」について次の(1)、(2)に答えなさい。

(1) 「横断的授業」を行う目的は何ですか。それが書かれている部分を文中からぬき出し、答えなさい。

(2) 左の表は「水」というテーマで行われた「横断的授業」についてまとめたものです。表の空らん[7]、[8]、[9]にあてはまる言葉を考えて答えなさい。

教科	学習内容
国語	「水」についての文章を書く。
[7]	「水」を題材にした計算問題を解く
英語	「水」に関連する単語を覚える。
理科	[9]
社会	「水」と環境問題について学ぶ。
図工	「水」に関連した絵を描く。
[8]	「水」をイメージした曲を味わう。

問9 次の[資料1]、[資料2]は[I]の文章で触れられていた「PISA」の日本の結果です。[資料1]、[資料2]から日本の教育の問題点を二つ読みとり、まとめなさい。なお、それぞれの解答の最初に、どちらの資料から読み取ったのかを明記すること。

資料1

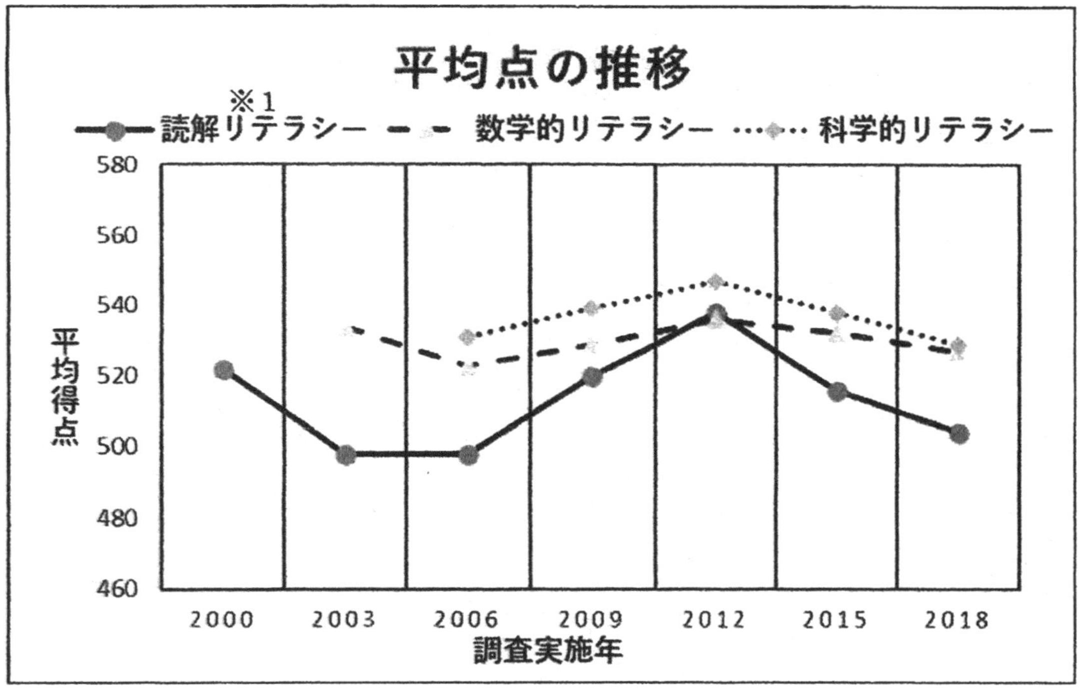

（※2 OECD 生徒の学習到達度調査 2018 から作成）

※1 リテラシー…内容をよく理解して情報を活用する能力。

※2 OECD …経済協力開発機構。国際経済の安定や貿易の拡大、発展途上国《とじょうこく》に対する援助《えんじょ》などを目的とする国際協力機関。

資料2

2018年調査OECD加盟国（37か国）における平均得点の国際比較

順位	読解リテラシー	平均得点	順位	数学的リテラシー	平均得点	順位	科学的リテラシー	平均得点
1	エストニア	523	1	日本	527	1	エストニア	530
2	カナダ	520	2	韓国	526	2	日本	529
3	フィンランド	520	3	エストニア	523	3	フィンランド	522
4	アイルランド	518	4	オランダ	519	4	韓国	519
5	韓国	514	5	ポーランド	516	5	カナダ	518
6	ポーランド	512	6	スイス	515	6	ポーランド	511
7	スウェーデン	506	7	カナダ	512	7	ニュージーランド	508
8	ニュージーランド	506	8	デンマーク	509	8	スロベニア	507
9	アメリカ	505	9	スロベニア	509	9	イギリス	505
10	イギリス	504	10	ベルギー	508	10	オランダ	503
11	日本	504	11	フィンランド	507	11	ドイツ	503
12	オーストラリア	503	12	スウェーデン	502	12	オーストラリア	503
13	デンマーク	501	13	イギリス	502	13	アメリカ	502
14	ノルウェー	499	14	ノルウェー	501	14	スウェーデン	499
15	ドイツ	498	15	ドイツ	500	15	ベルギー	499

（OECD 生徒の学習到達度調査 2018 から作成）

問7　次の文は[I]の文章を読んでフィンランドの教育についてまとめたものです。空らん[4]、[5]、[6]にあてはまる言葉を文中からぬき出して答えなさい。

フィンランドでは10年ごとに学習指導方針が改訂されているが、今回の改定では、授業に[4]を取り入れ、[5]学び方を提供し、[6]ことが目指されている。

[II]

お詫び
著作権上の都合により、文章は掲載しておりません。
ご不便をおかけし、誠に申し訳ございません。
教英出版

お詫び
著作権上の都合により、文章は掲載しておりません。
ご不便をおかけし、誠に申し訳ございません。
教英出版

（出典　堀内都喜子『フィンランド　幸せのメソッド』）

（注）
※3　進捗……物事の進み具合。
※4　フォーマット……体裁や形式。

（令和五年度　中一期学力　国語　NO．3）

お詫び
著作権上の都合により、文章は掲載しておりません。
ご不便をおかけし、誠に申し訳ございません。
教英出版

（出典　堀内都喜子『フィンランド　幸せのメソッド』）

（注）
※1　ＰＩＳＡ……15歳を対象とした国際的な学習到達度《とうたつど》に関する調査。
※2　ウェルビーイング……心身と社会的な健康のこと。

問1　――線部Ⓐ、Ⓑのカタカナは漢字に、Ⓒ、Ⓓの漢字の読みはひらがなに直してそれぞれ答えなさい。

問2　空らん［1］にあてはまる言葉を漢字四字で文中からぬき出しなさい。

問3　――線部①「スキル」の意味としてあてはまる言葉を漢字二字で文中からぬき出しなさい。

問4　空らん［2］、［3］にあてはまるつなぎ言葉の組み合わせとして正しいものを次のア～エから一つ選び、記号で答えなさい。

ア　2　一方で　3　さらに　　イ　2　さらに　3　しかし
ウ　2　例えば　3　やはり　　エ　2　やはり　3　なぜなら

問5　――線部②「取るに足りません」とはどういう意味ですか。次のア～エから一つ選び、記号で答えなさい。

ア　取り上げても数が足りない。
イ　取り上げるうえで無視できない。
ウ　取り上げるだけでは不十分だ。
エ　取り上げるだけの価値がない。

問6　――線部③「ＰＩＳＡは血圧測定のようなもの」について次の(1)、(2)に答えなさい。

(1)　ここで使われている表現技法を次のア～エから一つ選び、記号で答えなさい。

ア　擬人法《ぎじんほう》　イ　隠喩《いんゆ》　ウ　直喩《ちょくゆ》　エ　倒置法《とうちほう》

(2)　「血圧測定」とありますが、どのようなものとして説明されていますか。あてはまるものを次のア～エから一つ選び、記号で答えなさい。

ア　今までの学習内容を言語化し、苦手分野を見つけやすくするもの。
イ　特定分野の学力を数値化し、変動する学力を見える形にするもの。
ウ　繰《く》り返し見直すことで、今までに学習した知識を安定させるもの。
エ　過去の学習時間をグラフ化し、新たな学習プランを提案するもの。

山陽学園中学校　令和五年度　一期学力入試　国語（特別進学コース）

（30分）

次の[Ⅰ]、[Ⅱ]の文章を読んで問１～問９に答えなさい。問いに字数の制限がある場合は、句読点や記号も一字に数えて解答すること。

[Ⅰ]

お詫び
著作権上の都合により、文章は掲載しておりません。
ご不便をおかけし、誠に申し訳ございません。
教英出版

受検番号		氏名	

課題３　沖縄《おきなわ》は 1972 年５月 15 日に本土復帰を果たし，今年は 50 周年になります。図１は沖縄県のホームページの一部，資料１は 1978 年７月に那覇《なは》市内の中心にある国際通りで撮《と》られた写真です。会話文や資料を参考にして，あとの（１）～（４）に答えましょう。

花子：沖縄復帰 50 周年の記事を検さくしていたら面白い写真を見つけたわ。
母　：なに？
花子：お母さん。左と右の写真で大きく変わっているところがあるけど，何かわかる。
母　：すぐわかるわよ。でも，１日違《ちが》いの写真でこの違いは，すごいインパクトがあるわね。

図１．本土復帰 50 周年。
（沖縄県ホームページから引用）

（１）資料１の左右の写真で何が大きく違っているか答えましょう。

資料１．国際通りのようす。左は７月 29 日，右は７月 30 日撮影《さつえい》。
（写真出典：沖縄タイムス）

（２）（１）以外で，沖縄の本土復帰により，沖縄の社会全体で変わったことを３つ答えましょう。

資料２．沖縄県 県外受取の内訳（2018年度）

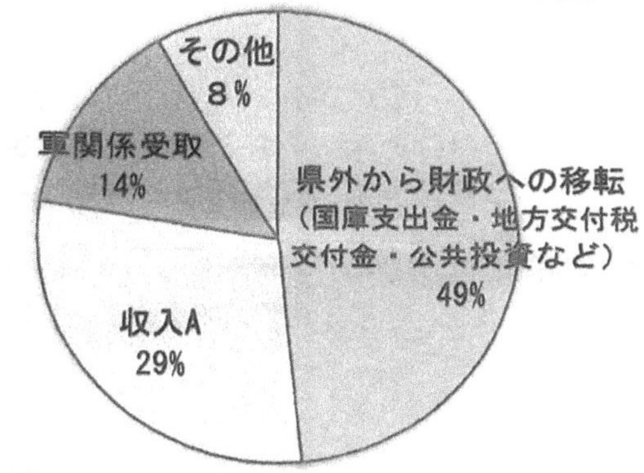

沖縄県企画《きかく》部統計課企画分析《ぶんせき》班「県外受取の推移」から作成。

花子：本土復帰してからの沖縄県はどうなったの？
母　：資料２を見てごらんなさい。これは 2018 年度の沖縄県の収入の様子を示しているわ。
花子：ほんとだ。国庫支出金など国から入っているお金が全体の半分を占《し》めているのはよくわかるけど，その次に全体の４分の１以上を占めている収入Ａは何かしら。
母　：資料３もあわせて見て，その収入Ａが何なのか，またその推移について考えてみたら？そうすれば最近の沖縄県の様子がわかるんじゃない？

（３）資料２，３は，沖縄県の収入の内訳およびその中の収入Ａの推移を表しています。収入Ａの名称《めいしょう》を明らかにするとともに，2013 年度から 2020 年度までの収入Ａの推移の特ちょうを，理由も含《ふく》めて説明しましょう。

収入Ａの名称

説明

資料３．沖縄県　収入Aの推移

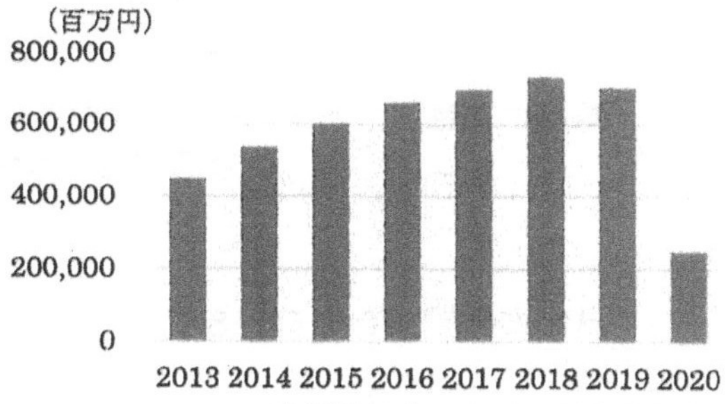

（沖縄県のホームページから作成）

父　：一方で，沖縄県がかかえる課題もいくつかあるよ。その一つが在日米軍基地の存在だね。現状を見てみると，全国土の約〔　あ　〕％の沖縄県に，在日米軍基地の約〔　い　〕％が集中しているんだよ。
花子：えっ，そうなの。知らなかったわ。
父　：在日米軍基地の存在は沖縄県だけの問題ではないね。我々本土の人間も，もっとこの問題に向き合わないといけないね。
花子：私，沖縄県の現状や歴史などについてもっと学んでみようと思う。
父　：それはいいことだ。がんばってみなさい。

（４）会話文中の空らん〔　あ　〕と〔　い　〕に当てはまる数字の組合せとして正しいものを，次の①～④のうちから一つ選び，番号で答えましょう。

①　あ-0.6　い-70　　②　あ-0.6　い-60　　③　あ-1.2　い-70　　④　あ-1.2　い-60

受検番号	

氏名	

筆者は、都市の環境を考えるために「アメニティマップ」をつくることを提案しています。次の文章を読んで、後の問いに答えましょう。

そこで最後に、近所の魅力《みりょく》を探すための※1ツールである「アメニティマップ」を紹介《しょうかい》します。アメニティマップとは、好きなところ（アメニティ）を緑、嫌《きら》いなところ（ディスアメニティ）を赤、微妙《びみょう》なところを黄色でチェックした地図のことです。

アメニティマップを作るのは簡単です。地図をもって近所を歩き、「いいな」と思ったところと、「よくないな」と思ったところ、「微妙だな」と思ったところを、その都度《つど》地図に色分けするのです。加えて、なぜそこをよいと思ったのか、よくないと思ったのか、の理由を書いておきます。それだけで、アメニティマップは完成します。

しかし、そこで終わるのはもったいないので、※2プレゼンテーションを行って他の人にも伝えていきます。発表を聞いた人からは、違《ちが》う意見が出てくるかもしれません。それも面白いことです。自分が「いいな」と思ったところが、他の人にはサッパリ理解されないこともあるでしょう。また自分が「よくないな」と思ったところに、他の人は価値を見出すかもしれません。人それぞれ価値観が違いますが、その違いは、そうやって声に出さないと分かりません。アメニティマップをつくって発表することは、地域に対する自分の見方を伝えるだけでなく、他の見方があることを知る機会にもなります。

※1　ツール…道具。

※2　プレゼンテーション…意見を発表すること。

（4）三人の生徒がアメニティマップについて意見を述べました。空らん［　1　］・［　2　］にあてはまる言葉を自分で考えて答えましょう。

Aさん：今住んでいるまちの環境を考えるためにはアメニティマップをどんな風に利用すればいいのかな。

Bさん：作者が言っているように、このまちのアメニティマップをできるだけたくさんの人が作って、それぞれが発表して意見交かんするといいんじゃないかな。

Cさん：そうすることで、いろいろな立場の人が、同じまちをどう見ているのかが分かるね。

Bさん：それに、これからまちの環境を整えていく時に、地図の中で、たくさんの人が緑でぬった特定の場所をどのように［　1　］べきか、たくさんの人が赤でぬった特定の場所をどのように［　2　］べきかを話し合って考えることもできるね。

1 ［　　　　］

2 ［　　　　］

課題２　昨年の夏はとても暑く、各地でかんばつやこう水の被害《ひがい》がありました。そこでAさんとAさんの家族は、異常気象の対策として、日ごろからどんなことに気をつけて生活したらよいか話し合いました。あなたがAさんなら、どんなことに気をつけますか。条件に従って、あなたの考えを二百字以内で答えましょう。（段落分けはしなくてよろしい。一マス目から書き始めましょう。）

条件
1　気をつける点を二点挙げ、それぞれ「一点目は～」「二点目は～」と書きましょう。
2　気をつける点を挙げた理由をそれぞれ書きましょう。

100字

200字

（配点非公表）　受検番号　　氏名

課題１　次の文章を読んで、あとの（１）から（４）に答えましょう。

　コロナ禍《か》の現状では集まること自体が危険なことですので、「集住」と聞くと、それだけでマイナスのイメージがあるでしょう。密になるのを避《さ》けて地方に移り住む人が増えている時代に、都市への「集住」をア評価するのは逆行しているのではないかと思われたかもしれません。

　それでは、多くの人が都市から脱出《だっしゅつ》し、郊外《こうがい》の戸建て住宅に住んだ場合、どうなるでしょうか。おそらくほとんどの人がエアコンを設置し、移動のためにクルマを使うことでしょう。一般《いっぱん》論として、戸建て住宅でエアコンをきかせ、クルマで外出する生活は、エネルギー※１浪費《ろうひ》型の生活であり、マイカーでの移動を減らすことや、エアコンを使わずに生活をすることが、地球の持続可能性に※２貢献《こうけん》する道となります。

　しかし今や、郊外に住む人にクルマの使用を禁ずることや、真夏にエアコンを使わずに生活しなさいと命じることは不可能です。それは生活や生命を脅《おびや》かすことになります。そのような禁止命令を「環境《かんきょう》※３倫理《りんり》」と捉《とら》えてはいけません。むしろ個人がエネルギーを浪費しない※４ライフスタイルをもてるように、社会的なしくみをつくっていくのが環境倫理の考え方です。

　では、個人がエネルギーを浪費しないライフスタイルをもてるように社会は何ができるでしょうか。一つは、「集合住宅」に簡単に住めるようにすることです。集合住宅といっても、タワーマンションのような規模ではなく、中規模のアパートやテラスハウス（昔は長屋といいました）を考えてみましょう。中規模のアパートやテラスハウスに住むと、外気にふれる表面積が小さくなるので、戸建て住宅に住むよりもエアコンの利用が効率的になります。効率的な熱利用や通風などが工夫された集合住宅であれば、なお良いでしょう。

　「集住」と並ぶ都市の利点は、「公共交通の利用」にあります。先ほど述べたように、つねにクルマで移動する生活は、膨大《ぼうだい》な量のガソリンを消費する、持続不可能なライフスタイルです。それに対して、皆《みんな》がバスや電車で移動すれば、エネルギーの節約になります。また、都市の利点は、徒歩圏内《けんない》にいろいろな店があるということです。それらによって、都市に住む人はクルマを持つ必要がなくなります。

　以上から、都市に効率的な集合住宅と公共交通を整備することによって、都市は地球の持続可能性に貢献できる、ということができます。このことによって、イ都市住民は特別なことをしなくても、郊外の住民よりも地球にやさしい生活をすることが可能になるのです。

　このように都市生活の利点を強調すると、従来の自然保護運動家や自然愛好家から「でも都市では自然と接することができないではないか」と言われるかもしれません。実際のところ、都市を、「自然がない地域」として、コンクリートやアスファルト、ビルやマンションに囲まれた人工的な地域として、思い描《えが》く人も多いでしょう。

　しかし、「都市に自然がない」というのは間違《まちが》いです。都市には緑地や公園が整備されていることが多いですし、昔ながらの川や雑木林が残っているところもあります。カラスもいればセミもいます。それなのに、「都市には自然がない」と断言する人は、都市にある自然を無視しているといえるでしょう。「都市には自然がない」という言葉が広まると、都市にある自然はどんどん見逃《みのが》されていくことでしょう。そして身近な自然がなくなっても気づかれない、あるいは関心を持たれない、ということになるでしょう。ウ「都市に自然はない」という断言は、都市に今ある自然を失わせる方向にしか作用しないと思います。

（吉永明弘《よしながあきひろ》『はじめて学ぶ環境倫理』ちくまプリマー新書から）

※１　浪費…むだに使ってしまうこと。　※２　貢献…ある物事や社会のために役立つように力をつくすこと。
※３　倫理…社会的存在としての人間の間での共存のきまりを考える学問。　※４　ライフスタイル…生活様式

（１）――ア「評価」のように「評」を使った言葉はたくさんあります。「評」を使って、「評価」以外で、解答らんにあてはまるように漢字二字の言葉を作りましょう。ただし、同じ漢字を二回使ってはいけません。

評□　　□評

（２）――イ「都市住民は…可能になるのです」とありますが、どのようなことをすれば地球にやさしい生活をすることが可能になるのですか。「ライフスタイル」という言葉を使って、八十字以内で答えましょう。

（３）――ウ『都市に自然はない』…思います」とありますが、なぜですか。六十字以内で答えましょう。

令和五年度

山陽学園中学校１期入試　適性検査Ⅱ

受検番号		氏名	

・この検査は、文章や資料を読んで、太字で書かれた課題に対して、答えやあなたの考えなどを書く検査です。課題ごとにそれぞれ指定された場所に書きましょう。

・字数が指定してある問題は、「、」や「。」、かぎかっこも一字に数えます。

・検査用紙は、表紙（この用紙）をふくめて四枚あります。指示があるまで、下の検査用紙を見てはいけません。

・「始め」の合図があってから、検査用紙の枚数を確かめ、四枚とも指定された場所に受検番号と氏名を記入しましょう。

・検査用紙の枚数が足りなかったり、やぶれていたり、印刷のわるいところがあったりした場合は、手をあげて先生に知らせましょう。

・この検査の時間は四十五分間です。

・表紙（この用紙）と検査用紙は持ち帰ってはいけません。

受検番号		氏名	

課題３　太郎《たろう》さんと花子さんの会話文を読んで，あとの（１）～（３）に答えましょう。

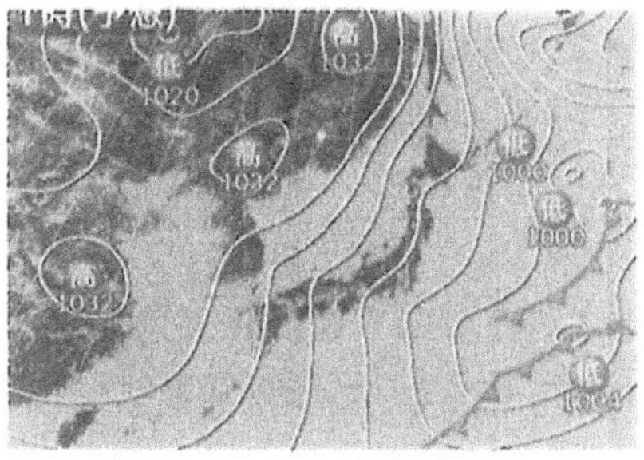

図１．冬の高気圧と低気圧の位置。高は高気圧，低は低気圧。
（日本気象協会から引用，2022 年２月８日）

太郎：最近寒くなってきたけど，黄色く色づいたイチョウの葉も散ったね。
花子：気温が低くなってきたし，今日はとくに風も冷たいよね。
太郎：学校でも習ったけど，冬の冷たい風は決まった方角からふくよね。天気予報で知ったけど，空気の圧力（気圧）がまわりより高いと高気圧が，低いと低気圧が発生していて，風は一般《いっぱん》的に高気圧のほうから低気圧のほうにふくらしいよ。

（１）冬の冷たい風はどの方角からふきますか。図１を参考にして，北東，北西，南東，南西のうちから１つ選んで答えましょう。

の方角からふく

花子：自転車を運転するとき，追い風だとペダルをあまりこがなくても速く進むけど，向かい風だとなかなか進まないよね。
太郎：風の抵抗《ていこう》を受けるからね。なるべく向かい風にならない方向に走りたいね。
花子：飛行機は向かい風になるように離陸《りりく》するって聞いたことがあるよ。空を飛ぶことができるのは，飛行機のつばさの形が重要だよ。つばさの部分を風が通過するとき，つばさの上下のうち，その表面積の大きい側の気圧がより低くなるんだよ。向かい風だから大変だけど，より多くの風を受ける方が気圧の差がより大きくなるよ。下から上向きに風が流れれば，上向きに機体がうき上がるよね。

（２）つばさの断面として正しいものを選び，記号で答えましょう。このとき，飛行機がうき上がるしくみも説明しましょう。説明には図を使ってもかまいません。

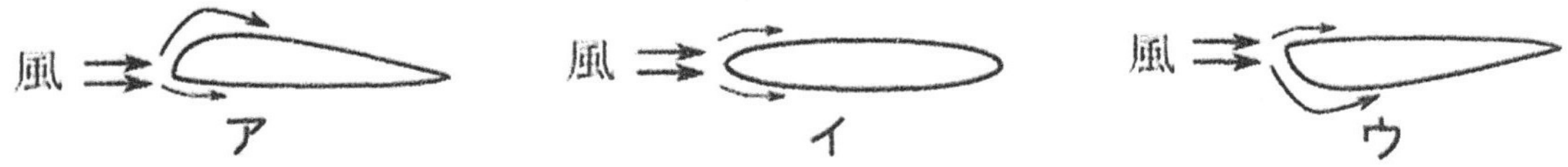

記号	

説明

太郎：飛行機は空を飛ぶから機体の材料も考えなくてはいけないね。
花子：そうだね。がんじょうな機体にしないと安全性に問題が出るし，飛ぶためにエネルギーをすごく消費していたらかん境にもよくないよね。
太郎：飛行機は１万ｍの上空を飛ぶけど，ほとんどが金属の材料でできているよ。

表　金属材料の名前とそれぞれの特ちょう

金属材料の名前	100 ｇ当たりの体積(cm³)	とけ始める温度(℃)	日常生活での利用例
インジウム	13.6	157	はんだ（電子部品の工作材料）
ジュラルミン	35.7	約 660	精密機械や現金の輸送用ケース
ステンレス鋼	12.7	約 1400	建築材料や機械の部品
チタン合金	22.7	約 1670	人工歯の台座や手術の道具
ニクロム	11.9	約 1400	電熱器の発熱線
マグネシウム合金	56.4	約 625	ノートパソコンの外わく

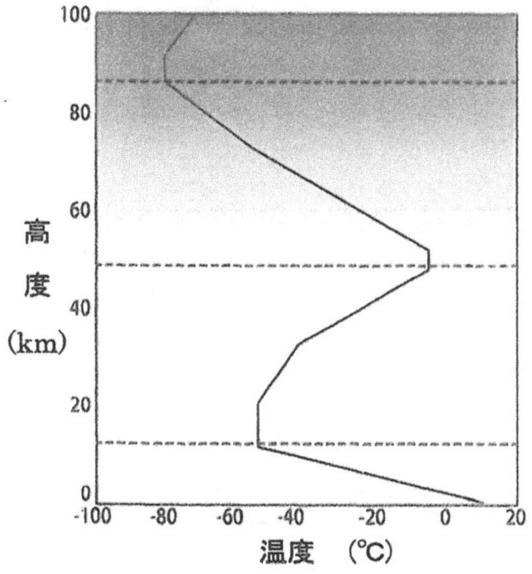

図２．高度（上空の高さ）と温度変化のようす。
（海洋研究開発機構から引用。一部問題のために改てい）

（３）飛行機の機体にはジュラルミンが使われます。機体の材料として，ジュラルミンがよいと考えられる理由を，表中の利用例や値を使った計算や図２のグラフの読み取ったことから説明しましょう。

説明

受検番号			氏名	

課題２　太郎《たろう》さんと花子さんは図１の中に三角形が全部で何個あるかを考えています。会話文を読んで，あとの（１）～（３）に答えましょう。

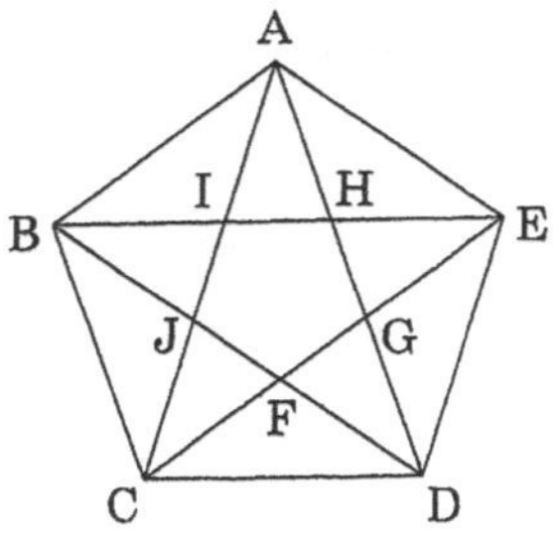

図１

太郎：図１のように，正五角形の中に対角線を結んで，星マークを作ってみたよ。
花子：そもそも正五角形の内側の角の合計っていくつなんだろう。

（１）正五角形の内側の角の和を答えましょう。

	度

太郎：さっそく，三角形の個数を数えていきたいけど，
　　　気をつけないと数え漏《も》れしそうでこわいね。
花子：もしかして，この図形の中にある三角形って実は似たような形ばかりなのではないかしら。
太郎：正五角形で、ひとつひとつの辺の長さは等しいから，もしかして全部二等辺三角形だったりするのかな。
花子：調べてみましょう。

（２）図１の中には二等辺三角形しか存在せず，角度の組み合わせも２種類しかありません。その二等辺三角形の角度の組み合わせをすべて答えましょう。解答らんには（ 30 度，30 度，120 度)のように答えましょう。また，どのように求めたかも説明しましょう。

角度	（　　度，	度，	度）	（　　度，	度，	度）

説明

太郎：様々な形の三角形があるのかと思ったけど，２種類だけだったら意外と探しやすいかもね。
　　　でも，同じ形でも，大きさが違《ちが》ったり，重なっている三角形もあるから，一つ一つ数えるのはやっぱり大変そうだね。
花子：点Ａや辺ABに注目して三角形を数えて，最後に５倍したら数えやすいかもね。
花子：よし，数えてみよう。

（３）図１の中に三角形は全部で何個あるか答えましょう。また，どのように求めたかも説明しましょう。

個数	個

説明

受検番号		氏名	

（配点非公表）

課題１　太郎《たろう》さんたちのクラスでは４つの班がそれぞれ行き方を考えて美術館を訪問することになりました。会話文を読んであとの（１）～（３）に答えましょう。

図１

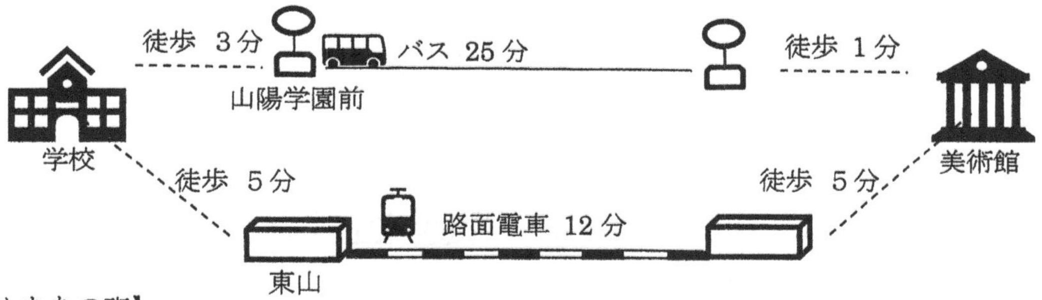

表１

東山電停　路面電車時刻表	
時	分
10	3　18　33　48
11	3　18　40　58

山陽学園前　バス停時刻表	
時	分
10	2　17　32　47
11	2　25　48

【太郎さんたちの班】

太郎：学校から美術館まで公共交通機関を使って行く方法は２通りあるね。それぞれの所要時間と時刻表を図１と表１にまとめてみたよ。

もも：私たちが学校を出ていいのは 10 時 10 分以降らしいよ。その時間に出発したら何時に美術館に着くのかしら。

太郎：たくさん見学したいから，できるだけ早く到着《とうちゃく》する方法で行きたいね。

（１）10 時 10 分に学校を出発したとすると，美術館に早く着くのはバスか路面電車のどちらを利用したときですか。また，そのときの到着時刻を答えましょう。

早いのは　　　　　　を利用したときで，　　　時　　　分に着く。

【ゆうたさんたちの班】

ゆうた：先生からぼくたちの班は美術館に 11 時までに着けばよいと言われているので，できるだけ遅《おそ》く学校を出発しようよ。

美保：路面電車の方が乗り慣れているからこちらだけを考えましょう。

（２）ゆうたさんたちの班が美術館に 11 時までに着くように路面電車で移動するには，学校を遅くとも何時何分までに出発しないといけませんか。その時刻を答えましょう。また，どのように求めたかも説明しましょう。

時　　　分

説明

【あきらさんの班と花子さんの班】

あきら：ぼくたちの２つの班は，午前中に着けばよいと言われているので，同時に出発してみようよ。２つの方法で美術館に向かうとどのくらいの時間差ができるかな。

花子：きっと路面電車の方がかかる時間が少ないから早く着くと思うわ。

花子：あれ？バスで行ったあきらさんの方が早く着いていたのね。

あきら：ぼくたちはバス停で待つ時間がなかったからね。美術館では花子さんの班の到着を６分待ったよ。

（３）あきらさん（バス利用）と花子さん（路面電車利用）が同じ時刻に学校を出発したところ，あきらさんの方が花子さんよりも６分早く美術館に着きました。あきらさんがバス停についてすぐにバスに乗ることができたとすると，２つの班が学校を出発したのは何時何分だと考えられますか。また，どのように求めたかも説明しましょう。

時　　　分

説明

受検番号		氏名	

令和５年度

山陽学園中学校１期入試　適性検査Ｉ

【注意】

・この検査は，文章や資料を読んで，太字で書かれた課題に対して，答えやあなたの考えなどをかく検査です。課題ごとに，それぞれ指定された場所にかきましょう。

・検査用紙は，表紙（この用紙）をふくめて４枚あります。指示があるまで，下の検査用紙を見てはいけません。

・「始め」の合図があってから，検査用紙の枚数を確かめ，４枚とも指定された場所に受検番号と氏名を記入しましょう。

・検査用紙の枚数が足りなかったり，やぶれていたり，印刷のわるいところがあったりした場合は，手をあげて先生に知らせましょう。

・この検査の時間は，４５分間です。

・表紙（この用紙）と検査用紙は，持ち帰ってはいけません。

・表紙（この用紙）のうらを，計算用紙として使用してもよろしい。

令和４年度　山陽学園中学校　１期表現力入試　算数　　解答用紙

受験番号		氏名		得点	

※100点満点

1　5点×6

(1)	(2)	(3)	(4)	(5)	(6)

2　5点×4

(1)	(2)	(3)
m	年後	枚
(4) cm^2		

3　5点×4

(1)	(2)	(3)①	②
分	cm	分	cm

4　5点×3

(1)	(2)	(3)
円分	通り	

5　5点×3

(1)	(2)	(3)
km	km	時速　　km

(R4・一期表現力)

令和四年度　中学一期表現力入試　国語解答用紙

問1

Ⓐ

Ⓑ

Ⓒ

Ⓓ

問2

～

問3

問4

問5

(1)

(2)

①

②

問6

問7

問8

1

2

問9

問10

問11

さん

資料番号

受験番号

氏名

得点

※100点満点

問1．５点×４
問2．完答６点
問3．４点
問4．10点
問5．(1)５点
(2)４点×２
問6．７点
問7．８点
問8．５点×２
問9．４点
問10．６点
問11．完答４点
説明…８点

5 花子さんは駅から図書館へ，太郎さんは図書館から駅へ，同時に出発して自転車で進みます。駅から図書館までの道のりは全部で 15 km あり，駅と図書館の間に丘《おか》があります。上り坂は自転車を降りて押して歩きます。太郎さんは図書館から丘まで時速 3 km で進み，花子さんは駅から丘まで時速 2.1 km ，丘から図書館まで時速 5 km で進みます。

花子さんが丘に到《とう》着したとき，太郎さんは A 地点にいます。そして，2 人は丘から図書館の方に 3 km のところですれ違いました。次の問いに答えなさい。

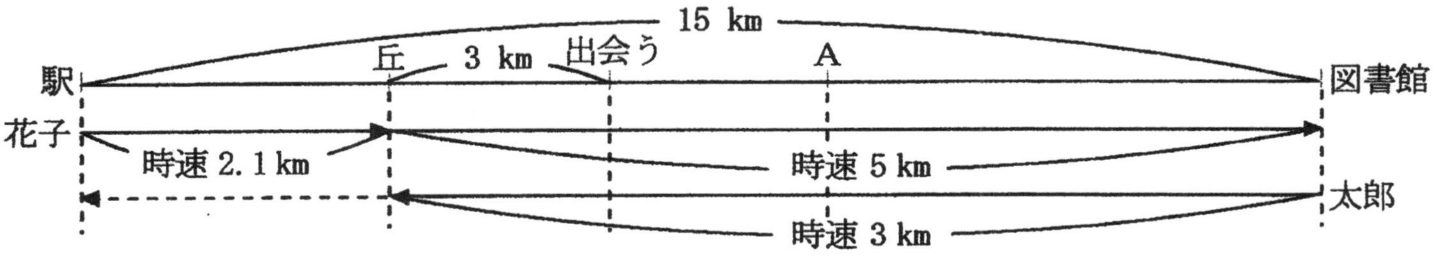

(1) A 地点から 2 人がすれ違うまでの道のりは何 km ですか。

(2) 駅から丘までの道のりは何 km ですか。

(3) 2 人がそれぞれ図書館と駅に同時に到着するとき，太郎さんは丘から駅まで時速何 km で進みましたか。

4 太郎さん，花子さん，先生の 3 人が次のような会話をしています。この会話について各問いに答えなさい。

先生：	今日の授業では，はがきと切手について学習しましたね。
花子：	3 円切手は 2019 年に製造が終了して，在庫がなくなると販売が終わるのですね。
先生：	ここに 3 円切手を 100 枚と 5 円切手を 100 枚用意しています。3 円切手と 5 円切手を組み合わせて，いろいろな合計金額を作ってみましょう。ただし，使わない切手があってもよいですよ。

(1) 3 円切手を 99 枚，5 円切手を 96 枚使うと何円分の切手ができますか。

花子：	120 円分の切手を作る組み合わせはいくつあるかしら。
太郎：	5 円切手が 24 枚あれば作ることができるね。
花子：	3 円切手 5 枚と 5 円切手 21 枚でも作ることができるわ。

(2) 120 円分の合計金額を作るのに必要な 3 円切手と 5 円切手の枚数の組み合わせは何通りありますか。

(3) 3 円切手と 5 円切手を組み合わせて合計金額を表すとき，1 円から 500 円までの金額のうち，表すことができない金額をすべて答えなさい。

3 太郎さんは，夏休みの自由研究で，氷が解ける様子を観察しています。
長さがともに12 cmで，太さの異なる円柱の氷A，Bが冷凍《とう》庫の中にあります。右のグラフは，同時に冷凍庫から出してからの時間と氷の柱の長さとの関係を表したものです。次の問いに答えなさい。ただし，冷凍庫の中では，氷の柱の長さは変わらないものとします。

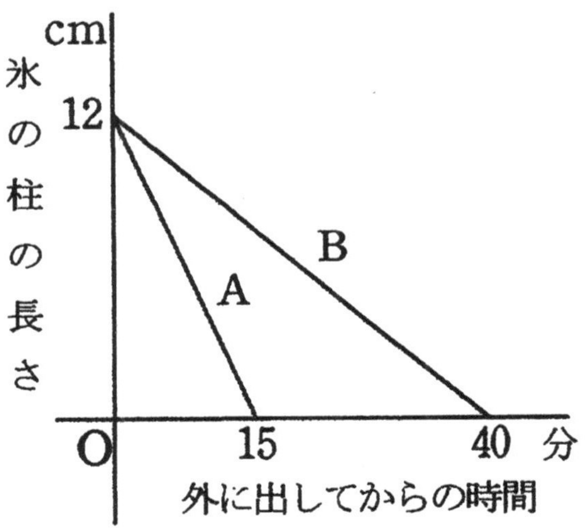

(1) Aが4 cm短くなるのに何分かかりますか。

(2) Bは冷凍庫から外に出して10分後に，何cmになりますか。

(3) AとBを冷凍庫から同時に出しましたが，Aの方が短くなっていることに気づき，いったんAを冷凍庫の中に入れました。その後，Aを冷凍庫から再び出したところ，AとBは同時に解けてなくなりました。

① Aを冷凍庫の中に入れていた時間は何分ですか。

② Aを冷凍庫の中に入れている間にBは何cm短くなりましたか。

令和４年度　山陽学園中学校　１期表現力入試　算数　（35分）

（1期表現力算数 No. 1）

答えはすべて解答用紙に記入しなさい。

1　次の計算をしなさい。

(1)　$7+48\div(8-2)$

(2)　$10.4-3.7$

(3)　$\frac{5}{12}+\frac{3}{4}$

(4)　$\frac{3}{5}\times\frac{7}{12}\div\frac{14}{15}$

(5)　$(13.2-4.2)\div1.8$

(6)　$1.424\times7+15.76\times0.7$

2　次の問いに答えなさい。

(1)　2本の木の間に，7本の花を4ｍおきに一列にならべて植えました。2本の木は何ｍはなれていますか。

(2)　母と子ども2人がいます。母は37才で，子どもは16才と12才です。2人の子どもの年れいの和が母の年れいと等しくなるのは，今から何年後ですか。

(3)　何枚かの色紙を，姉と妹で分けると，妹の色紙の枚数は姉の色紙の枚数の$\frac{3}{7}$より2枚少なく，2人の枚数の差は18枚になりました。はじめに，色紙は何枚ありましたか。

(4)　右の図は，点Oを円の中心とする半径6cmの半円です。しゃせん部分の面積を求めなさい。ただし，円周率を3.14とします。

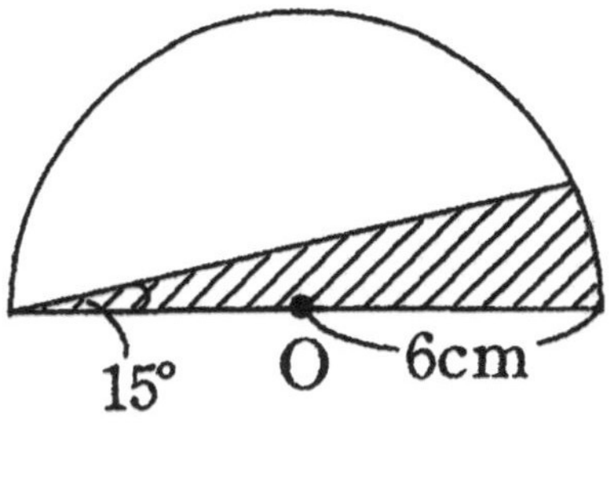

問11　次の〈会話文〉は、生徒たちが「世界の森林」について話しているものです。後の資料から、読み取ることができる内容として正しいことを述べている人をA～Cさんから一人選びなさい。また、次の条件にしたがって、①、②、③のどの資料から、どのように考えてその人を選んだのかを説明しなさい。

〈会話文〉

Aさん　今、世界では伐採《ばっさい》や焼失《しょうしつ》によって急速に森林が減っているそうです。

Bさん　ヨーロッパは、他の地域に比べると面積は大きいほうではないですが、森林の面積は一番大きく、世界の四分の一を占《し》めていますね。

Cさん　しかし、ヨーロッパは大気汚染《おせん》が問題になっていて森林に影響《えいきょう》しています。大気汚染が原因で落葉《らくよう》してしまった樹木は、海に面していない内陸の国に多い傾向《けいこう》がありますね。

Bさん　他にも、熱帯《ねったい》・亜熱帯地域などではマングローブの減少が問題になっていますね。

Aさん　マングローブは海水と淡水《たんすい》が混ざり合う場所に生えている植物全てのことを言うそうです。問題を深刻にとらえた国々が植樹活動をするようになったおかげで、最近はどの地域でも年々増加傾向《けいこう》にあるようですよ。

【条件】
1　あなたが正しいと判断した理由となる資料について書くこと。
2　資料のどの点に着目し、自分はどのように考えたのかを書くこと。
3　具体的な数値をあげて説明すること。

↓資料①地域別森林面積（2018年）

地　域	森林面積（百万ha）	世界の森林面積に占める割合（%）
アジア	620.2	15.2
アフリカ	644.6	15.8
ヨーロッパ	1017.0	25.0
北アメリカ	753.3	18.5
南アメリカ	848.6	20.9
世　界	4068.9	100

↓資料②マングローブ面積の推移（千ha）

	1990年	2000年	2005年	増減率 2000～2005年（%）
アジア	6741	6163	5858	-1.0
インドネシア	3500	3150	2900	-1.6
バングラデシュ	460	476	476	0.0
マレーシア	642	590	565	-0.8
アフリカ	3428	3218	3160	-0.4
ナイジェリア	998	997	997	0.0
モザンビーク	396	392	390	-0.1
マダガスカル	330	315	300	-1.0
北アメリカ	2592	2352	2263	-0.8
南アメリカ	2073	1996	1978	-0.2
オセアニア	2090	2012	1972	-0.4
パプアニューギニア	472	410	380	-1.5
世界計	16925	15740	15231	-0.7

(The World's mangrove 1980－2005)

↓資料③ヨーロッパの大気汚染による森林への影響（2018年）

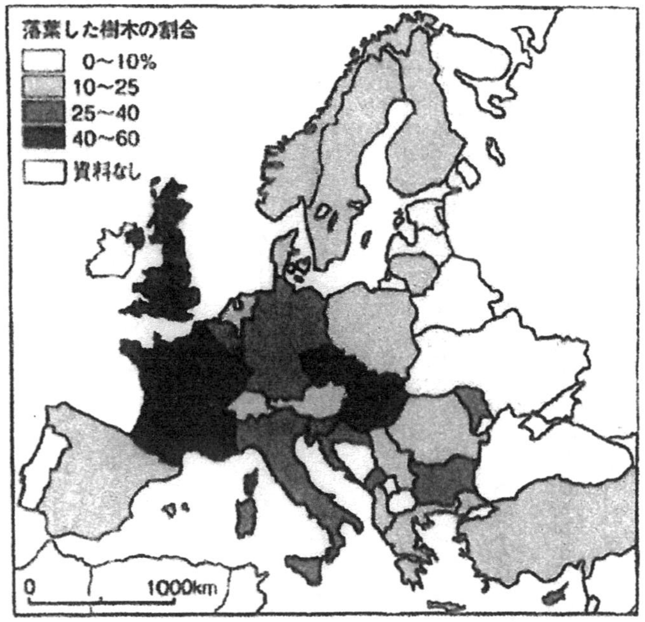

(Forest Condition in Europe 2019)

（資料①～③：
『データブックオブ・ザ・ワールド』
から作成）

問3 ――線部②「だ」と、はたらきが同じものをふくむ文を次のア～エから一つ選び、記号で答えなさい。

ア 彼は岡山生まれだそうだ。　イ 来年の春から中学生だ。
ウ 夏休みの宿題が済んだ。　エ 瀬戸内の海は穏やかだ。

問4 ――線部③「スケールの大きな森林には…少なく行儀良い」とありますが、日本の鳥類と熱帯の鳥類の生息の仕方の違いについて、文中の言葉を使ってそれぞれ説明しなさい。

問5 ――線部④「井の中の蛙」はことわざです。次の問題(1)、(2)に答えなさい。

(1)「井の中の蛙」の意味としてあてはまるものを次のア～エから一つ選び、記号で答えなさい。

ア 悪事や欠点などをすっかり隠したつもりでも、その一部が表れていること。
イ 急ぐ時ほど、時間がかかっても安全な方法をとったほうがよいこと。
ウ 自分の身の回りのことしか知らず、もっと広い世界があると知らないこと。
エ どんなにその道に優れた名人でも、ときには失敗する場合があること。

(2) 次の空らんに漢字一字を入れ、それぞれのことわざを完成させなさい。

① □が丸くなる　：（非常におどろくこと。）
② □の耳に念仏《ねんぶつ》　：（意見を言っても全く効《き》き目がないこと。）

問6 ――線部⑤「モリモリ」は食欲があり勢いよく食べる様子を表す言葉です。このように身ぶりや状態を表す言葉を使って、一行の例文を書きなさい。

問7 ――線部⑥「日本で…報告された」とありますが、なぜですか。文中の言葉を使って理由を答えなさい。

問8 ――線部⑦「続々と生まれる…閉めなくてはならない」とありますが、筆者はどのようなことを主張しているのですか。以下の文章の空らん 1 、 2 にあてはまる言葉を解答用紙の字数に合うように文中からぬき出して、それぞれ答えなさい。

世界で進行している 1（五字） を解決し、環境保全をはかるためには、 2（十一字） を目指すべきであるということ。

問9 ――線部⑧「一つにならざるをえない」を漢字まじりの表現で書く場合、どのように書きますか。正しい表記を次のア～エから一つ選び、記号で答えなさい。

ア 一つにならざるを得ない。　イ 一つにならざる終えない。
ウ 一つにならざる負えない。　エ 一つにならざるをえ無い。

問10 この文章の内容にあてはまらないものを次のア～エから一つ選び、記号で答えなさい。

ア 熱帯は一年中暖かく、植物は生長を止めることがないため、様々な生物が共存している。
イ 森林を違法に伐採することは、その地域の生物多様性の調査をするために行われている。
ウ 筆者のインドネシアでの鳥の調査は、日本では得られない貴重で充実した体験となった。
エ 世界全体の温室効果ガス排出量の約二割が、森林減少によってもたらされている。

余計な動物もかかりはするが、私たちは着実に鳥の捕獲を重ねていった。熱帯的なきらびやかな鳥がかかればテンションが上がり、百羽にも及ぶ群れがまとめてかかればゲンナリする。小鳥とその小鳥に襲《おそ》いかかったタカが一緒《いっしょ》に捕獲され、シギとハマグリを両取りした漁師の気分を味わうこともある。時には林内で違法伐採《いほうばっさい》の痕跡《こんせき》を目にして切ない気持ちになることもあったが、日本国内では得られない経験を蓄積《ちくせき》する充実《じゅうじつ》の日々であった。

（略）

インドネシアを含《ふく》む東南アジアは、日本の鳥とのつながりが深い。日本の春夏を彩《いろど》る渡り鳥、すなわち夏鳥たちの越冬地《えっとうち》となっているのだ。初夏の林を賑《にぎ》やかすサンショウクイやサンコウチョウ、夜にホウホウとなくアオバズク、私の研究対象でもあるミゾゴイ、様々な鳥が東南アジアで冬を過ごす。

二十世紀の後半、⑥日本で繁殖する様々な夏鳥の減少が報告された。その一方で、一年中を日本で過ごす鳥については顕著《けんちょ》な減少傾向《けいこう》は見受けられない。このことから、越冬地の森林減少や渡《わた》りの中継地《ちゅうけいち》での乱獲《らんかく》が、日本の夏鳥に影響《えいきょう》していると考えられている。日本で親しまれる鳥を守るためには、国内における保全だけでは不十分なのだ。

だからと言って、声高に熱帯林保全を叫《さけ》んでいても、事態が好転するわけではない。⑦続々と生まれる※4エイリアンと対峙《たいじ》するなら各個撃破《げきは》は無謀《むぼう》、まずはクイーンを倒《たお》し蛇口《じゃぐち》を閉めなくてはならない。熱帯林減少の背後には経済的な問題がある。何処《どこ》の国でも違法行為には大きなリスクがつきまとうため、せずに済めば済ませたいはずだ。しかし、十分な職がなければ、十分な賃金がなければ、自分も家族も食べていけない。森林を糧《かて》にすることも選択肢の⑧一つにならざるをえない。

この世界は※5同心円構造をしている。中心には個人が位置し、これを家族が囲み、社会が囲み、国が囲み、自然環境が取り巻いている。中心に向かって負荷がかかり、内側が安定していないと外側が保てない世界だ。

もしも社会に※6ゾンビが※7蔓延《まんえん》していたら、まず生き残りが最優先で環境保全どころではない。飢《う》えた家族を救うためなら、たとえ絶滅危惧《きぐ》種の最後の1個体であっても食べさせて一時の空腹を癒《い》やしてやることだろう。環境保全は、経済も治安も安定した社会においてのみ、安心してⒹ推進されるものなのである。いかに不況や不景気が新聞を賑わせようとも、日本が経済的に豊かな国であることは間違いない。満腹事件の思い出は、その安価を支える経済構造がいずれ調査地消失を伴《ともな》う世界規模の森林減少に連なることを教えてくれた。

世界全体の温室効果ガスの排出《はいしゅつ》量のうち、森林減少によるものは約20%にもなる。世界の平和と経済的安定こそが、生態系保全の 礎《いしずえ》 なのだ。

（出典　川上和人『鳥類学者だからって、鳥が好きだと思うなよ。』新潮社刊）

（注）
※1　登攀……よじのぼること。
※2　樹冠……樹木の上部で葉が茂《しげ》っている部分。
※3　研鑽……物事を深く極《きわ》めること。
※4　エイリアン……架空《かくう》の地球外生命体。
※5　同心円……中心を共有する二つ以上の円。
※6　ゾンビ……呪術《じゅじゅつ》によって生き返った死体。
※7　蔓延……いっぱいに広がる。はびこる。

問1　――線部Ⓐ、Ⓓの漢字はひらがなに、Ⓑ、Ⓒのカタカナは漢字に直してそれぞれ答えなさい。

問2　――線部①「森林が調査地だ」とありますが、調査の目的は何ですか。文中から二十一字でぬき出し、最初と最後の五字を答えなさい。

山陽学園中学校　令和四年度　一期表現力入試　国語

（35分）

次の文章を読んで問1～問11に答えなさい。問いに字数の制限がある場合は、句読点や記号も一字に数えて解答すること。

ボルネオ島の南東部の街バリクパパン近郊《きんこう》にある①森林が調査地だ。ここには保護地区の原生林を中心に、木材の伐採《ばっさい》後に成立した二次林、植林地、草地、農地などがモザイク状に広がっている。私はインドネシア科学院や地元大学の研究者と共同で、この地域の鳥類についての調査をしていた。

森林における鳥類の多様性を明らかにするため、鳥の捕獲《ほかく》調査を行う。共同研究者とともに車に乗り、ぬかるんだ悪路を越《こ》えて調査地に通う。かすみ網《あみ》を広げて鳥を捕《つか》まえ、足輪をつけて放す。森林の構造の違《ちが》いによる鳥類相の違いを評価するの②だ。

かすみ網は幅《はば》12 mの大きな網だ。鳥の通り道に広げておき、引っかかった鳥を捕らえるのである。これをⒶ設置するため、まずは森林内の下草や低木を刈《か》り払《はら》い小径を作る。私は日本から持参したナタを使って切り拓《ひら》く。刃《は》渡《わた》り30 cm程度の標準的なナタだ。

（略）

彼の国と日本ではあちこちが異なっている。日本では樹高20 mもあれば立派な高木林と褒《ほ》められるが、熱帯林では50 m以上も珍《めずら》しくない。初代ゴジラの身長に匹敵《ひってき》し、カタツムリなら※1登攀途中《とうはんとちゅう》で世代交代しそうな距離《きょり》だ。これだけ違うと、地上と樹上で異なる生物相を持っている。このため、ここぞという場所には※2樹冠調査用の高いタワーが設置されている。木造のタワーでは一歩踏み出すたびにギシギシと軋《きし》み、梯子《はしご》の足場が腐《くさ》り、スリル満点だ。わざわざ遊園地で絶叫《ぜっきょう》マシンに乗る連中は、熱帯の研究者にでもなればよい。

③スケールの大きな森林にはそれだけ多くの種《しゅ》が生息している。そんな場所では日本の概念《がいねん》は通用しない。日本の鳥類は種数が少なく行儀《ぎょうぎ》良い。いるべき場所にいるべき種が品良く生息している。藪《やぶ》にはウグイスが遊び、木の枝葉ではシジュウカラが虫を食べ、空中ではキビタキが飛翔《ひしょう》性昆虫《こんちゅう》を捕らえ、樹幹《じゅかん》ではアオゲラが木に穴をあける。同じ空間の中でも、それぞれが異なる資源を利用することで共生する姿を見ることができるのだ。こんな「棲《す》み分け」は資源の少ない地域での一杯《いっぱい》のかけそば的美談である。

熱帯は生産性が高い。植物たちは有り余るお天道様の光を燦々《さんさん》と受け、暇《ひま》に飽《あ》かせて光合成に明け暮れる。一年中暖かいから冬に生長をⒷテイシする必要もなく、枯《か》れた木の分解も早い。果実も昆虫も増え、これを食べる鳥も飽食《ほうしょく》を謳歌《おうか》する。その結果、似たような鳥が、棲み分けもせずに何種類も同所的に生息している。日本での※3研鑽《けんさん》が④井の中の蛙《かわず》と思い知らされる。

そんな多様性の高い森である。かすみ網にはコウモリ、ネズミ、リス、ツパイなど、いろいろな動物がかかり迷惑極《めいわくきわ》まりない。ある日のこと、親指ほどの大きなハチがかかった。暑さで疲《つか》れていた私は不覚にもこれに刺《さ》されてしまい、考えつく限りの悪態《あくたい》を吐《は》きながら毒を吸い出し心身の浄化をはかった。その際学生に向かって、日本ではハチの幼虫を食べるのだとうっかり口にしてしまった。

学生たちはソワソワし始める。鳥のことを忘れてハチを探し始め、巣を突《つ》き止め突如襲撃《とつじょしゅうげき》する。ハチの巣を片手に笑みを浮《う》かべ、⑤モリモリと幼虫を食べ始めるその姿は妙《みょう》に誇《ほこ》らしい。新たに得た情報を即座《そくざ》にⒸケンショウする姿勢に、若き研究者としての有望さを感じた次第である。

令和４年度　１期学力入学試験問題　　社会　　解答用紙

受験番号		氏名			得点	

※100点満点

1

(1)					
(2)		(3)			
(4)					
(5)		(6)		(7)	

⑴４点
⑵３点
⑶３点
⑷４点
⑸３点
⑹３点
⑺３点

2

(1)					
(2)					
(3)		(4)		(5)	
(6)					
(7)	資料Ⅳの浮世絵は				
(8)		(9)		(10)	
(11)	（資料Ⅲ）	（資料Ⅴ）			

⑴３点
⑵５点
⑶３点
⑷３点
⑸３点
⑹３点
⑺５点
⑻３点
⑼３点
⑽３点
⑾３点×２

3

(1)		(2)	
(3)	法律は		

⑴３点
⑵３点
⑶５点

4

(1)	A		B		C	マップ
	D					
(2)	a	ライン	b		c	
(3)						

⑴３点×４
⑵３点×３
⑶５点

令和４年度　山陽学園中学校　1期学力入試　理科　解答用紙

1

	ア	イ	ウ		記号	番号		a	b
(1)				(2)			(3)		

(4)	→ →	(5)		(6)	と

2

	A	B	C	D
(1)				

(2)	

	④	⑤	⑥
(3)			

	⑦	⑧	⑨
(4)			

(5)		(6)	

3

			おもりの重さ	位置		ア	イ
(1)	（　　，　　）	(2)	g	（　　，　　）	(3)		

4

(1)	と	(2)	

(3)	同じ　・　条件Aの方が成長する・条件Bの方が成長する	(4)		(5)	同じ　・　(4)の図の種子　・　アの部分だけ

5

(1)		(2)		(3)	

6

	A	B				
(1)			(2)		(3)	と

(4)

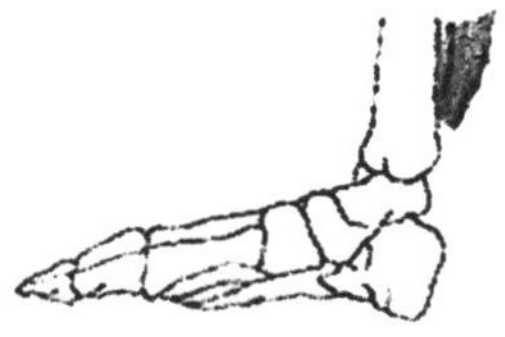

(5)

得点

受験番号		氏名	

※100点満点

1 2点×10　2 (1)2点×4 (2)3点 (3)2点×3 (4)2点×3 (5)2点 (6)3点　3 (1)5点 (2)3点×2 (3)2点×2　4 2点×5　5 3点×3　6 3点×6

令和４年度　山陽学園中学校　入学試験問題（１期学力）　算数　解答用紙

受験番号		氏名		得点	

※100点満点

1　４点×６

(1)	(2)	(3)
(4)	(5)	(6)

2　４点×４

(1)　本	(2)　人
(3)　枚	(4)　cm^2

3　６点×３

(1)	(2)　①　か所	②　か所

4　６点×４

(1)　cm^2	(2)　cm^2
(3)　分　秒	(4)　cm

5　６点×３

(1)　度	(2)　cm	(3)　個

受験番号

氏名

（評価基準非公表）

作文用紙

令和四年度　中学一期学力入試　国語解答用紙

問1
Ⓐ
Ⓑ
Ⓒ
Ⓓ り

問2
1
2
3

問3

問4
5
6
7

問5

問6

問7

問8

問9
8
9
10

問10

問1．５点×４
問2．３点×３
問3．６点
問4．５点×３
問5．10点
問6．５点
問7．５点
問8．５点
問9．５点×３
問10．10点

(R4・一期学力)

受験番号

氏名

得点

※100点満点

4　次の**会話文**を読んで，あとの(1)～(3)の問いに答えなさい。

先　生：日本には豊かな自然環境《かんきょう》があり，多くの恩恵《おんけい》を受けているね。

たろう：でも，最近は①地震《じしん》や豪雨《ごうう》が多いから心配です。

先　生：そうだね。自然災害を防ぐことを「（　A　）」，自然災害を減らすことを「減災」といって，わたしたちが取り組まないといけない課題だね。

はなこ：わたしは新聞で，（　B　）などの水害に備えて堤防《ていぼう》を高くしている記事を読んだことがあります。

先　生：大切なのは，建造物をつくることだけではないよ。

たろう：そういえば，先日，（　C　）マップが自宅に届きました。

先　生：被害予測地図のことだね。予想される災害が発生した際の避難《ひなん》場所などが書かれているよ。

はなこ：普段《ふだん》から自然災害への備えをすることも大切なのですね。

先　生：また，将来にわたって自然と人，生き物が共生できることも大切なんだ。

たろう：これからも日本の豊かな自然環境を未来へ残せるようにしたいと思います。

先　生：そのために，「②持続可能な開発目標」があるんだ。これはアルファベットで（　D　）と呼ばれ，日本だけでなく，世界中でこの目標をかかげ，さまざまな場面でこの目標への取り組みが行われているんだよ。

(1)　**会話文**中の（　A　）～（　D　）にあてはまる語句を答えなさい。

(2)　**会話文**中の下線部①について，日本が過去に経験した大震災を説明した次の各文の（　a　）～（　c　）にあてはまる語句を答えなさい。

・1923 年の関東大震災では，近代化した首都圏《けん》を巨大地震が襲《おそ》い，整備されてまもない電気・水道・鉄道・道路などの（　a　）ラインに大きな影響《えいきょう》が出た。

・1995 年の阪神・淡路《あわじ》大震災では，地下の浅いところで地震が発生したことで，地面がずれたあとが（　b　）として残っている。

・2011 年の東日本大震災では，海面下の（　c　）の反発（あるいは，ずれ）により，海水が大きく動くことで津波が発生して，沿岸部が水没《すいぼつ》するなど大きな被害《ひがい》があった。

(3)　**会話文**中の下線部②の達成に向けて，「東京オリンピック 2020」では，「都市鉱山からつくる！みんなのメダルプロジェクト」が行われました。このプロジェクトが「持続可能な開発目標」にあてはまる理由を説明しなさい。

(7)　**資料Ⅳ**の浮世絵《うきよえ》は，庶民《しょみん》も手に入れることができました。その理由について，それまでの絵画の制作方法との違いにふれつつ，解答欄《らん》の書き出しに続けて，説明しなさい。

(8)　**資料Ⅴ**に描《えが》かれた工場で生産されたものは何か，漢字２文字で答えなさい。

(9)　**資料Ⅴ**に描かれた工場が建てられた時代の様子を表した文としてあてはまるものを，次の**ア**～**エ**から１つ選び，記号で答えなさい。

ア　国際社会の平和を守る機関として，国際連盟が設立された。

イ　海外の技術を導入して，新橋・横浜間に鉄道が開通した。

ウ　中国にもつ日本の権利や利益を守るため，軍隊が満州事変を起こした。

エ　「三種の神器」とよばれる電化製品が，各家庭に急速に普及《ふきゅう》した。

(10)　**資料Ⅵ**の写真が撮影《さつえい》された時期を，次の**年表**中の**Ａ**～**Ｄ**から１つ選び，記号で答えなさい。

年表

年	出来事
1874	民撰《みんせん》議院設立の建白書をきっかけに，自由民権運動が始まる。
	↓・・・・・・・・・・Ａ
1925	いわゆる普通選挙法が制定されて，満25歳以上の男子に衆議院議員の選挙権が与えられる。
	↓・・・・・・・・・・Ｂ
1941	アメリカとの関係が悪化するなか，太平洋戦争が起こる。
	↓・・・・・・・・・・Ｃ
1956	ソ連との国交が回復して，国際連合への加盟が認められる。
	↓・・・・・・・・・・Ｄ

地図

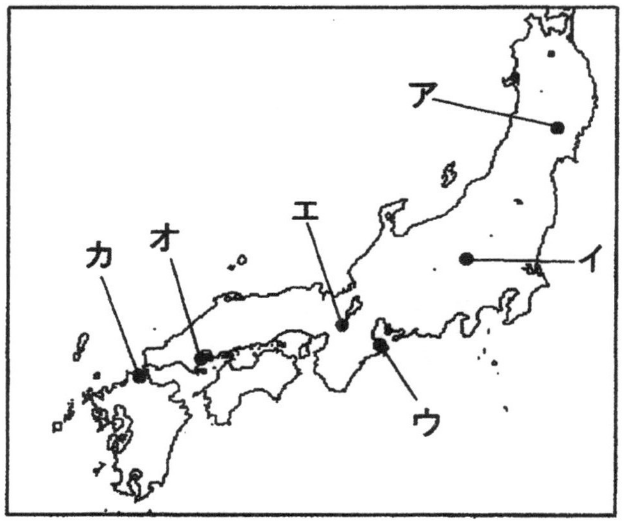

(11)　**資料Ⅲ**の寺院と，**資料Ⅴ**に描かれた工場が建てられた場所を，上の**地図**中の**ア**～**カ**からそれぞれ１つずつ選び，記号で答えなさい。

3　次の**資料**を見て，あとの(1)～(3)の問いに答えなさい。

資料

日本国憲法の三つの原則
① 基本的人権の尊重
② 国民主権
③（　　　　）

(1)　**資料**中の（　　　　）にあてはまる語句を答えなさい。

(2)　**資料**中の下線部の内容として**あてはまらないもの**を，次の**ア**～**エ**から１つ選び，記号で答えなさい。

ア　自由に意見を発表する　　**イ**　政治に参加する

ウ　税金を納める　　**エ**　健康で文化的な生活を営む

(3)　日本国憲法と法律は，どのような関係になっていますか。解答欄の書き出しに続けて，説明しなさい。

2　次の資料Ⅰ～Ⅵを見て，あとの(1)～(11)の問いに答えなさい。

資料Ⅰ

資料Ⅱ

　わたしは，人々とともに仏の世界に近づこうと思い，金銅《こんどう》の大仏をつくることを決心した。国中の銅を用いて大仏をつくり，大きな山をけずって仏堂を建て，仏の教えを広めよう。天下の富をもつ者はわたしである。天下の力をもつ者もわたしである。

資料Ⅲ

資料Ⅳ

資料Ⅴ

資料Ⅵ

(1)　**資料Ⅰ**は，古墳《こふん》のまわりや墳丘《ふんきゅう》上に並べられたものです。こうした焼き物を何というか，答えなさい。

(2)　**資料Ⅰ**がつくられるようになったあと，推古《すいこ》天皇を支えた聖徳太子は，冠位《かんい》十二階を定めました。聖徳太子が，この制度でしようとしたことは何ですか。「家柄《いえがら》」，「役人」という語句を使って説明しなさい。

(3)　**資料Ⅱ**中の「わたし」はある天皇を指しています。ある天皇とは誰《だれ》か，答えなさい。

(4)　**資料Ⅱ**中の「大仏」をつくるのに協力した僧侶《そうりょ》で，かつて民間に布教したことから政府に弾圧《だんあつ》されていた人物を，次の**ア**～**エ**から１つ選び，記号で答えなさい。

ア　行基《ぎょうき》　　**イ**　鑑真《がんじん》　　**ウ**　雪舟《せっしゅう》　　**エ**　空也《くうや》

(5)　**資料Ⅲ**はある人物が別荘《べっそう》を寺院にしたものです。ある人物とは誰か，答えなさい。

(6)　**資料Ⅳ**の作者を，次の**ア**～**エ**から１つ選び，記号で答えなさい。

ア　歌川広重《うたがわひろしげ》　　**イ**　本居宣長《もとおりのりなが》　　**ウ**　葛飾北斎《かつしかほくさい》　　**エ**　近松門左衛門《ちかまつもんざえもん》

(3)　文章中の下線部③について，次の**ア**～**エ**は，北海道・愛媛県・長崎県・鹿児島県の漁業に関する説明です。長崎県にあてはまるものを１つ選び，記号で答えなさい。なお，漁業生産量の順位は2018年のものです。

ア　カニ・タラ・ホタテ貝の水揚《みずあ》げがさかんであり，漁業生産量第１位である。

イ　面積のわりに長い海岸には漁港が多く，漁業生産量第２位である。

ウ　波のおだやかな内海のリアス海岸でタイ，ブリ，真珠《しんじゅ》の養殖《ようしょく》がさかんである。

エ　２つの暖流が付近を流れるため良い漁場となり，ブリなどの養殖もさかんである。

(4)　文章中の下線部④について，**資料Ⅲ**は2017年の主な都府県の産業別人口の割合を示しています。沖縄県で商業やサービス業など第三次産業で働く人の割合が高い理由を説明しなさい。

(5)　文章中の下線部⑤について，日本の工業の中心は機械工業であり，機械工業の中心は輸送機械工業です。次の文章が説明する輸送機械は何か，漢字３文字で答えなさい。

多くの部品が組み立てられて製造される。主な企業《きぎょう》の生産拠点は，愛知県・広島県・静岡県・群馬県などにある。日本には，販売台数が世界トップクラスの企業もある。

(6)　文章中の下線部⑥について，次の**資料Ⅳ**は火力発電のしくみを示しています。**資料Ⅳ**中の（　　　）にあてはまる地下資源を答えなさい。

資料Ⅳ　火力発電のしくみ

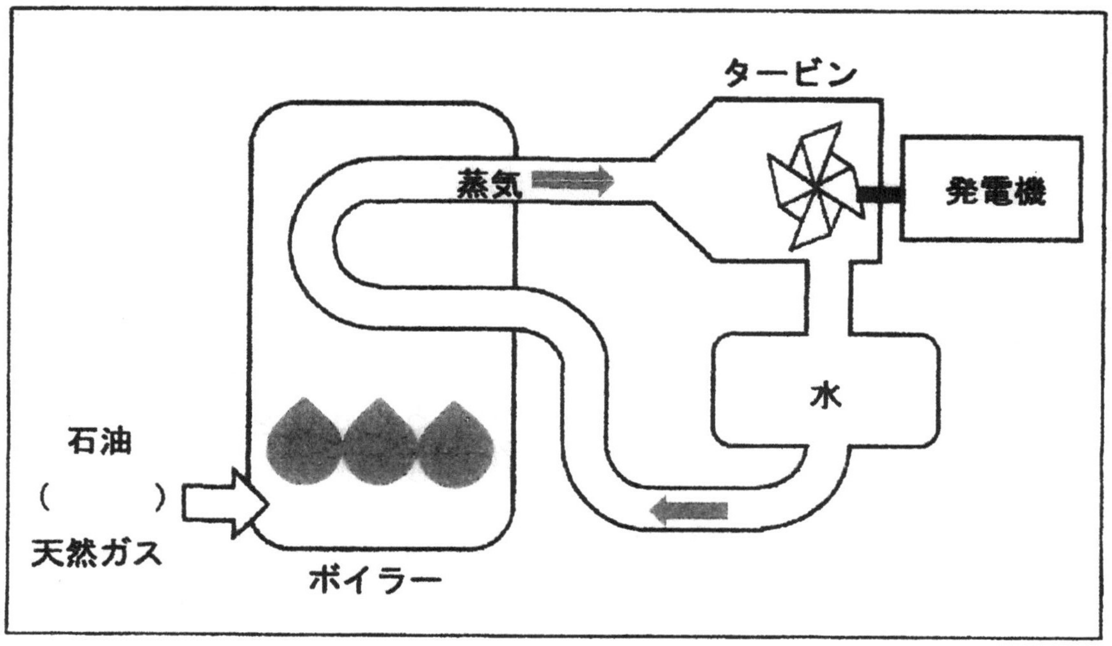

(7)　文章中の下線部⑦について，日本の企業が海外に工場を建設する主な理由として最も適当なものを，次の**ア**～**エ**から１つ選び，記号で答えなさい。

ア　東南アジア諸国などの広大な土地や安価な労働力を利用できるため。

イ　日本の真南に位置するオーストラリアは時差がないことで，生産が容易であるため。

ウ　競争相手であるアメリカで生産することで，技術力を高めるため。

エ　発展途《と》上《じょう》国が多いアフリカ諸国の人々が日本に来て働くようにするため。

１　次の文章を読んで，あとの(1)～(7)の問いに答えなさい。

日本の国土は南北に長い。南に位置する沖縄県は，冬でも温暖であり，海水温が高いことで，海中には①サンゴ礁《しょう》が見られる。北に位置する北海道は，冬は長く厳しいので，オホーツク海の沿岸には流氷も見られる。

日本の②産業は，第二次世界大戦後，農業・林業・③漁業の第一次産業で働く人が減り，商業やサービス業などの④第三次産業の割合が増加してきた。第二次産業は⑤鉱工業・建設業などであるが，日本は⑥地下資源を海外から輸入して国内で加工するだけではなく，⑦海外に工場を建設する例も多い。

資料Ⅰ

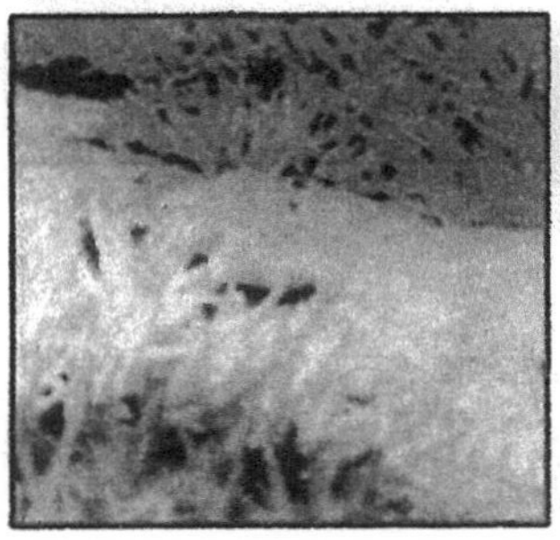

資料Ⅱ

資料Ⅲ　　産業別の人口の割合（2017年）

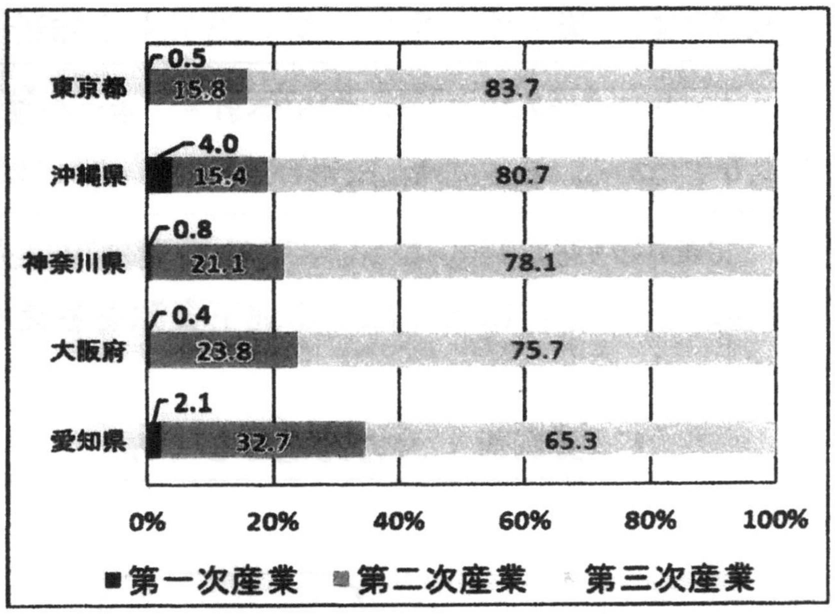

（データブック　オブ・ザ・ワールド2021から作成）

注）合計が100%にならない場合がある。

(1)　文章中の下線部①について，近年**資料Ⅰ**のような色が抜《ぬ》け落ちた白いサンゴ礁が増加しています。サンゴ礁の白化は，サンゴのどのような状態を表していますか，簡単に答えなさい。

(2)　文章中の下線部②について，**資料Ⅱ**の「紅型《びんがた》」は，沖縄独特の染物《そめもの》であり，沖縄県の地場産業です。日本各地で行われている地場産業を説明した文として**あてはまらないもの**を，次の**ア**～**エ**から１つ選び，記号で答えなさい。

ア　インターネット販売《はんばい》により全国で手軽に買えるようになったものもある。

イ　職人が手作りをするので，大量生産が見込めないものもある。

ウ　もともとは地域の材料や風土を利用して生産するところから始まった。

エ　海外に生産拠点《きょてん》を置き，日本に輸入して販売している。

6 次の文章は、オリンピックの 200m走をテレビで見ているときの太郎さんと花子さんの会話文です。会話文を読んで下の問いに答えなさい。

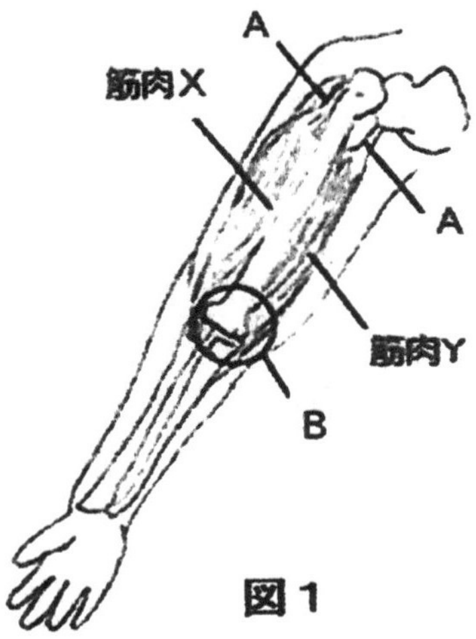

図1

太郎さん　「オリンピックに出る選手が速く走るには、うでをしっかりふって、足をしっかりけり上げると良いってきいたことがあるよ。」
花子さん　「よい結果を出すために、これまでいっぱい練習してからだ作りをしたんだろうね。」
太郎さん　「練習も大切だし、こうやって汗をかいたらしっかりと水を飲んで熱中症《しょう》対策をしないといけないよ。」
花子さん　「水じゃなくてスポーツ飲料水を飲む方がいいって聞いたことがあるわ。」
太郎さん　「え、どうして水だとダメなんだろう。」
花子さん　「汗には（　　　　①　　　　）。」
太郎さん　「そうなんだ。知らなかった。」

(1)　図１はうでの筋肉と骨の様子を表したものです。Ａ・Ｂの部分を何といいますか。
(2)　うでの筋肉を曲げるとき、図１の筋肉Ｘ、筋肉Ｙはどのように変化しますか。次のア～エから１つ選び、記号で答えなさい。
ア　筋肉Ｘ、筋肉Ｙともにのびる。　　イ　筋肉Ｘ、筋肉Ｙともに縮む。
ウ　筋肉Ｘはのびて、筋肉Ｙは縮む。　エ　筋肉Ｘは縮んで、筋肉Ｙはのびる。
(3)　筋肉でエネルギーをつかうとき必要なものを２つ答えなさい。
(4)　図１のＡは図２の足のふくらはぎの筋肉にもあります。足ではどのようにＡは骨についていますか。解答らんの図に示しなさい。
(5)　汗をかいたときは、水よりスポーツ飲料水を飲む方が良い理由を上の文章中の（　①　）にあてはまるように答えなさい。

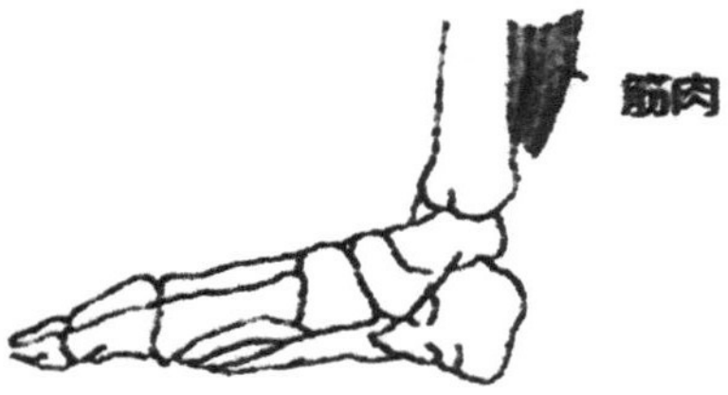

図2

その後、(1)のすべてのおもりを金あみからとり、次の表のおもりを所定の位置につけました。表はつけたおもりの重さとおもりをつけた位置を表しています。

表

おもりの重さ(g)	20	30	10	（　　）
おもりをつけた位置	（F，2）	（B，5）	（E，7）	（　，　）

(2)　表の４個のおもりをつけ、この金あみを水平につり合わせるためには、残り１個のおもりをどこにつるせばよいですか。おもりの重さとつけた位置を表の空らんに合うように答えなさい。ただし、おもりの重さは10ｇ単位の大きさとします。おもりは、金あみの交差した位置にしかつけられません。また、支点の位置は（D，４）の位置で変わらないものとします。

(3) この金あみは鉄でできています。鉄は熱せられると、体積と重さはどうなりますか。次の文の空らんに適当な語句を答えなさい。

鉄は熱せられると、体積が（　　ア　　）なり、重さは（　　イ　　）。

4　１日中水につけておいたインゲンマメの種子を水にしめらせただっし綿の上にのせ、次の表のＡ～Ｅの条件にし、発芽、成長していくようすを調べました。下の問いに答えなさい。

表

条件	温度	光	空気	肥料	発芽
A	23℃	あり	あり	あり	する
B	23℃	あり	あり	なし	する
C	5℃	あり	なし	あり	しない
D	23℃	なし	あり	あり	する
E	5℃	あり	あり	あり	しない

(1)　発芽に適度な温度が必要なことは、どの条件を比べると分かりますか。Ａ～Ｅから２つ選び、記号で答えなさい。
(2)　条件Ａと条件Ｄの結果を比べてわかることは何ですか。簡単に説明しなさい。
(3)　発芽した条件Ａと条件Ｂの成長をしばらく観察すると、成長にちがいがありますか。解答らんの正しい答えを丸で囲みなさい。
(4)　右の図はインゲンマメの種子を半分にした切り口のスケッチです。ヨウ素液につけると色が変化する部分はア、イのうちのどちらですか。記号で答えなさい。
(5)　図のイの部分を取りのぞいて、アの部分だけにした種子を用意しました。(4)の図の種子とアの部分だけの種子を条件Ｂで成長させると、どちらの方が成長しますか。解答らんの正しい答えを丸で囲みなさい。

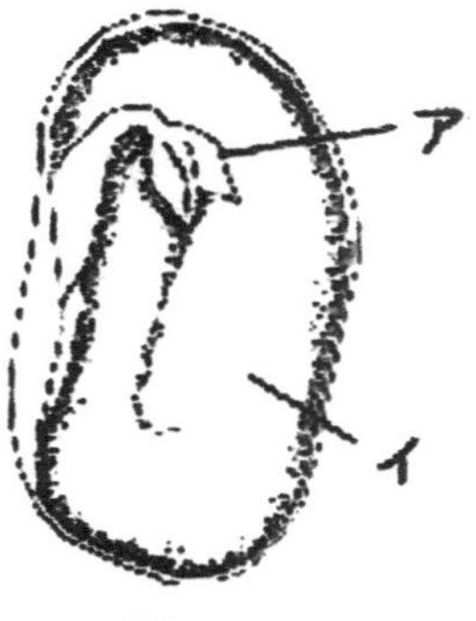

図

5　電熱線（ニクロム線）を使って、図のように水の温度を上げる実験をしました。これについて次の問いに答えなさい。なお、電源装置《でんげんそうち》の電圧は常に一定のものとします。また、電熱線から出た熱は水の温度上昇《しょう》のみに使われるものとします。

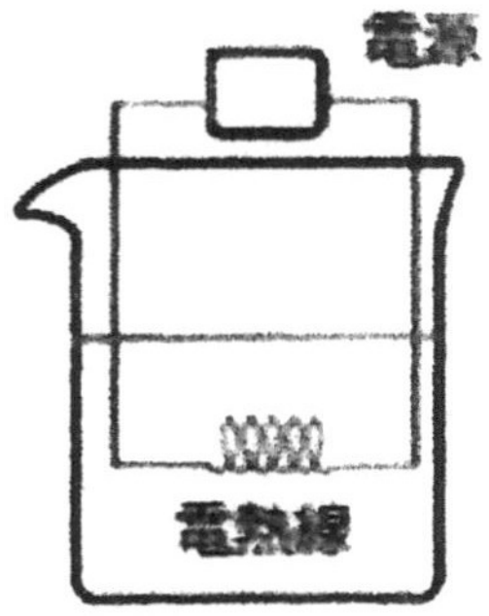

図

(1)　電熱線の材質は同じもので、太さや長さが異なるものを準備しました。同じ時間内で水温が最も上がらないものはどれですか。次のア～エから１つ選び、記号で答えなさい。
ア　細くて短いもの　　イ　太くて短いもの　　ウ　細くて長いもの
エ　太くて長いもの
(2)　電熱線に流れる電流が強いほど、発熱の仕方はどうなりますか。
(3)　電熱線の材質のニクロムは、金属のクロムとニッケルをとかし混ぜたものからつくった合金です。合金にすると電気抵抗が大きくなり、発熱しやすくなります。合金は金属１種類で使用するよりも利点があるため、台所のシンクや飛行機、日本の硬貨《こうか》も合金です。１円玉以外には主成分の銅とその他の金属が含まれています。
　合金を使うことによる上記以外の利点を考え、１つ答えなさい。

2　岡山市を流れる旭川の河原には、いろいろな岩石があります。次の文章は緑さんと陽太さんが、旭川の河原の岩石の観察を行ったときの会話文です。会話文を読んで、下の問いに答えなさい。

緑さん　「とってきた岩石を、似た色やもようのグループに分けてみましょう。」
陽太さん　「この岩石Ａはハンマーで割って、虫めがねで観察してみると、直径が2mmぐらいの大きさのつぶがそろっていて、全部①つぶに丸みがあるよ。」
緑さん　「この岩石Ｂは全体的に黒っぽく、きめの細かいつぶの集まりの間に、角ばった大きなつぶが散らばっているわ。」
陽太さん　「この岩石Ｃは全体的に白っぽく、大きな角ばったつぶだけからできているよ。」
緑さん　「この岩石Ｄは虫めがねで見てもわからないぐらいの小さなつぶが固まってできているわ。」
陽太さん　「こうやって調べてみると、旭川の河原にもいろいろな岩石があるね。」
緑さん　「この前、高梁《たかはし》市の山のふもとでひろった岩石を割ってみたら、貝の化石が出てきたのよ（写真）。調べてみたら、エントモノチスという貝で、この②化石がたい積した時代がわかるそうよ。」

陽太さん　「すごいな。どうして山のふもとから貝の化石がとれるのかな。」
緑さん　「それはね、昔は海だったけど（　　　③　　　）からよ。」

(1)　岩石Ａ～Ｄは、どの岩石と考えられますか。次のア～エからそれぞれ１つずつ選び、記号で答えなさい。
　ア　れき岩　　イ　げんぶ岩　　ウ　かこう岩　　エ　でい岩
(2)　下線部①のように、この岩石Ａのつぶが丸みをおびているのはどうしてですか。簡単に答えなさい。
(3)　岩石Ｂはどのようにしてできた岩石と考えられますか。次の文の空らんに適当な語句を次のア～カからそれぞれ１つずつ選び、記号で答えなさい。
　マグマが（　④　）所で（　⑤　）冷えて固まってできた（　⑥　）岩の一種である。
　ア　急に　　イ　ゆっくり　　ウ　地下の深い　　エ　地表に近い　　オ　火山　　カ　深成
(4)　岩石Ｃはどのようにしてできた岩石と考えられますか。次の文の空らんに適当な語句を(3)のア～カからそれぞれ１つずつ選び、記号で答えなさい。
　マグマが（　⑦　）所で（　⑧　）冷えて固まってできた（　⑨　）岩の一種である。
(5)　下線部②のように、たい積した時代がわかる化石を何といいますか。
(6)　高梁市は現在、陸地であるが、なぜ貝の化石が見られるのですか。空欄③に入る文章を答えなさい。

3　次の図１は、支点の位置を糸でつるした金あみのいろいろな位置におもりをつるしたもので、図２は真上から見た金あみを表しています。また、●の位置に重さがちがうおもりをつるしています。例えば、図２の（Ａ，５）の位置には40ｇのおもりをつるしています。次の問いに答えなさい。

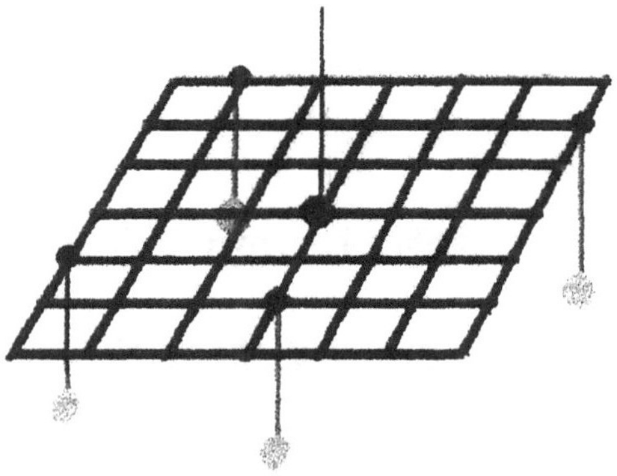

図１

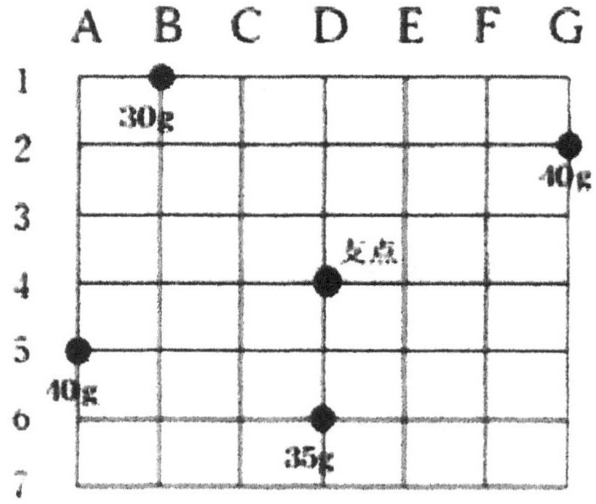

図２

(1) この金あみを水平につりあわせるためには、30ｇのおもりをどこにつるせばよいですか。その位置を、（Ｇ，７）のように答えなさい。

令和４年度　山陽学園中学校　１期学力入試　理科　(30分)

1　図１はろうそくの炎を表しています。ろうそくの燃え方を調べるため、実験１・２を行いました。下の問いに答えなさい。

【実験１】水でぬらした木の棒を図２に示される位置に入れ、数秒後に取り出した。

【実験２】木の棒をガラス棒にかえて、実験１と同様の操作を行った。

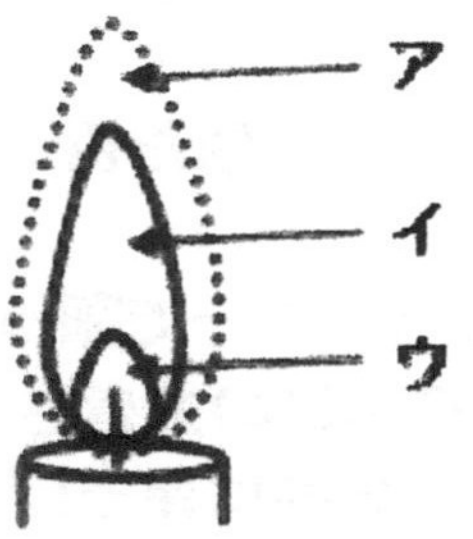

図１

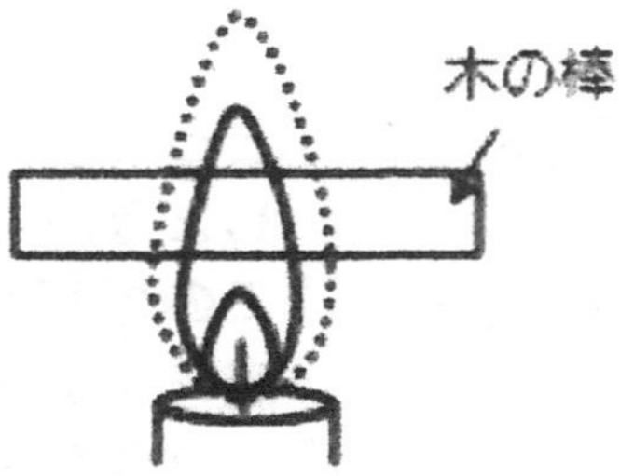

図２

(1) 図１について、ア～ウの名称をそれぞれ答えなさい。

(2) 図１について、温度が最も高い部分はどこですか。ア～ウから１つ選び、記号で答えなさい。また、その部分を説明する文として正しいものを次の①～③から１つ選び、番号で答えなさい。

①炎の中で最も明るいので、温度が最も高い。

②空気中の酸素と十分にふれて完全燃焼しているので、温度が最も高い。

③炎の中心なので、温度が最も高い。

(3) 次に示す①～⑥は、実験終了後の木の棒またはガラス棒を模式的に表したものである。図中の  は黒くこげた部分を、 はすすがついた部分を示します。下の問い a, b に答えなさい。

①

②

③

④
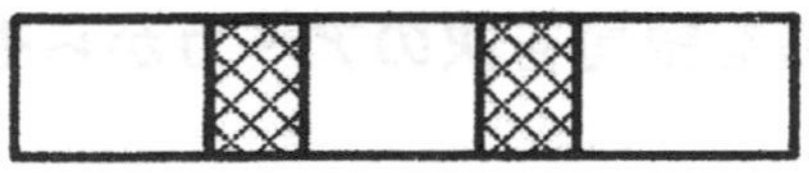

⑤

⑥

a. 実験１の結果として、最も適当なものを上の①～⑥から１つ選び、番号で答えなさい。

b. 実験２の結果として、最も適当なものを上の①～⑥から１つ選び、番号で答えなさい。

次に、金属の温まり方を調べるために、実験３を行いました。下の問いに答えなさい。

【実験３】金属板の表面全体に一定の温度になると色が変わるインクをぬった。図３のように、金属板の角（●の位置）をろうそくで下から加熱し、インクの色の変化から温まり方を調べた。図４は図３の金属板を上から見たものである。

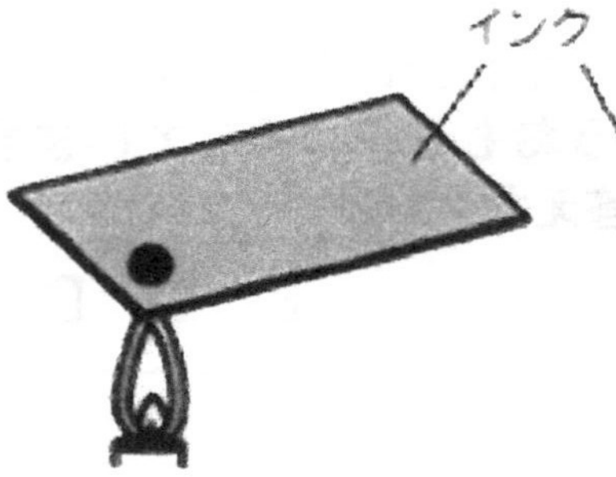

図３

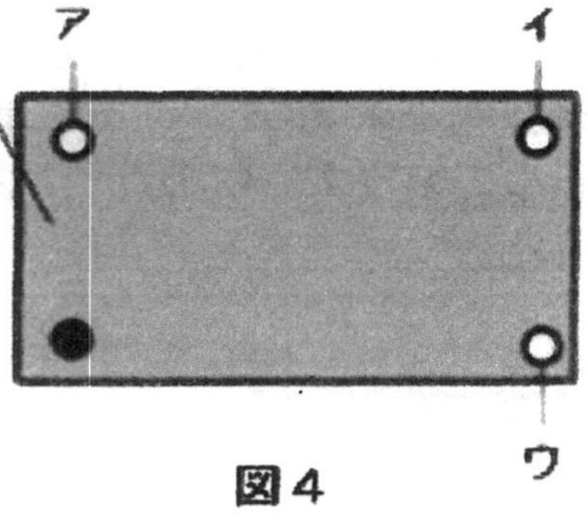

図４

(4) この金属板はどの位置から温まりますか。図４のア～ウを温まった順番に並べかえなさい。

(5) このような物体の温まり方を何といいますか。

(6) さらに、この金属板の一部分を切り取って次の金属板①～④を作り、●の位置を加熱しました。これらの中で、ア～ウが(4)と同じ順番で温まるのはどれとどれですか。①～④から２つ選び、番号で答えなさい。

金属板①
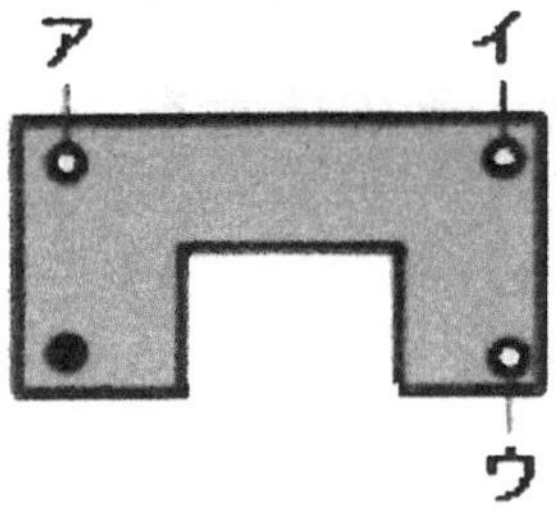

金属板②
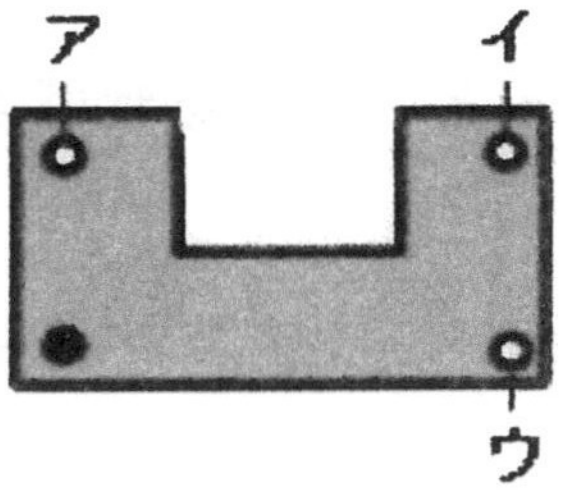

金属板③
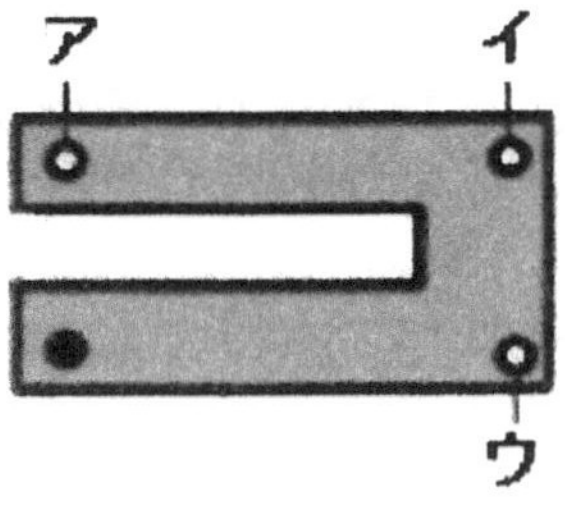

金属板④
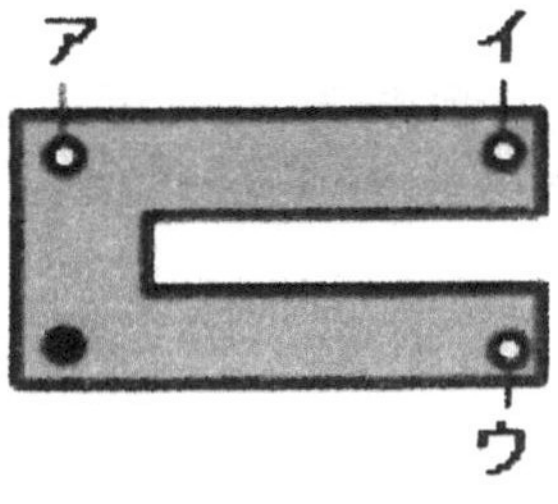

5 太郎さんと花子さんが，今日の授業で学習した六角形について話をしています。
会話文を読んで，下の問いに答えなさい。

太郎：図1は正六角形だね。正六角形の1つの内角の大きさは［ア］度だね。

ところで，すべての内角が［ア］度である六角形は必ず正六角形になるのかな。

花子：正六角形にならない場合もあると思うよ。図2の正三角形を利用して具体的に作ってみよう。

太郎：図2の正三角形において，各辺とそれぞれ平行な3本の直線を引くことで，すべての内角が［ア］度である六角形を作ることができるね。

花子：私は，図3のような内角がすべて［ア］度である六角形を作ってみたよ。

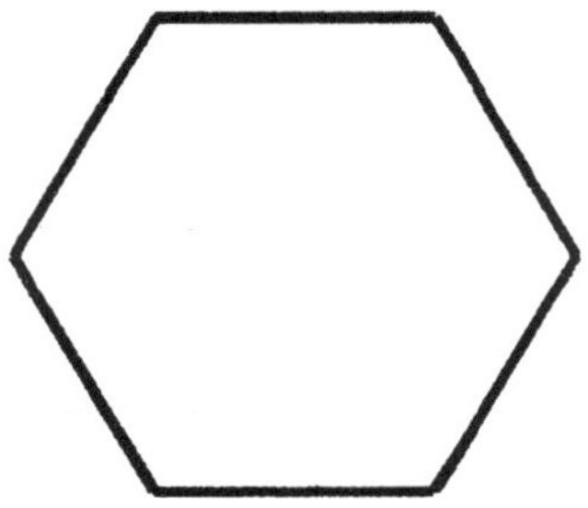

図1

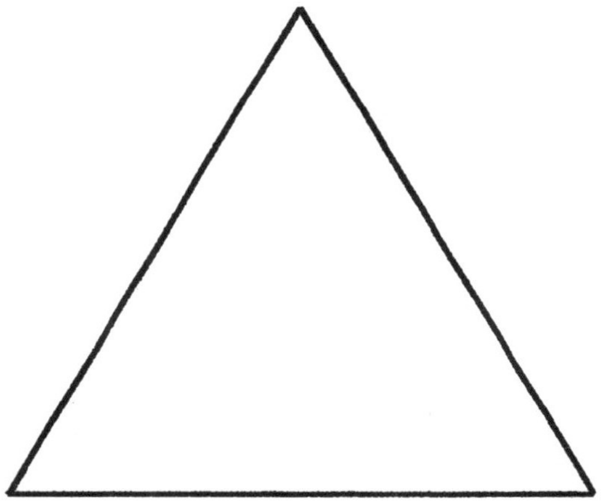

図2

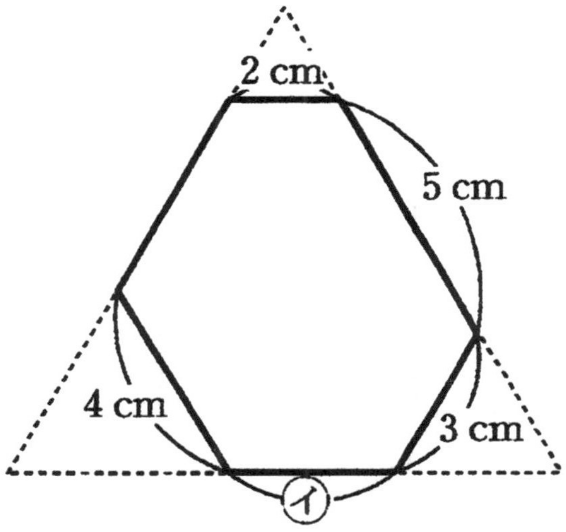

図3

(1) ［ア］に入る数を答えなさい。

(2) 図3の㋑の長さを求めなさい。

(3) 図3の六角形の中に，1辺が1 cmの正三角形をぴったりとしきつめるとき，
1辺が1 cmの正三角形は何個しきつめることができるか答えなさい。

4 図１のような直方体の形をした水そうに，毎分 1.2 L の割合で水を入れます。空《から》の水そうに水を入れると，水を入れ始めてからちょうど 100 分で満水になり，そのときの水の深さは 75 cm でした。ただし，水そうのかべのあつさは考えないことにします。

(1) 水そうの底面積は何 cm^2 か答えなさい。

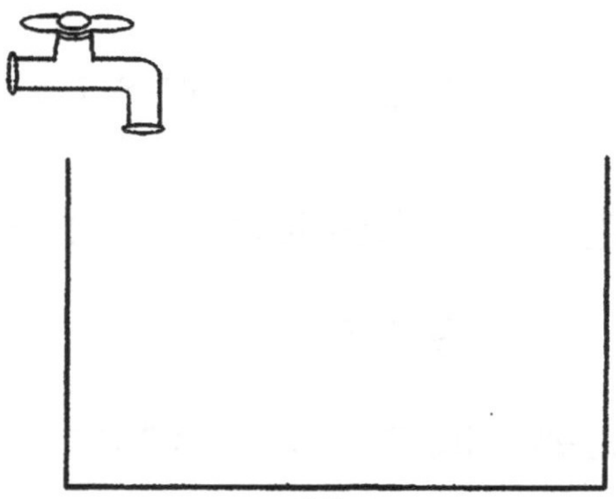

図１

図２のように，この水そうに直方体のおもりＡとＢを置いて水を入れると，水を入れ始めてからの時間と水の深さとの関係は図３のようになりました。

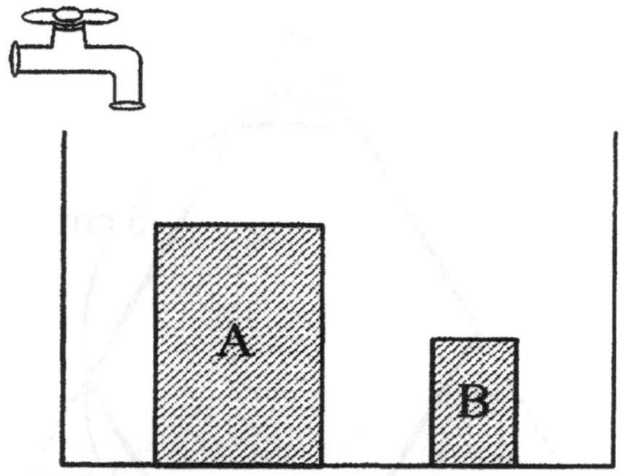

図２

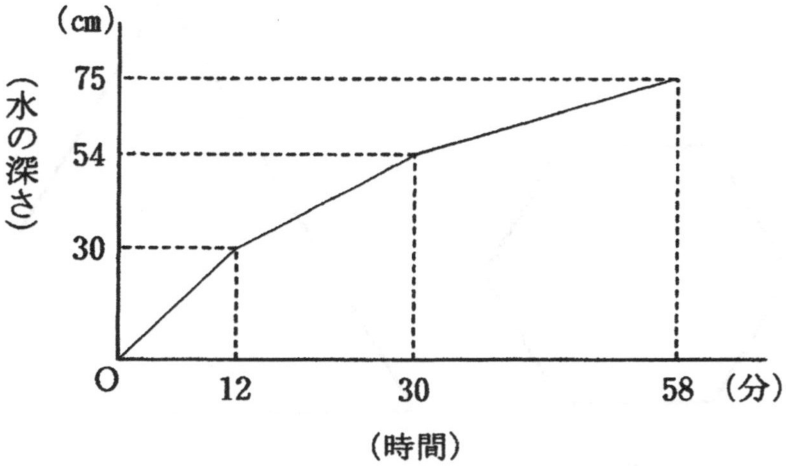

図３

(2) おもりＡの底面積は何 cm^2 か答えなさい。

(3) 空の水そうにおもりＡのみを置いて水を入れるとき，満水になるまでに何分何秒かかるか答えなさい。

(4) 図４のように，空の水そうに直方体のおもりＣとＤを置いて水を入れると，水を入れ始めてから満水になるまでに 58 分かかりました。ただし，おもりＣはＡと同じ底面積，おもりＤはＢと同じ底面積で，おもりＣとＤは同じ高さとします。

このとき，おもりＣの高さを答えなさい。

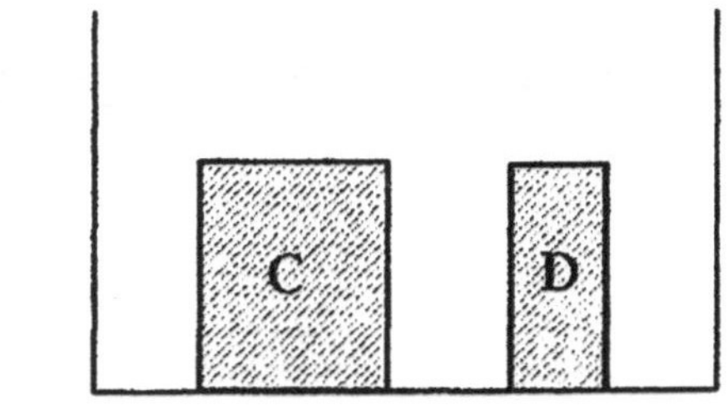

図４

3 太郎《たろう》さんと花子《はなこ》さんが，数の規則性について勉強をしています。

花子：1からある数までの連続する整数を，左から順に一列に並べて新しく数を作ってみよう。

太郎：たとえば，1から15までの連続する整数を並べると，

1 2 3 4 5 6 7 8 9 10 11 12 13 14 15

のように21けたの数ができるね。

また，途中に1がちょうど3個連続して並んでいる部分が1か所あるね。

花子：1から ア までの連続する整数を並べると189けたの数ができるよ。

太郎：少し数が大きくなるけど，1から999までの連続する整数を並べてできる数について考えることにしよう。

このとき，次の問いに答えなさい。

(1) ア にあてはまる数を求めなさい。

(2) 2人は，1から999までの連続する整数を並べてできる数の中で，同じ数字が連続して並んでいる部分について調べることにしました。

① できた数の中に，同じ数字がちょうど5個連続して並んでいる部分は何か所ありますか。

② できた数の中に，同じ数字がちょうど3個連続して並んでいる部分は何か所ありますか。

令和４年度　山陽学園中学校　１期学力入試　算数　(30分)

（１期学力算数 No. １）

答えはすべて解答用紙に記入しなさい。

1　次の計算をしなさい。

(1)　$30\div(3+2)-4$

(2)　225×28

(3)　$52.92\div4.9$

(4)　$\frac{8}{15}-\frac{12}{35}$

(5)　$\left(2\frac{1}{5}+1\frac{1}{4}\right)\div\frac{3}{2}$

(6)　$6.02\times112-3.01\times24$

2　次の問いに答えなさい。

(1)　何人かの子どもにえん筆を配ります。１人に４本ずつ配ると13本余り，１人に６本ずつ配ると１本余ります。えん筆は全部で何本ありますか。

(2)　あるバスの乗客を調べたところ，大人が11人，女性が10人でした。女性のうち６人は大人で，男性のうち５人は子どもでした。乗客は全部で何人ですか。

(3)　図１は，将棋《しょうぎ》のこまを表したもので，左右対称《たいしょう》な図形です。これと同じこまを図２のように同じ向きに並べて輪を作るとき，こまは全部で何枚必要ですか。

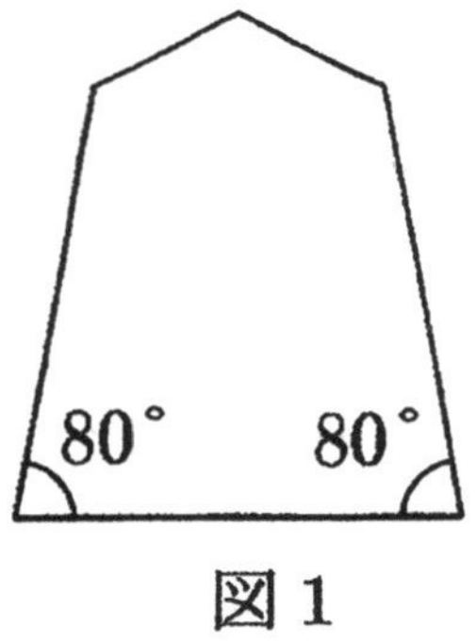

図１

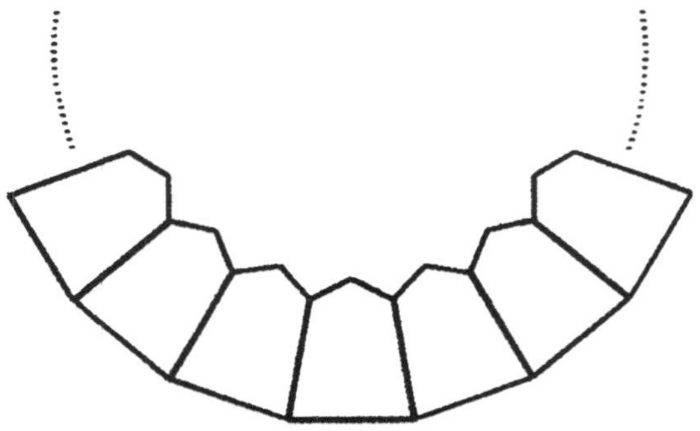
図２

(4)　右の図において，色のついた部分の面積は何 cm^2 ですか。

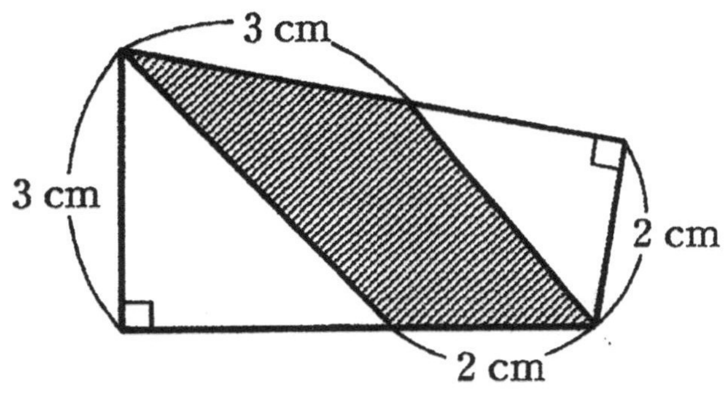

令和四年度　一期学力入試　作文

(20分)

　あなたの学校では、三学期に合唱コンクールが行われる予定です。課題曲一曲と、各クラス好きな曲を決めて歌う自由曲一曲を歌います。曲も決まり、音楽の授業で練習を重ねました。

　本番二週間前に、Ａさんから「歌うだけではなく、手拍子や振り付けを入れて歌おうよ。」と意見がでました。担任の先生と相談してホームルームで話し合うことになりました。

　ホームルームでは次のような意見が出ました。

Ａさん

「他のクラスよりクラスのまとまりを見せるために、自由曲だけでも全員で手拍子と振り付けをいれようよ。」

Ｂさん

「本番二週間前で練習時間が限られてるし、歌うだけで精一杯の人もいるから、このまま普通に歌ったほうがいいよ。」

Ｃさん

「手拍子や振り付けは賛成だけど、全員じゃなくて、できる人で並び順を考えてやったほうがいいよ。」

　クラスの意見は３つに割れています。あなたなら、この後どのような意見を出しますか。他の人の意見にも触れながら、自分の意見とそう考えた理由を答えなさい。

問10　次の[III]の〈会話文〉は、社会科の授業で「過疎《かそ》化」について先生と生徒が話しているものです。これを読んで、移動スーパーやオンデマンドタクシー、デマンドバスなどが、現在、必要とされているのはなぜなのかを答えなさい。なお、図1、2も参考にして答えること。

[III]　〈会話文〉

先　生　今、日本では、地方の過疎化が問題になっています。身のまわりで過疎化の影響《えいきょう》を感じることがありますか。

Aさん　先日、田舎《いなか》に住んでいる祖母の家に行きました。祖母は足が悪く通院中ですが、近くに専門の病院がなく、タクシーで通院しています。費用がとてもかかると言ってなげいていました。

先　生　それは大変ですね。確かに、地方では病院やスーパーなどの施設が少なく、毎日の買い物も困難ですね。

Bさん　私が以前住んでいたところは、二年前からバスの路線がなくなりました。町の人口の減少や、車で移動する人が多いことが原因だと父から聞きました。我が家は家族が運転するので、困りませんでしたが。

先　生　なるほど。地方では車が生活に欠かせないものになっているのですね。

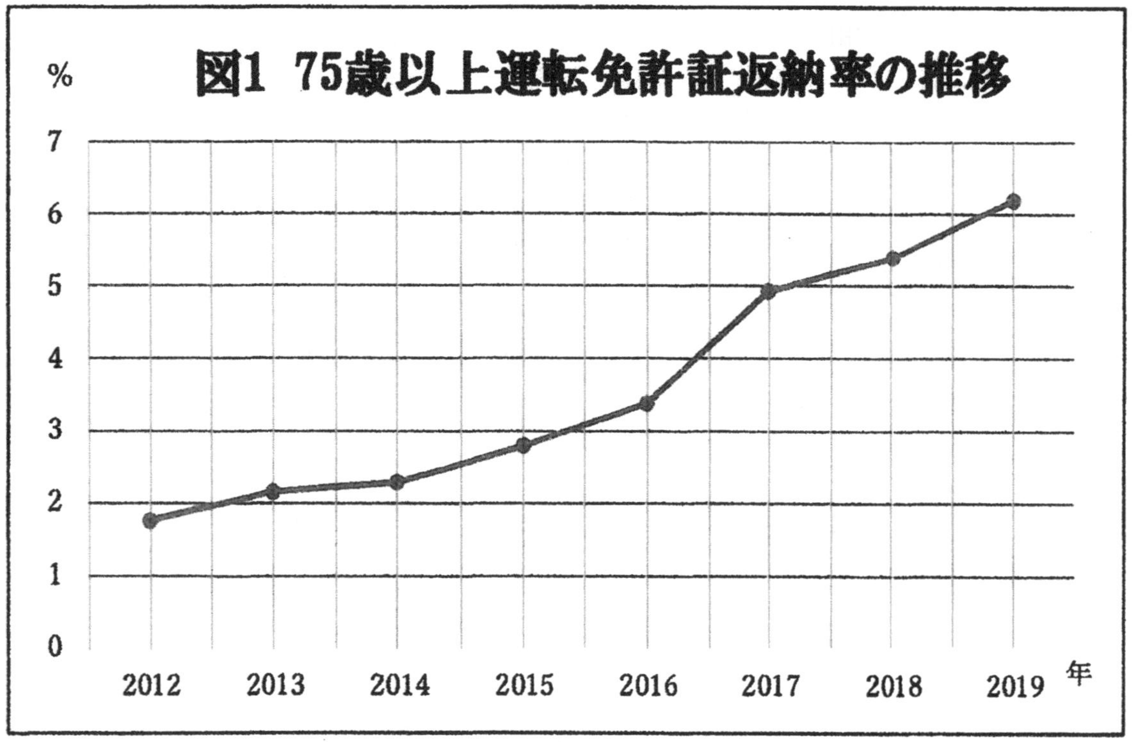

（警視庁運転免許統計（各年）から作成）

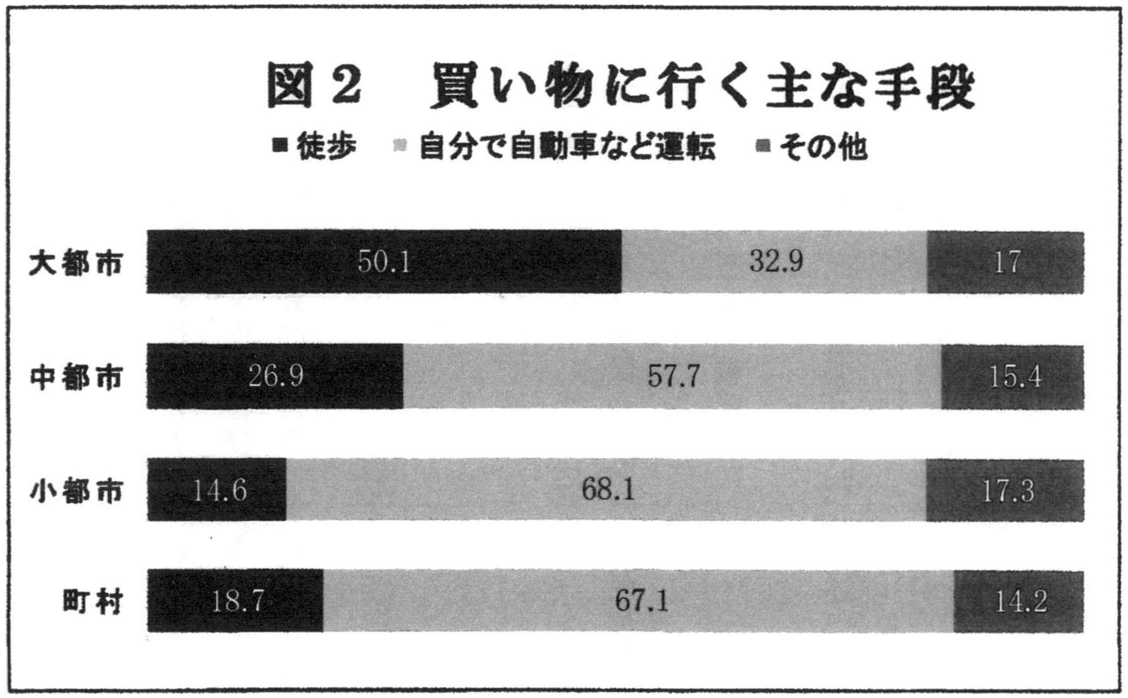

（高齢者の経済・生活環境《かんきょう》に関する調査（内閣府 2016）から作成）

※対象は施設入居者を除く全国の60歳以上の男女個人

大都市：東京都23区・政令指定都市　　中都市：人口10万人以上の市

小都市：人口10万人未満の市

問6 ――線部④「食品の買い物は、高齢者の皆さんにとっての、大きな生きがいになっている」とありますが、どのような点が「大きな生きがい」になっているのですか。あてはまるものを次のア～エから一つ選び、記号で答えなさい。

ア 食品の買い物は、生きていくのに不可欠な栄養を手に入れる行為《こうい》であるという点。

イ 栄養のバランスを考えて食品を選ぶ買い物は、高齢者が長生きする秘けつだという点。

ウ たくさんの物の中から好きな物を選び取る食品の買い物は、文化や喜びになるという点。

エ 食品の買い物を通じて出会う人々と会話が生まれ、つながる喜びを得ることができる点。

問7 空らん [4] にあてはまる言葉を、漢字一字で答えなさい。

問8 この文章の内容にあてはまるものを次のア～エから一つ選び、記号で答えなさい。

ア 昔は資本主義的な監視がないため、人々は自給自足ののんびりとした生活を送っていた。

イ 高齢者にとって栄養を管理することは体調だけでなく生活の質を保つことにつながる。

ウ 現在は、オンラインのシステムなどが向上し、人々は暮らしやすくなっている。

エ 人びとにとって「食」は大切な喜びのもとで、だれと食べるかが重要になってくる。

問9 次の[Ⅱ]の文章は、[Ⅰ]に登場した「デマンドタクシー」について、筆者がくわしく述べたものです。[Ⅱ]の文章の空らん [8]、[9]、[10] にあてはまる言葉をそれぞれ書きなさい。ただし、[8] は[Ⅱ]の文中からぬき出し、[9]、[10] はそれぞれ考えて書きなさい。

[Ⅱ]

昨今《さっこん》の流行《りゅうこう》ともいえるのが「デマンドタクシー・デマンドバス」です。先の総務省資料から拾い出すと、全国で一六〇ほどの自治体で取り入れられている、もしくは実証実験がなされているようです。

「デマンド」もしくは「オンデマンド」とは直訳すれば「要求・需要《じゅよう》」、「要求を受けて」という意味です。従来のバスなどの公共交通は、時刻と路線が固定されていて、利用者がそれに合わせるというのが当たり前でしたが、このデマンド方式は、交通手段の方が、逆に [8] の都合にあわせるという形になっています。

ひとことで言うなれば、乗り合いタクシーをシステム化したものです。例えば、まず利用者のAさんがオペレーションセンターに電話をして、病院までの利用を予約します。別のBさんも同じようにスーパーまで行きたいと予約を入れます。オペレーションセンターでは、その二件の要望を組み合わせて効率の良いルートを考え、タクシーを配車します。タクシーは、まずAさん、次にAさんを乗せたままBさんを迎《むか》えに行って乗り合わせ、スーパーでBさんを降ろし、病院でAさんを降ろす、といった具合です。

この方法によって、知らない人同士でも「[9]」が可能になり、[10] 料金で便利な移動が可能になるというわけです。

（出典 村上稔『買い物難民対策で田舎を残す』）

多くの高齢のお客さんにとって、移動スーパーの販売パートナーや共同店舗のレジ担当者、デマンドタクシーの運転手などは、食生活に欠かせないサポーターであり、同時に話し友だちです。そこには、買い物ができるという機能性以上の喜びがあります。

移動スーパーが停まるところでは、会話に[4]が咲《さ》き、笑顔があふれ、時にはご近所同士で仲良く相談をしながら買い物をしています。

新しいルートで移動スーパーが巡回《じゅんかい》をし始めると、場所によっては近所の皆さんが何人も集まってこられ、「久しぶり―」とⒹ盛り上がってお話に[4]が咲きます。車が到着する前から定例の井戸端《いどばた》会議になっているところもあります。話を聞いてみると、昔はよく近所で集まって話をしていたけれど、それもすっかり無くなっていたそうです。そこへ移動スーパーが来るようになって、地域のつながりがにぎやかに復活したのです。

（出典　村上稔『買い物難民対策で田舎を残す』岩波ブックレット）

（注）

※1　ポケベル……ポケットに入るような小型の無線受信端末《たんまつ》。

※2　デマンドタクシー……日常生活での移動を補助するシステム。電話予約により、自宅から目的地（医療《いりょう》機関、主な公共施設《しせつ》、金融《きんゆう》機関、商業施設等）まで、乗り合いにより送迎《そうげい》。

※3　共同店舗……複数の小売業者が集合して、大きな建物で一つの大きな店舗であるかのように構成された店舗。

問1　――線部Ⓐ、Ⓑのカタカナは漢字に、Ⓒ、Ⓓの漢字の読みはひらがなに直してそれぞれ答えなさい。

問2　空らん[1]、[2]、[3]にあてはまるつなぎ言葉を次のア～オからそれぞれ選び、記号で答えなさい。

ア　まるで　　イ　しかし　　ウ　なぜなら　　エ　やはり　　オ　例えば

問3　――線部①「玉石混淆」は「良いものと悪いもの、価値のあるものとないものが入り混じっていること」という意味の四字熟語です。文中で説明されている「玉」に最もあてはまるものを、次のア～オから選び、記号で答えなさい。

ア　有名芸能人同士が結婚《けっこん》したニュース

イ　小学生の孫が水泳大会で一位を取った自慢《じまん》話

ウ　新しく飼い始めたペットの命名の由来《ゆらい》

エ　住んでいる地域の避難《ひなん》場所がどこかという情報

オ　歴史上の人物にまつわる意外なエピソード

問4　――線部②「古くて新しい時代のコミュニケーションの場として復活してきている」とはどういうことですか。これを説明した次の文の空らん[5]、[6]、[7]にあてはまる言葉を解答用紙の字数に合うように文中からそれぞれぬき出して、答えなさい。

仕事の合理化や生産性の向上のために[5（十四字）]が少なくなっている今、移動スーパーなどの新しい[6（五字）]が、昔ながらの大切な[7（六字）]になっているということ。

問5　――線部③「子どもと同居している世帯よりも、…高くなっている」とありますが、なぜですか。その理由を二つ、文中の言葉を使って書きなさい。

山陽学園中学校　令和四年度　一期学力入試　国語

（30分）

次の[I]の文章を読んで問1～問10に答えなさい。問いに字数の制限がある場合は、句読点や記号も一字に数えて解答すること。

[I]

昔は、生活の中に「何でも話せる人」というのがいたように思います。私が子どもの頃《ころ》、四〇年前ぐらいのイメージですが、[1]郵便局の人や薬売りの人、近所のおじさんやおばさんなどと、母や祖母が家の玄関先でいつまでも取りとめのない世間話をしていたような記憶《きおく》があります。今と違《ちが》って、スマホはおろか※1ポケベルも無い、資本主義的な監視《かんし》の行き届かなかった時代なので、仕事の人も近所の人も、どこかのんびりしていたのでしょう。

そんな「何でも話せる人」は、外からの情報をくれる人でもありました。役に立つ情報もあれば、ご近所の噂話《うわさばなし》だったり、①玉石混淆《ぎょくせきこんこう》だったと思いますが、そんな人とのコミュニケーションが、特に現役をⒶインタイした高齢者《こうれいしゃ》などにとっては、大切な社会との接点だったような気がします。

そういうのんびりしたコミュニケーションのほとんどが、仕事の合理化や生産性の向上のために、銀行振《ふ》り込《こ》みやオンラインでのやり取り、SNSなどに取って代わり、人間の生のコミュニケーションが少なくなってしまいました。

そんな中で、移動スーパーや※2デマンドタクシー、※3共同店舗《てんぽ》などの買い物対策は、②古くて新しい時代のコミュニケーションの場として復活してきているのです。

我々の移動スーパーでも、お客さんの家を週に二回もしくは一回訪問するので、すっかり顔なじみになり、下手をすると家族以上にⒷシンミツなコミュニケーションになっている場合も少なくありません。

（略）

欧米で問題視される「フードデザート問題」というのは、買い物の不便がもたらす栄養不足の問題と言われています。近くに食品スーパーが無くなり、Ⓒ雑貨店やファストフード店などで、加工食品やお菓子など栄養の偏《かたよ》ったものばかりを食べて、結果的に健康を害するという問題です。

高齢者の栄養は、そもそも偏りがちです。新しい食品にはチャレンジせず、つい「いつものもの」で済ましてしまうことが多いのですが、その栄養が偏っていれば、[2]さまざまな健康不良につながってきます。

東京都老人総合研究所の研究によると、高齢者は、年齢が上がるにつれて「低栄養」の割合が高くなり、また家族形態では、③子どもと同居している世帯よりも、高齢者単独の世帯で低栄養の割合が有意に高くなっていることが報告されています。

以下は、私が先日出会った栄養士の資格を持つ介護福祉士Tさんの話です。Tさんが担当していた女性の単身高齢者で、体調が悪くて片付けもできず家の中は[3]ゴミ屋敷《やしき》、げっそりと痩《や》せてほとんど寝たきりの人がいたそうです。入院も拒絶《きょぜつ》するために、仕方なく在宅のままで栄養指導を始めたのですが、ベテランの栄養士であるTさんも驚くほどに、日に日に体力が回復して、高齢者に対する栄養指導の効果の高さをあらためて実感したとのことでした。

（略）

買い物……特に④食品の買い物は、高齢者の皆さんにとっての、大きな生きがいになっていると感じることが少なくありません。

人にとって「食」は、生きていくために不可欠な営みですが、ただ栄養補給ができれば良いというものではありません。そこには文化があり、生きる喜びそのものがあります。そしてそれをめぐる人とのつながりは、根源的に楽しいものです。ただ食べるものが運ばれてくれば、それで満たされるものではないのです。

受検番号		氏名	

課題３　パソコンでインターネットの記事を見ていた花子さんの家庭での会話です。画像や表を参考に，あとの（１）～（３）に答えましょう。

花子：　お母さん，見て見て。2024年度に変わる新しいお札の画像がネットに出ているよ。

母　：　わ，すごーい。(A) さんから (B) さんに変わる一万円札の肖《しょう》像はこんな感じなのね。

父　：　どれどれ。(B) さんは今年のNHKの大河ドラマの主人公だね。

花子：　お父さん。どうしてお札の肖像を変えるの。

父　：　表を見ると，日本は2004年以来20年ぶりの新紙幣《へい》の発行だけど，世界の主要通貨は数年で新紙幣を発行しているのが読み取れるね。そこに答えがあるよ。

母　：　お父さん。難しいことを言わなくても二つの画像を比べるだけでも理由がよくわかるじゃない。

父　：　でもね，お母さん。高度なすかしと世界初の３D技術の肖像が入ったホログラム※を採用した最先端《たん》の技術のかたまりだということも花子に教えておきたいんだ。

花子：　お父さん，お母さん。ありがとう。理由を思いついたわ。

※ 見る角度によって像がうかぶ図柄《がら》

（画像上　独立行政法人国立印刷局ホームページ，　画像下　財務省ホームページから）

主要通貨の紙幣発行状況

国名等	アメリカ	EU	日本
通貨	ドル	ユーロ	円
2000年	5・10		2000
2001年			
2002年		5・10・20・50 100・200・500	
2003年	20		
2004年	50		1000・5000 10000
2005年			
2006年	10		
2007年			
2008年	5		
2009年			
2010年			
2011年			
2012年			
2013年	100	5	
2014年		10	
2015年		20	
2016年			
2017年		50	
2018年			
2019年	5・10・20	100・200	

＊枠内の数字は紙幣の額面　　（国立印刷局ホームページから作成）

（１）上の画像の紙幣の人物（A）さんと下の画像の紙幣の人物（B）さんの名前を答えましょう。

(A)	(B)

（２）20年ぶりに新紙幣を財務省が発行する理由を二つ，会話の情報や表などを活用して説明しましょう。

説明

（３）現代社会では，資料１のようなICカードが普《ふ》及《きゅう》し，電子マネーの使用が広がっています。一方では，資料２のように日本は紙幣の発行高が年々増加しています。資料３・４を活用してその理由を説明しましょう。

資料１

資料２　日本銀行券（紙幣）発行高の推移

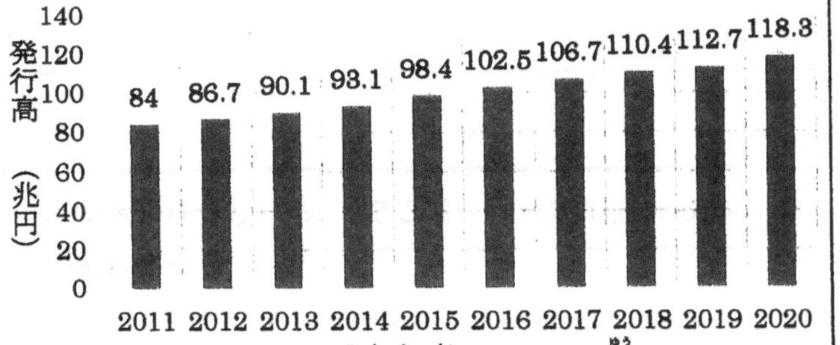

（財務省財政金融《ゆう》統計月報から作成）

資料３　定期預金の平均年利率

種類	１年定期	５年定期
利率	0.003%	0.003%

（日本銀行金融《ゆう》機構局データから作成）

資料４　日本の財政支出の変化

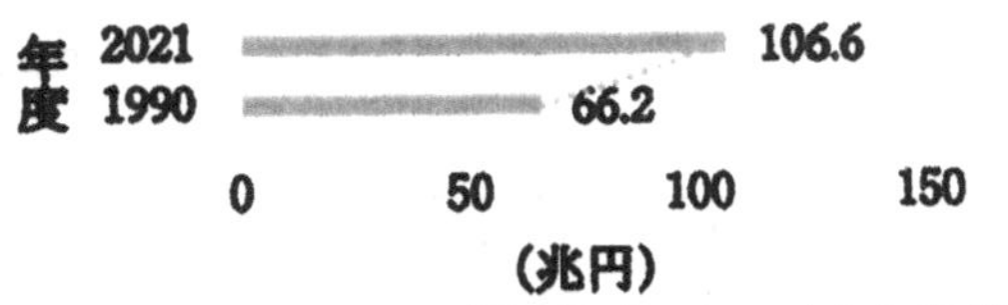

（財務省パンフレットから作成）

説明

受検番号		氏名	

（2）――イ「承認欲求の問題」とありますが、筆者が考えるここでの「問題」とは何ですか。五十字以内で答えましょう。

（3）――ウ「最高の仕掛け」とありますが、筆者が考える「最高の仕掛け」を次のようにまとめました。［A］、［B］に当てはまる言葉を考えて書きましょう。

・送る人にとっても受け取る人にとっても、「いいね！」というボタンは［A］。

・「いいね！」というボタンを押すのはコミュニケーションの交流という面でもやりとりが手軽で楽しく、負荷が少ないので［B］。

（4）――エ「多くの人とスマホでつながることで、ますます孤独《こどく》を感じるようになっているのです」とありますが、なぜ「孤独を感じる」のですか。理由を六十字以内で答えましょう。

課題2　学校の近くに住んでいる地域の人に、「この街の住みやすさ」というタイトルでインタビューを行うことになりました。そこで四人グループを作ろうと考えていますが、仲の良い人とグループを作るか、家が近い人とグループを作るかで意見が分かれました。あなたはどちらの方がよいと思いますか。理由をふくめてあなたの考えを二百字以内で答えましょう。（段落分けはしなくてよろしい。一マス目から書き始めましょう。）

100字

200字

課題1　次の文章【Ⅰ】、【Ⅱ】を読んで、あとの（1）から（4）に答えましょう。

次の文章【Ⅰ】、【Ⅱ】はSNSについて書かれたものです。SNSとはソーシャルネットワーキングサービスの略で、登録された利用者同士が交流できるインターネット上の会員制サービスのことです。

【Ⅰ】

筆者は、二〇〇〇年代最高のイノベーションの一つは「いいね!」だと思っている。そう、フェイスブックのァ親指を突《つ》き立てたマークで、シェアされたものへのリアクションであり※1リワードである。

イノベーションという言葉は「技術革新」という訳語を持っているが、ここでは「社会や人々の生活に不可逆的な変化をもたらす価値創造」のこととしたい。主語はテクノロジーや経済効果ではなくあくまで私たちにあり、それは不可逆な、つまりそれがなかったような状況《じょうきょう》に戻《もど》るとは考えにくいポジティブな変化と価値を生み出すものである。その意味で、私たちは、もう「いいね!」なき世界には帰れないのだ。

「いいね!」をめぐっては、ィ承認欲求の問題を指摘《してき》する人もいる。「いいね!」欲しさに行動するのは本末転倒《てんとう》ではないか。また非道徳的なことや過激なことをするよう注目を浴びたがる若い人々をけしかけているのではないかと。

それらの指摘には一理あるし考慮《こうりょ》すべき懸念《けねん》が一切ないとはまったく思っていないが、これをきっかけに多くのユーザーのシェアが促《うなが》されるようになったということ、人々の支持が可視化されるようになったこと、それまでであればなかったであろう好意的でポジティブな※2フィードバックがたくさん生まれたことなどは疑いえない。

わざわざありがとう、すごいねと言うほどでもないけど、何かリアクションしたい。そういったものが「いいね!」によって評価されている。これらはコミュニケーションの価値と言っていいはずだ。

なぜそこまで普及し、一般化していったのだろうか。最大の要因は、「いいね!」は画面を※3タップするだけでいい最も手軽な報酬《ほうしゅう》/承認装置であり、価値を付加してくれるものであるということだ。まずはその人に届いた実感が生まれるし、もらうと嬉《うれ》しいのは、それによって何か価値あることができた気がするためだ。

やりとりとしても手軽で楽しい。コメントで「その写真いいね!」とわざわざ伝えるような言葉の重みもない。SNSでは※4タイムライン上でたくさんの投稿《とうこう》を見るので、コミュニケーションのための※5負荷を減らすことでたくさんの交流が生まれる。これぞ、ユーザーをよりSNSにハマらせるためのゥ最高の仕掛《しか》けだ。

※1　リワード…ごほうび　※2　フィードバック…その行動の評価を本人に返すこと。　※3　タップ…軽くたたくこと。
※4　タイムライン…自分の最近の様子を言葉や写真で投稿できる機能。　※5　負荷…負担

（天野彬《あきら》『SNS変遷史《へんせんし》「いいね!」でつながる社会のゆくえ』から）

【Ⅱ】

友達のSNSの写真を見て、どう思いますか?「ああ、素敵だな」と思いますか?それより、「なんて楽しそうなんだ。それにひきかえ、自分の生活はみじめだ」「みんなはどうしてこんなに幸せそうなんだ。なのに自分は……」「友達の派手なSNSの写真は見たくない」と思ったりしませんか?

インターネットでつながることが、かつては希望でした。でも、今はつながることが、重荷とか苦痛になっていると僕《ぼく》は思っています。ェ多くの人とスマホでつながることで、ますます孤独《こどく》を感じるようになっているのです。考えてみれば、変な話です。多くの人とつながればつながるほど、楽しくなったり、安心したりするのではなく、孤独や不安になるのです。

スマホは不幸なことに、「世間」を「見える化」しました。自分がどんな「世間」にいるか、どれくらい「世間」からハジキ飛ばされているか、「世間」は今どうなっているのか、を目に見える形で示すのです。

同時に、スマホはあなたの自意識をどんどん増大させます。自意識というのは、「周りに自分のことがどう思われているんだろうと思う意識」のことです。スマホはあなたの評価を数字で表します。何人のフォロワーがいて、いくつの「いいね」がついて、どれくらい見られているのか。それが、リアルタイムで表示されるのです。これで、自意識とうまくつきあえるというのは、ものすごく難しいことです。

（鴻上尚史《こうかみしょうじ》『「空気」を読んでも従わない―生き苦しさからラクになる』岩波ジュニア新書から　問題作成のため一部文章改変）

（1）――ア「親指を突き立てたマーク」についてAさんとBさんが次のような会話をしています。［A］、［B］にあてはまる言葉を考えて答えましょう。

Aさん：「いいね!」は絵文字でも示されているから、より親しみやすく感じるよね。
Bさん：絵文字といえば、東京オリンピックでは競技のイメージを表現したピクトグラムが話題になっていたけど、ピクトグラムって何か知ってる?
Aさん：知ってるよ。文字の代わりに絵を使うことで、それが何かを分かりやすく示したものなんだよね。公共の場で、［A］を示すピクトグラムを見たことがあるよ。
Bさん：分かりやすい図記号で示すピクトグラムは、［B］人たちにも伝わりやすいよね。

「いいね!」の絵文字

競技のピクトグラム（例）

（A）

（B）

受検番号		氏名	

令和四年度

山陽学園中学校１期入試　適性検査Ⅱ

・この検査は、文章や資料を読んで、太字で書かれた課題に対して、答えやあなたの考えなどを書く検査です。課題ごとにそれぞれ指定された場所に書きましょう。

・字数が指定してある問題は、「、」や「。」、かぎかっこも一字に数えます。

・検査用紙は、表紙（この用紙）をふくめて四枚あります。指示があるまで、下の検査用紙を見てはいけません。

・「始め」の合図があってから、検査用紙の枚数を確かめ、四枚とも指定された場所に受検番号と氏名を記入しましょう。

・検査用紙の枚数が足りなかったり、やぶれていたり、印刷のわるいところがあったりした場合は、手をあげて先生に知らせましょう。

・この検査の時間は四十五分間です。

・表紙（この用紙）と検査用紙は持ち帰ってはいけません。

受検番号		氏名	

課題３　岡山県内の小学校に通っている太郎《たろう》さんと花子さんが会話をしています。あとの（１）～（３）に答えましょう。

花子：おはよう。けさは寒いよね。はー。ほら，口からはき出す息が白くなるし。
太郎：ほんとうだ。でも，白っぽく見えるのはわずかな時間で，すぐに見えなくなるよね。

（１）２人の会話のように，寒い時期には口からはき出す息が白っぽく見えますが，すぐに見えなくなります。このように白っぽい状態が見えなくなるのは，何がどう変わることによっておきるのか説明しましょう。

説明

図１　オオサンショウウオ

太郎：岡山県北部で開かれる予定だった「はんざきまつり」が，新型コロナウイルスの影響《えいきょう》で中止になったそうだけど，「はんざき」って何のことだ。
花子：オオサンショウウオ（図１）のことよ。オオサンショウウオは水の中で生活していて名前に「ウオ」とつくのに，魚類ではなくて両生類に分類されるのよ。

（２）両生類に分類されるのは，オオサンショウウオの他にどんな種類の動物がいるか，１つだけ答えましょう。また，両生類はどのような条件の場所で生活しているのか説明しましょう。

両生類の動物	
説明	

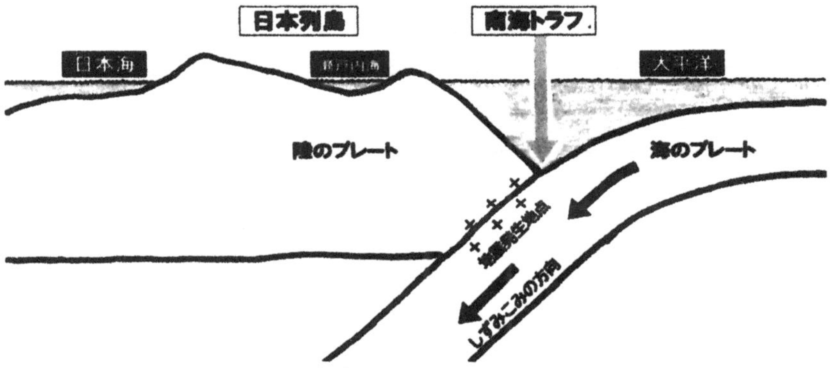

図２　南海トラフの断面図

太郎：南海トラフ巨《きょ》大地震《しん》はほんとうにおきるのかな。
花子：過去の記録を見れば，確実におきるらしいわよ。
太郎：いつおきるのか予想できるのだろうか。
花子：何時間も前に知ることはできないけど，ゆれが始まる直前には緊《きん》急地震速報が出されるわ。
太郎：それは何をもとにして出されるのだろうか。
花子：地震は，ガタガタと小きざみにゆれる「たてゆれ」が先におきて，そのあとにグラグラとゆれる「横ゆれ」がおきるの。「たてゆれ」が速報のもとになるらしいよ。

（３）地球の表面は，プレートという岩板におおわれ，プレートはゆっくりと動いています。図２のように，海のプレートが陸のプレートの下にしずみこむことでトラフ（海底の谷）ができ，そこでは陸のプレートが海のプレートに引きずりこまれています。このトラフの付近で発生する地震は，プレートがどうなることによっておきるのか説明しましょう。
また，次の表は地震によるたてゆれと横ゆれが始まった時刻を示しています。この地震では，Ａ地点の地震計がたてゆれを観測してから10秒後に，テレビなどで緊急地震速報が伝えられたとします。この場合，Ｃ地点では，横ゆれが始まる何秒前に緊急地震速報が伝わったことになるか答えましょう。たてゆれと横ゆれは，地震発生地点から一定の速さで伝わっていくものとして考えましょう。

表　地震によるゆれが始まった時刻

観測地点		Ａ地点	Ｂ地点	Ｃ地点	Ｄ地点
地震発生地点からの距離《きょり》		45 km	105 km	150 km	210 km
緊急地震速報が出た時刻		10時13分6秒			
地震のゆれが始まった時刻	たてゆれ	10時12分56秒	10時13分4秒	10時13分10秒	10時13分18秒
	横ゆれ	10時12分59秒	10時13分11秒		10時13分32秒

説明

Ｃ地点に緊急地震速報が伝わったのは横ゆれが始まる　　　秒前

受検番号		氏名	

課題２　宿題について，太郎《たろう》さんと花子さんが話をしています。紙の厚さは考えないものとして，あとの（１）～（３）に答えましょう。

【宿題】

正方形の折り紙を図のような順番で点線に折り，三角形ABCの斜《しゃ》線の部分を切り取って開くとどのような形が残るか答えましょう。

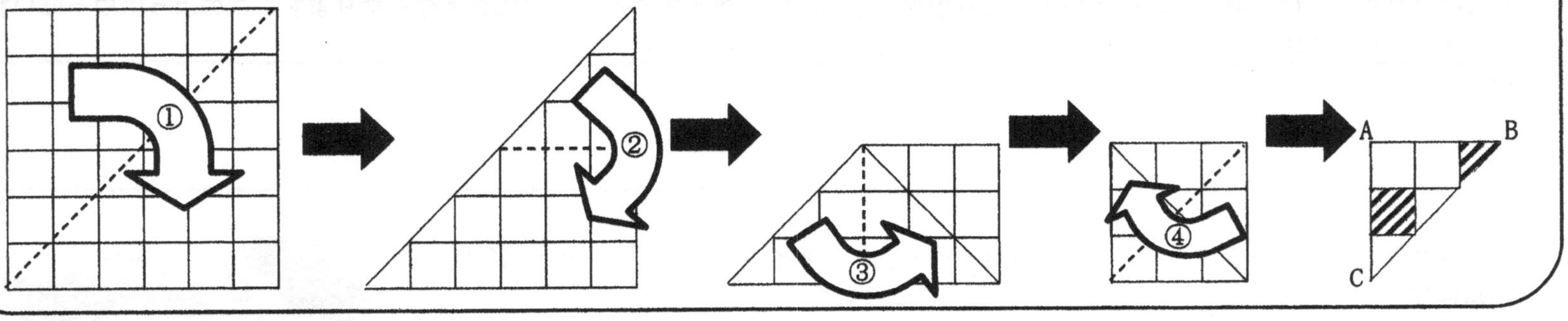

太郎：この宿題，答えがどのような形になるか想像するのが難しいね。
花子：いきなり答えを考えるのは難しいから，①の作業から順番にどうなるか考えてみようよ。
まず，分かりやすくするために，折り紙のどの位置を示しているのか，同じ大きさのマス目に，図１のように１から36の数字を書いてみたよ。
太郎：数字を書いたから折り紙を折ったときに，紙の重なる位置が分かりやすいね。図１の数字の並ぶ向きと宿題の折り紙の向きを同じにして，考えてみよう。

1	2	3	4	5	6
7	8	9	10	11	12
13	14	15	16	17	18
19	20	21	22	23	24
25	26	27	28	29	30
31	32	33	34	35	36

図１

（１）折り紙を【宿題】の①のように１回折ったとき，図１の数字の２の位置と重なる位置の数字を答えましょう。

太郎：数字が書かれた折り紙を最後まで折ってみたよ。
花子：完成した折り紙の，辺BCの長さは５cmだったよ。この長さを使えば，図１の折り紙の面積を求めることができるね。

（２）図１の折り紙の面積を答えましょう。また，どのように求めたかも説明しましょう。

面積　　　　　cm^2

説明

花子：完成した折り紙の，斜線の部分を切り取って広げてみるよ。
太郎：なるほど。形はわかったけど，この形を説明するのは難しいね。せっかく書いた数字が何か使えないかな。
花子：宿題に加えて，この切り取った部分の数字の合計も先生に提出してみましょうよ。

（３）斜線の部分を切り取ったとき，取り除かれた部分の数字の合計はいくつになりますか。また，どのように求めたかも説明しましょう。必要ならば解答らんの図を用いてもよろしい。

数字の合計

説明

1	2	3	4	5	6.
7	8	9	10	11	12
13	14	15	16	17	18
19	20	21	22	23	24
25	26	27	28	29	30
31	32	33	34	35	36

受検番号		氏名	

（配点非公表）

課題１　太郎《たろう》さんと花子さんは文化祭実行委員として，文化祭の計画を立てています。あとの（１）～（３）に答えましょう。

太郎：今年の文化祭は午前９時 15 分開始で，午後３時終了《りょう》予定だね。

花子：文化祭の主な出し物は，ホールでの吹《すい》奏楽部によるステージと，体育館でのクラスによる劇との２つよね。

太郎：ステージも劇も初回は文化祭開始と同時に始まるんだ。

花子：私は吹奏楽部のステージに出るよ。ステージは１回 10 分で，ステージとステージの間には 30 分の休憩《けい》があるわ。

太郎：１日に何回もステージがあるんだね。体育館の方も劇と劇の間に５分の休憩時間をとろう。

花子：体育館は昼休みも 40 分間とる予定よ。

太郎：それぞれの情報を途《と》中まで表にまとめてみたよ。

表

	１回のステージまたは劇の時間（分）	出し物の間の休憩時間（分）	昼休み（分）
ホール	10	30	なし
体育館	あ	5	40

（１）２回目の吹奏楽部のステージが始まるのは何時何分ですか。

時　　　分

（２）文化祭の日に吹奏楽部のステージは何回あることになりますか。また，どのように考えたかも説明しましょう。

回数　　　　回

説明

太郎：情報を整理して，あ を決めよう。

花子：最後のクラスの劇の終了時間が文化祭終了時間と同時になるように計画したいわ。

太郎：今年は 15 クラスが劇をする予定だよ。

花子：体育館では 40 分間昼休みをとるから，昼休みの前後には休憩時間は必要ないね。

太郎：各クラスの劇の時間はできるだけ長くとりたいな。

（３）表の あ に入る数を答えましょう。ただし，各クラスの劇の時間は同じになるようにします。また，どのように考えたかも説明しましょう。

時間　　　　分間

説明

受検番号		氏名	

令和４年度

山陽学園中学校１期入試　適性検査Ⅰ

【注意】

・この検査は，文章や資料を読んで，太字で書かれた課題に対して，答えやあなたの考えなどをかく検査です。課題ごとに，それぞれ指定された場所にかきましょう。

・検査用紙は，表紙（この用紙）をふくめて４枚あります。指示があるまで，下の検査用紙を見てはいけません。

・「始め」の合図があってから，検査用紙の枚数を確かめ，４枚とも指定された場所に受検番号と氏名を記入しましょう。

・検査用紙の枚数が足りなかったり，やぶれていたり，印刷のわるいところがあったりした場合は，手をあげて先生に知らせましょう。

・この検査の時間は，４５分間です。

・表紙（この用紙）と検査用紙は，持ち帰ってはいけません。

・表紙（この用紙）のうらを，計算用紙として使用してもよろしい。

令和３年度　山陽学園中学校　１期表現力入試　算数　　解答用紙

受験番号		氏名		得点	

※100点満点

1　４点×６

(1)	(2)	(3)	(4)	(5)	(6)

2　４点×４

(1)	(2)	(3)
cm	mm	さつ
(4) cm^2		

3　６点×３

(1)	(2)	(3)
分	km	km

4　６点×４

(1)	(2)	(3)	(4)
回	点	通り	通り

5　６点×３

(1)	(2)	(3)
cm^2	番目	

令和三年度　中学一期表現力入試　国語解答用紙

問1
A　　　めて
B
C
D　　　え

問2
1
2
3

問3

問4

問5

問6

問7

問8
①
②

問9
5
6

問10

問1．５点×４
問2．４点×３
問3．７点
問4．５点
問5．８点
問6．６点
問7．６点
問8．６点×２
問9．５．６点
　　６．８点
問10．10点

(R3・1期表現力)

受験番号

氏名

得点

※100点満点

5 正三角形を使って模様をつくります。 下の図のように，白い正三角形の各辺の中点を結んで正三角形をつくり，このときできる正三角形を黒く塗りつぶしていきます。1番目の正三角形の面積は 1 cm^2 です。次の問いに答えなさい。

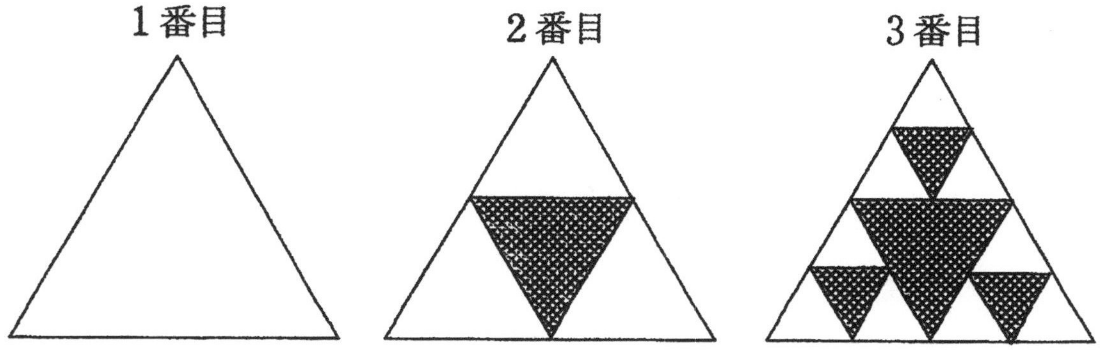

(1) 2番目の図形の黒い正三角形の面積は何 cm^2 ですか。

(2) 白い正三角形の個数が 200 個をこえるのは何番目からですか。

(3) 6番目の図形の白い正三角形の面積と黒い三角形の面積の比を求めなさい。

3　2地点A，Bは25 km離れており，途中にトンネルがあります。時速30 kmで走る自動車①と時速50 kmで走る自動車②があり，①はA地点から，②はB地点から同時に出発します。2台の自動車が同時にトンネルの入り口に到着しました。トンネルは2台同時に通行できないので，先に①がトンネルを通った後，②がトンネルを通ります。②はB地点からA地点まで進むのに，全部で32分かかりました。次の問いに答えなさい。ただし，自動車の長さは考えないものとする。

(1)　自動車①はB地点に到着するまで何分かかりますか。

(2)　トンネルの長さは何kmですか。

(3)　トンネルはA地点から何kmのところにありますか。

4　1つのさいころをくり返しふります。同じ目が2回出ると終わりで，最後に出た目までの和を得点とします。次の問いに答えなさい。

(1)　最大で何回までさいころをふることができますか。

(2)　最高得点は何点ですか。

(3)　3回目に得点が10点で終わる目の出方は何通りありますか。

(4)　得点が10点で終わる目の出方は何通りありますか。

令和３年度　山陽学園中学校　１期表現力入試　算数

答えはすべて解答用紙に記入しなさい。

(35分)

1 次の計算をしなさい。

(1)　$5+4\times(13-12\div4)$

(2)　$5.3-1.8$

(3)　$\dfrac{2}{3}+\dfrac{1}{4}$

(4)　$3\dfrac{1}{2}\div1\dfrac{1}{4}\times\dfrac{1}{7}$

(5)　$\left(0.7+\dfrac{4}{5}\right)\div0.3$

(6)　$1.83\times2\times16+1.83\times4\times17$

2 次の問いに答えなさい。

(1)　同じ長さのテープを，のりしろの長さを 2 cm にして，12 本をまっすぐにつなぐと，全体の長さが 230 cm になりました。このとき，1 本のテープの長さは何 cm ですか。

(2)　40 まいの重さが 170 g で，40 まいの厚《あつ》さが 5 mm の紙があります。この紙のある枚数の重さが 1190 g のとき，厚さは何 mm になりますか。

(3)　兄は 1 さつ 200 円のノートを，弟は 1 さつ 160 円のノートをそれぞれ何さつか買いました。兄は弟より 6 さつ多く買ったので，代金は 1360 円高くなりました。
兄はノートを何さつ買いましたか。

(4)　右の図は，長方形と半円を組み合わせたものです。しゃせん部分の面積を求めなさい。ただし，半円の弧《こ》の中点をM，円周率を 3.14 とします。

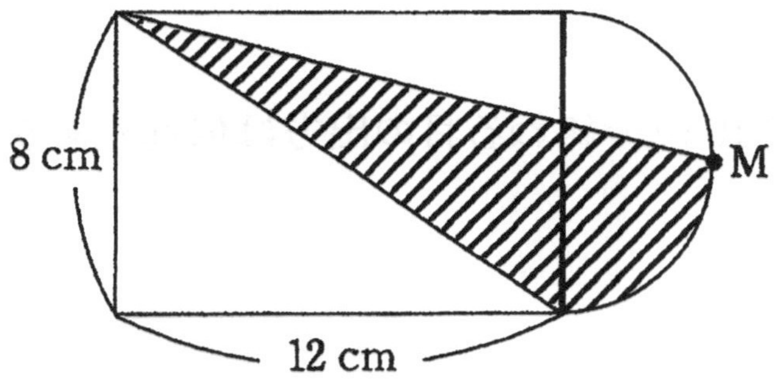

問6　[II]の段落は[I]の段落に対してどのような関係にありますか。適当なものを次のア～エから選び、記号で答えなさい。

ア　[I]の段落の内容をまとめて説明している。
イ　[I]の段落の内容を補強する例をあげている。
ウ　[I]の段落の内容の反対の立場を示している。
エ　[I]の段落の内容から話題を転じている。

問7　本文の内容に当てはまるものを次のア～エから選び、記号で答えなさい。

ア　自分が距離を近くしたいという相手に使う敬語として、「尊敬の敬語」がある。
イ　目上の人と話す時には、必ずいつも正しい敬語を使って話すべきである。
ウ　相手によって呼び方を考えなければならない日本語には、豊かな表現力がある。
エ　知らない人に話しかけられた時には、敬語を使って答えてはいけない。

問8　次の空らんに当てはまるように【　】の言葉を敬語に直して、それぞれ答えなさい。

①　市長が学校に[　　　]。【来る】
②　お客さまから本を[　　　]。【もらう】

問9　次の文章は本文を読んだAさんの感想文です。空らん[5]、[6]に当てはまる言葉を、本文や感想文の内容をふまえて答えなさい。

　筆者は現代の敬語は相手との距離によって使い方が変わってくると言っています。僕は小学校三年生の時にこの町に引っこして来ました。家族と時々行くようになった食堂のおじさんに、最初は敬語で注文をしたり、お礼を言ったりしていましたが、何度も通って話をするうちにいつの間にか敬語を使わないようになりました。僕は今では食堂のおじさんのことを親せきのように感じています。相手との距離が縮まっていき、[5]を感じるようになると、敬語を使わなくなることがあるのだと思います。
　しかし、生活していく中で、距離が近い人ばかりとつきあっていくことはできません。だから、筆者は[　　　6　　　]ために敬語が必要だと言っているのだと思います。

問10　あなたは誰に、どのような場面で敬語を使いますか。またなぜその人に敬語を使うのかを説明しなさい。

嫌い」は関係がないのです。

Ⅱだから、見知らぬ人からいきなりタメ口で声をかけられたら、「なんですか?」と答えなければなりません。「です」という丁寧の敬語は、「あなたと私の間には距離がある」ということを、相手に伝えているのです。それは、「近くに来るな」ということで、「もしその警告をⒸムシしたら、大声を出すぞ」という、警戒《けいかい》警報の意味さえも持っているのです。「もう小学生じゃないから、いきなり大声を出すなんて恥《は》ずかしい」と思っているあなたなら、そうして相手のようすを見て、「危険だったら大声を出す」という用意をⒹ整えなければいけないのです。敬語には、そういう使い方もあるのです。

(略)

人と人との間には、いろんな距離があります。近くても「距離」で、遠くても「距離」です。だから、「距離があるからいやだ」と考えるのではなくて、「その距離をどうするのか?」と考えるのです。

いちばん近い人には、「距離」がなくてもいいような「ひとりごとの言葉」――タメ口でもだいじょうぶです。「ちょっと距離があるな」と思ったら、「丁寧の敬語」です。「ちょっと」どころではなくて、「すごく距離があるな」と思って、それが「丁寧の敬語では役にたたないくらい遠い」と思ってしまったら、「尊敬の敬語」や「謙譲《けんじょう》の敬語」を使います。現代での敬語は、そのような使い方をするものなのです。

世の中にはいろんな人がいて、その人たちとの間には、それぞれ「いろんな距離」があるのです。だから、そういう世の中でちゃんと生きていって、自分の考えをつたえるためには、その人たちとちゃんと話ができるような、「敬語」というものを知っておく必要があるのです。

(出典 橋本治『ちゃんと話すための敬語の本』ちくまプリマー新書)

問1 ――線部Ⓐ、Ⓒのカタカナは漢字に、Ⓑ、Ⓓの漢字の読みはひらがなに直してそれぞれ答えなさい。

問2 空らん[1]〜[3]に当てはまる言葉を次のア〜オから選び、それぞれ記号で答えなさい。

ア たとえば　イ だから　ウ また　エ しかし　オ つまり

問3 ――線部①「それ」とはどのようなことですか。文中の言葉を使って二十五字以内で答えなさい。

問4 空らん[4]に当てはまる言葉を次のア〜エから選び、記号で答えなさい。

ア 難しいこと　イ よけいなこと　ウ ありがたいこと　エ うれしいこと

問5 ――線部②『あいつは…ないのです』とありますが、このことを解決するためにはどうすればいいと筆者は言っていますか。文中の言葉を使って答えなさい。

山陽学園中学校　令和三年度　一期表現力入試　国語

（35分）

次の文章を読んで、問1～問10に答えなさい。問いに字数の制限がある場合は、句読点や記号も一字に数えて解答すること。

日本語には、英語の「YOU」にあたる、「どんな相手にも使える二人称の代名詞」がありません。[1]、人と話をする時には、「この人をなんと呼べばいいんだろう?」と、いつもそのたんびに考えなければなりません。

「田中くんとは仲がいいから、田中くんと話す時には、〃おまえ〃とか〃田中〃と言っとけばいいけど、でも、太田くんとはそんなに仲がよくないから、太田くんと話す時には、〃きみ〃とか〃太田くん〃て言わないと、太田くんが怒《おこ》るかもしれないな」なんて、そんなめんどくさいことを考えなければいけません。それが、日本語の欠点です。

でも、日本語には、どんな相手にも通用する「YOU」のような言葉がないのです。「ないから作ろう」と思っても、そんな言葉がどこまで通用するかはわかりません。「日本語はめんどくさいんだ」と思って、あきらめるしかありません。あきらめて、そして、べつの考え方をするのです。[2]、「相手によっていろいろな使いわけをしなければならない日本語には、それだけ豊かな表現力がある」と思うのです。

[3]、「そんなに仲がよくない太田くん」のことです。

「太田くんと話す時には、〃きみ〃とか〃太田くん〃て言わないと、太田くんが怒るかもしれないな」と思うのは、あなたがまだ太田くんとは、あまり仲がよくないからです。

だったら、どうすればよいのでしょう?さいわいあなたは、田中くんとは仲がいいのです。「仲がいい」というのはどういうことなのかを、田中くんとの関係から、考えればいいのです。そのことを、太田くんとのあいだでも可能になるようにすればいいのです。でも、①それをまだやってはいないから、「太田くんには、〃おまえ〃とか〃太田〃とは言えないな」と思うのです。

そう思って、「めんどくさいな」と考えるのは、さぼっているからです。「〃おまえ〃とか〃太田〃とか言えない」ということは、「太田くんと仲よくすることをさぼっている」ということを、あなたに教えてくれているのです。それは、「めんどくさいこと」ではなくて、「[4]」ではないでしょうか。

でも、あなたはそのことを、「[4]だ」とは思えません――そういうことにします。

それはなぜでしょう?それは、あなたが太田くんを「にがて」で、「あまりつきあいたくない」と思っているからなのです。

②「あいつはにがてだ」と思っていると、「きみ」とか「太田くん」と呼んでも、なんだかおちつかないのです。だったら、そういう時にはわりきって、もうワンランクていねいにして、「太田さん」とか「あなた」と呼ぶようにしてしまうのです。「太田くん」より「太田さん」のほうがていねいで、「きみ」より「あなた」のほうがていねいです。よりていねいにするということは、「もっと距離《きょり》を置く」ということになります。距離を置いて、「いったい彼《かれ》は、どういう人物なんだろう?」と考えることができます。距離を置いて考えて、仲よくなれるものだったら、「もういちどⒶアラタめて仲よくなる努力」を始めればいいのです。

「いろいろ呼びかたを考えなければいけない」というのは、「いろいろな方法を考えてもいい」ということです。つまり、日本語には、それだけの選択のⒷ余地があるのです。だから、「日本語には豊かな表現力がある」と言うのです。

（略）

[I] 敬語というのは、「人と人との間には距離がある」ということを前提にした言葉です。「丁寧《ていねい》の敬語」は、「距離があるけど、この人との間の距離を近くしたい」と思う時に使う言葉でもありますが、「この人とは、距離を置きたい」という時に使う言葉でもあります。なんども言いますが、「距離がある」ということと、「好き

※100点満点

令和３年度　１期学力入学試験問題　社会　解答用紙

受験番号		氏名		得点

1

問２，３，４…４点×３　他…３点×４

問１		問２	
問３		問４	時間
問５	⑤	⑥	
	⑦		

2

問１…４点　問３，６…５点×２　他…３点×４

問１		問２	
問３			
問４		問５	
問６			
問７			

3

問１，２，４…４点×３　問３…３点　他…５点×２

問１		問２	氏
問３		問４	
問５			
問６			

4

問１，５…４点×２　問２…５点　他…３点×４

問１			
問２			
問３		問４	
問５			
問６	（１）	（２）	

山陽学園中学校　令和３年度　1期学力入試　理科　解答用紙

1　8点×2

(1)	kg	(2)	kg

2　3点×4

(1)		(2)	
(3)		(4)	

3　(1)4点　他2点×7

(1)				
(2)	④	⑤	⑥	
(4)		(5)		
(6)				

(3)

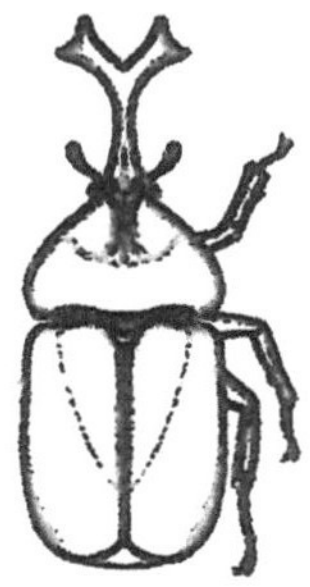

4　4点×4

(1)	できます　　できません	(2)	g
(3)		(4)	g

5　(1)(4)4点×2　他2点×5

(1)								
(2)	ア		イ		ウ		エ	
(3)		(4)						

6　2点×7

(1)	→　→	(2)								
(3)	ア		イ		ウ		エ		オ	

7　2点×3

(1)		(2)		(3)	

得　点

※100点満点

受験番号		氏名	

令和３年度　山陽学園中学校　１期学力入試　算数　　解答用紙

受験番号		氏名	

得点	

※100点満点

1　４点×６

(1)	(2)	(3)	(4)	(5)	(6)

2　４点×４

(1)	(2)	(3)
	g	
(4) cm^2		

3　６点×３

(1)	(2)	(3)
:	分後	m

4　６点×４

(1)(ア)	(1)(イ)	(2)	(3)
cm	枚	cm	cm^2

5　６点×３

(1)	(2)	(3)
通り	最高点　点 最低点　点	× × ＿ ＿ ＿ ○

受験番号

氏名

(配点非公表)

作文用紙

令和三年度　中学一期学力入試　国語解答用紙

問1
A
B　んで
C
D　した

問2
〜

問3

問4

問5

問6

問7

問8

問9
1
2
3

問10

問1．５点×４
問2．７点
問3．６点
問4．６点
問5．８点
問6．９点
問7．６点
問8．６点
問9①６点
②８点
③８点

問10．10点

(R3・1期学力)

受験番号

氏名

得点

※100点満点

4　次の年表および資料１と資料２，地図を見て，あとの各問いに答えなさい。

年表

年	主なできごと
1868	五箇《か》条の御誓文《ごせいもん》を公布する
1871	（　①　）を団長とする使節団がアメリカに出発する
	ア
1889	ドイツ流の②大日本帝国憲法《だいにっぽんていこくけんぽう》が発布される
	イ
1904	③日露《にちろ》戦争がおこる
	ウ
1914	第一次世界大戦がおこる
	エ
1931	④満州事変がおこる
	オ
1941	⑤太平洋戦争がおこる
1945	ポツダム宣言を受諾《じゅだく》する

資料１

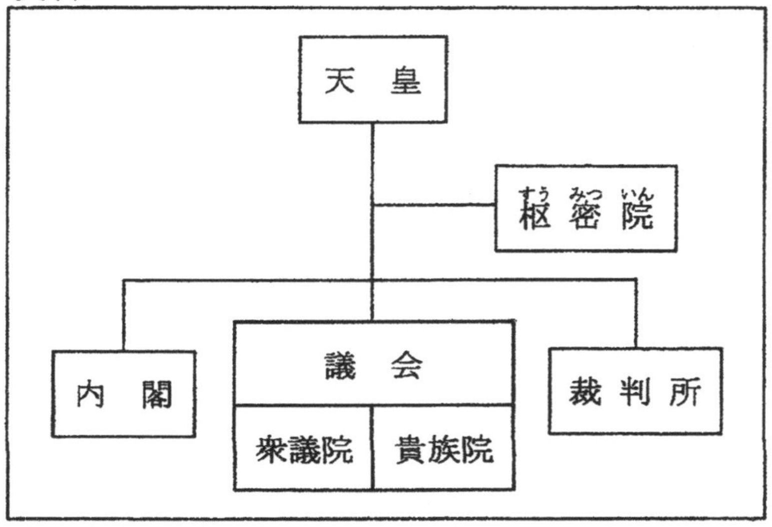

資料２

問１　年表中（　①　）にあてはまるのはだれですか。

問２　下線部②の規定は，日本国憲法と異なる点がいくつかあります。大日本帝国憲法にもとづく国のしくみの一部をあらわした資料１から読み取れる，現在の国のしくみとの違いを１つ挙げ，説明しなさい。

地図

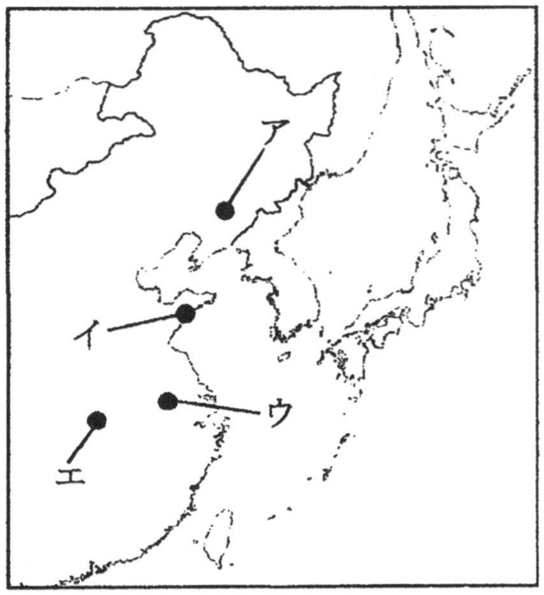

問３　下線部③のあとの日本の社会を批判的に描《えが》いた『三四郎』の他，『坊《ぼ》っちゃん』『こころ』などの小説を著《あらわ》したのはだれですか。

問４　下線部④の発端《ほったん》となった柳条湖《りゅうじょうこ》事件の発生場所を地図中ア～エから１つ選び，記号で答えなさい。

問５　下線部⑤の時期に資料２が実施《じっし》された目的について，説明しなさい。

問６　次の（１）（２）のできごとは，年表中の ア ～ オ のどこに入るか，それぞれ１つずつ選び，記号で答えなさい。

（１）日本がドイツやイタリアと軍事同盟を結ぶ

（２）自由民権運動が始まる

3　次の年表および資料１と資料２を見て，あとの各問いに答えなさい。

年表

年	主なできごと
600 ごろ	①聖徳太子《しょうとくたいし》が（　②　）氏と協力して政治を行う
645	中大兄皇子《なかのおおえのおうじ》と中臣鎌足《なかとみのかまたり》らが（　②　）氏をたおす
694	③日本で最初の本格的な都がつくられる
701	④大宝律令《たいほうりつりょう》がつくられる
（略）	
1192	⑤源頼朝《みなもとのよりとも》が征夷大将軍《せいいたいしょうぐん》となる
1232	⑥御成敗式目《ごせいばいしきもく》が定められる
1297	⑦永仁《えいにん》の徳政令《とくせいれい》が出される
1333	鎌倉幕府がほろびる

資料１

第１条　人の和を第一にしなければなりません。
第２条　仏教をあつく信仰《しんこう》しなさい。
第３条　天皇の命令は，必ず守りなさい。

資料２　鎌倉の都市構造の復元模型（写真）

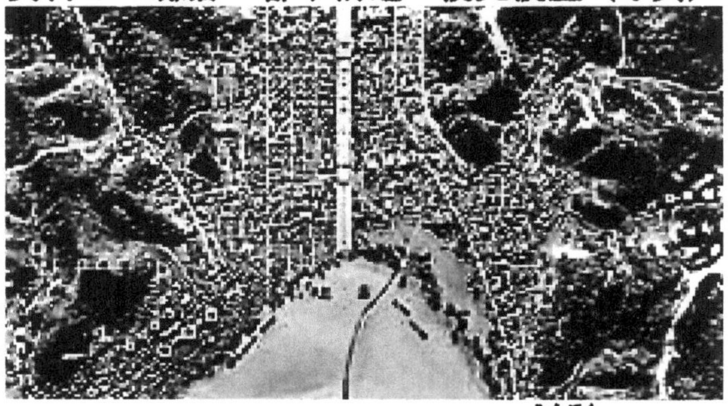

（国立歴史民俗《みんぞく》博物館）

問１　資料１は下線部①の人物が定めたものの一部です。これを何といいますか。

問２　年表中の（　②　）に共通してあてはまる語句を答えなさい。

問３　下線部③の都にあてはまるものを次のア～エから１つ選び，記号で答えなさい。

ア　平安京　　　イ　藤原京　　　ウ　平城京　　　エ　長岡京

問４　次の文は，下線部④の法律と下線部⑥の法律にどのような違《ちが》いがあるかを説明したものです。文中の（　　）に共通してあてはまる語句を答えなさい。

下線部④の法律は，貴族から民衆まで広く支配するための政治の組織，税や刑罰《けいばつ》などを定めたが，下線部⑥の法律は（　　）の社会の慣習をもとに，鎌倉幕府の支配下の（　　）の裁判の基準を定めた。

問５　下線部⑤の人物は鎌倉に幕府を置きましたが，その理由を資料２から読み取り，説明しなさい。

問６　下線部⑦は，生活が苦しい御家人《ごけにん》が手放した土地を買った者に元の持ち主に返すように命ずるものです。御家人の生活が苦しくなった理由を，「元寇《げんこう》」と「領地」という語句を用いて簡単に説明しなさい。

資料１　電化製品等の普及率

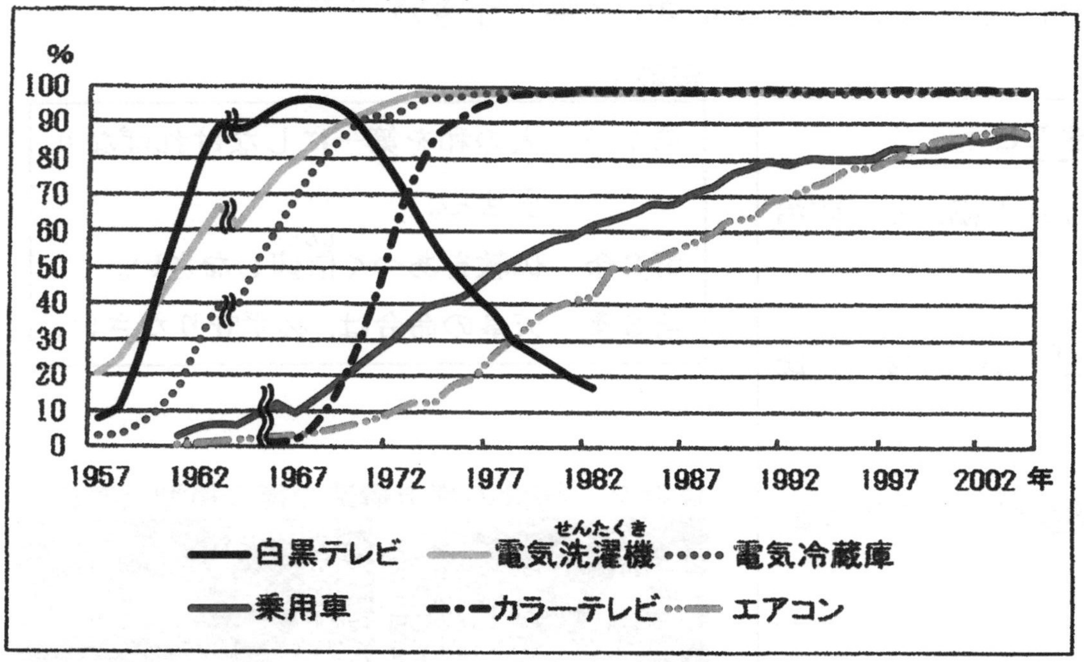

（内閣府消費動向調査から作成）

注）≈は，前後で統計をとる方法が異なるため連続しない。

資料２　　（単位　千ｔ）

１位	和歌山県	39.2
２位	奈良《なら》県	28.3
３位	福岡《ふくおか》県	15.9
４位	岐阜《ぎふ》県	13.9
５位	愛知県	13.5

（平成30年産果樹生産出荷統計から作成）

問１　下線部①のラムサール条約には，日本で最も面積が大きい湖も登録されています。この湖の名前を答えなさい。

問２　下線部②について，2015年に温室効果ガス削減《さくげん》に関する「国連気候変動枠組《わくぐみ》条約第21回締約《ていやく》国会議（ＣＯＰ21）」が開かれたフランスの首都の名前を答えなさい。

問３　下線部②について，今年７月からスーパーやコンビニのレジ袋《ぶくろ》が有料になりました。レジ袋が抱《かか》える環境問題を，エネルギーと自然環境の２つの点から説明しなさい。

問４　下線部②について，環境を守りながら観光も楽しむという考え方としてエコツーリズムがあります。エコツーリズムに参加する際の行動として誤っているものを，次のア～エから１つ選び，記号で答えなさい。

ア　その土地の自然や文化について解説者に案内してもらう。

イ　旅行中に出たごみは自分で持ち帰る。

ウ　生態系がより豊かになるように，その土地にはない植物の種を植えて帰る。

エ　自家用車で乗り入れるのではなく，バスに乗り合わせて行く。

問５　下線部③のナショナル・トラストとはどのような取り組みですか，次のア～エから１つ選び，記号で答えなさい。

ア　地球温暖化に関する条約を結ぶ国際的な取り組み。

イ　人間を持続可能な開発の中心に位置づけた各国独自の取り組み。

ウ　経済成長を最優先する企業の取り組み。

エ　環境を守るための住民らによる取り組み。

問６　下線部④の1960年代の日本の社会や人々の生活の様子について，資料１から読み取れることを，「三種の神器《じんぎ》」をすべて挙げて，30字以上40字以内で説明しなさい。

問７　下線部⑤について，資料２はある果物の2018年の都道府県別収穫《しゅうかく》量です。この果物を次のア～エから１つ選び，記号で答えなさい。

ア　かき　　　イ　りんご　　　ウ　ぶどう　　　エ　もも

問１　資料１は会話文中の（　①　）にあてはまる農作物です。この農作物を次のア～エから１つ選び，記号で答えなさい。

ア　マンゴー　　イ　じゃがいも　　ウ　バナナ　　エ　キャッサバ

問２　下線部②の南アメリカ大陸について述べた文として誤っているものを次のア～エから１つ選び，記号で答えなさい。

ア　熱帯林を焼いて作物の栽培《さいばい》を行ってきた。

イ　ポルトガル語やスペイン語を話す人が多い。

ウ　アフリカ大陸よりも面積が大きい。

エ　赤道が通っている。

問３　会話文中の（　③　）にあてはまる国を地図中ア～エから１つ選び，記号で答えなさい。

問４　下線部④のガーナ（経度０度）と日本との時差は何時間ですか。

問５　資料２の４つのマークは，現在世界のさまざまな国で共通の課題として取り組まれている「持続可能な開発目標（ＳＤＧｓ）」の 17 の目標のうちの４つです。この４つの目標の中の語句を用いて，会話文中の（　⑤　）～（　⑦　）にあてはまる語句を答えなさい。

2　次の文章を読み，あとの各問いに答えなさい。

日本には，渡《わた》り鳥の渡来《とらい》地や貴重な生物の生息地として世界的にも重要であるという理由で，①ラムサール条約に登録されている場所が 50 か所以上あります。その一つである北海道北部のサロベツ原野にある湿原《しつげん》は，シマアオジという鳥の生息地です。シマアオジはかつてユーラシア大陸の広い範囲《はんい》で見られ，北海道各地にいましたが，1980 年代以降数が減っており絶滅《ぜつめつ》の危機にあります。乱獲《らんかく》や②環境《かんきょう》の悪化が原因といわれています。シマアオジの生息環境を守るために，2020 年６月，「日本野鳥の会」と，北海道の NPO 法人「サロベツ・エコ・ネットワーク」が人々に呼びかけてサロベツ原野の土地の一部を購入《こうにゅう》しました。

このような取り組みを③ナショナル・トラストといいます。ナショナル・トラストは 19 世紀のイギリスで始まりました。当時は工業化が進み，自然が失われつつありました。日本では④1960 年代に，神奈川《かながわ》県鎌倉《かまくら》市の神社の裏山を開発から守ろうとしたのが始まりです。その後，北海道以外では茨城《いばらき》県や⑤和歌山県，埼玉《さいたま》県など日本各地で同様の活動が行われてきました。

(30分)
令和３年度　１期学力入学試験問題　　社会　　

1　次の会話文を読み，資料１と資料２，地図を見て，あとの各問いに答えなさい。

たろうさん　：ぼくが好きなタピオカミルクティーのタピオカの原料である（　①　）はナイジェリアやコンゴやタイが主な生産国なんだって。

はなこさん　：日本に住むわたしたちの身の回りにある食べ物の中には，アフリカ大陸や②南アメリカ大陸などにある開発途上《とじょう》国で生産された物も多いよね。

たろうさん　：紅茶はインドやその隣《となり》の（　③　）の他，ケニアが主な生産国だよね。

はなこさん　：他の飲み物や食べ物はどうかしら。例えば，コーヒー豆はブラジル，チョコレートの原料であるカカオ豆はコートジボワールや④ガーナが有名よ。

たろうさん　：ぼくたちはこれらの食べ物や飲み物を，よくお小遣《つか》いで買っているよ。最近もスーパーマーケットで安売りしていたからまとめ買いしたんだ。

はなこさん　：でも，それでは生産国の人たちは十分な収入が得られないんじゃないかしら。そのことが世界で問題になっていると聞いたことがあるわ。

たろうさん　：生産国の人々が労働に見合った収入を得られないと，（　⑤　）から抜《ぬ》け出せず，先進国との間に（　⑥　）が起きていることになるね。

はなこさん　：この問題を解決するために，適正な価格で取り引きする（　⑦　）な貿易が必要だと言われているわ。

資料１

地図

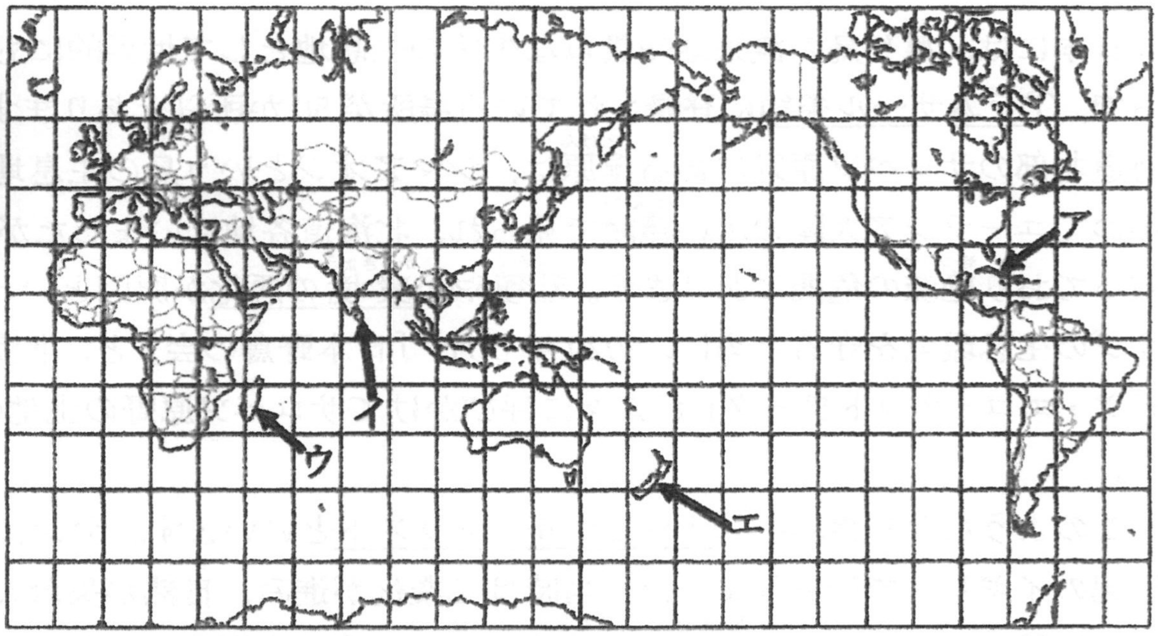

資料２

※イラスト省略

7　花子さんは、電磁石の性質とはたらきについて調べています。次の条件で実験を行いました。下の各問いに答えなさい。

【実験装置】

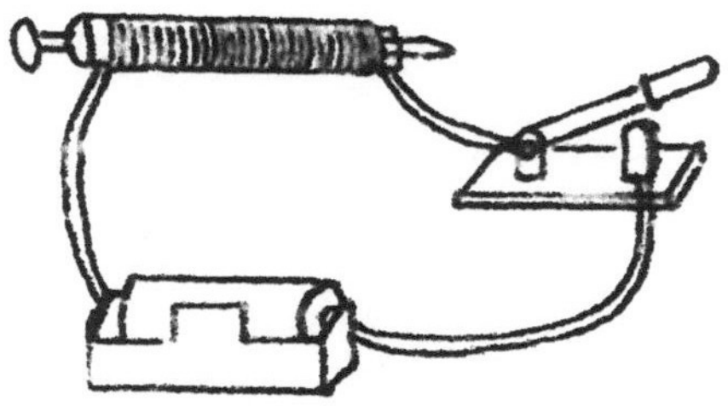

【条件】　表

	導線のまき数	かん電池の数
ア	50	1個
イ	50	2個直列
ウ	100	1個
エ	100	2個並列
オ	150	2個直列

(1)　鉄心を入れる前の、導線をまいたものを何といいますか。

(2)　花子さんは「導線のまき数によって、電磁石の強さは変わるだろう」と予想しました。その予想を確かめるためには、上のア～オのうち、どの２つを組み合わせて実験すればよいでしょう。考えられる組み合わせをすべて答えなさい。

(3)　磁力がもっとも強い電磁石はどれですか。表のア～オのうちから、１つ選び、記号で答えなさい。

6　次の図A～Cは 2020 年 4 月 12 日～14 日の同時刻における天気図のいずれかです。これらの図について、下の各問いに答えなさい。

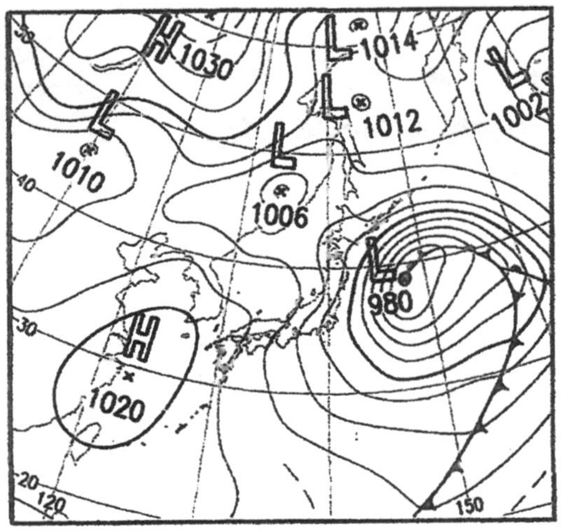

図A

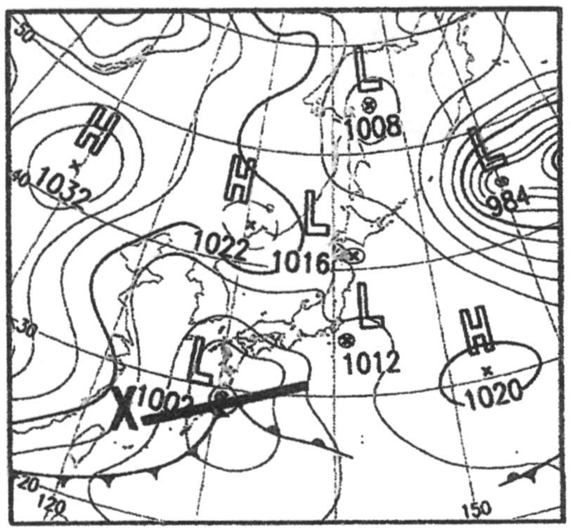

図B

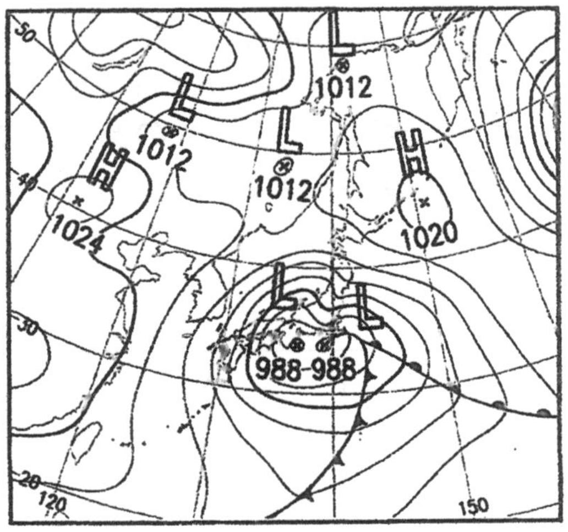

図C

（図中の H：高気圧、L：低気圧をあらわします。気象庁 HP 参考）

(1)　図A～Cは正しい順に並んでいません。図を 2020 年 4 月 12 日，13 日，14 日の順番に並べて，A～Cの記号で答えなさい。

(2)　図B中の断面 X における暖気と寒気のようすを正しく示したものを次のア～エから１つ選び，記号で答えなさい。

ア

イ

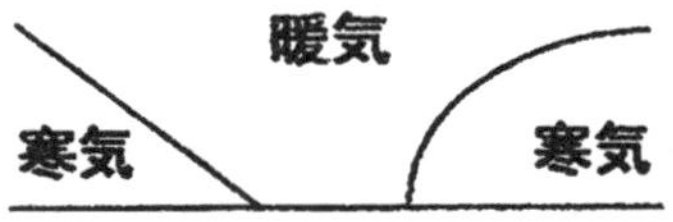

ウ

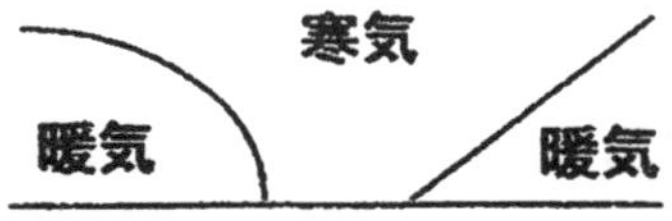

エ

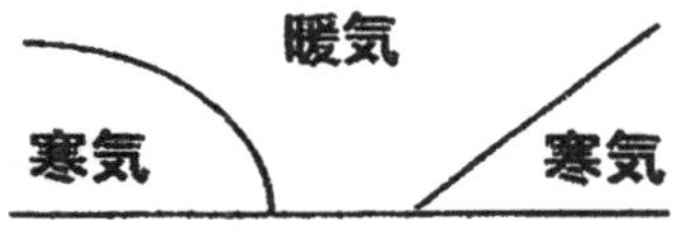

(3)　次の文章は，夏の都市部で発生する気象現象を説明しています。文章中の（　）に当てはまる語句を答えなさい。ただし，（ア）～（エ）は下の語群《ごぐん》の中からそれぞれ選びなさい。

夏の暑い日，都市部では地面が（ア）になり，そこに複数の方向から（イ）空気が集まってきて，これらの空気は行き場を失い，激しい（ウ）気流となる。その気流の中では雲のつぶが（エ）くなり強い雨が降る。また，（ウ）の際に雲のつぶどうしが激しくぶつかり合うので，まさつによる電気を帯びて（オ）を発生する場合もある。

語群	上昇　下降　大き　小さ　かわいた　しめった　高温　低温

5　写真のウキクサは池や沼、水田に浮いている小さな水草です。葉のように見えるのは葉状の茎《くき》で、葉状体とよばれ、それが分れつして数が増えていきます。
水 100 mL を入れたＡ～Ｆのビーカーを６個準備し、それぞれにウキクサを６枚入れて、表のように水温、肥料、光のあり、なしと条件を変え、１０日後のウキクサの枚数を調べました。下の各問いに答えなさい。

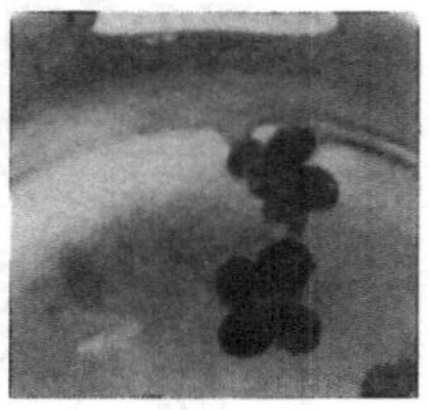

表

	A	B	C	D	E	F
水温	３０℃	２５℃	２５℃	２５℃	１０℃	5℃
肥料	なし	なし	あり	あり	あり	あり
光	あり	あり	あり	なし	なし	あり
10 日後のウキクサの枚数	２４	２１	２８	１２	8	8

(1)　ウキクサの成長には適度な水温が必要です。それを確かめるためには、それぞれどのビーカーを比べると良いですか。Ａ～Ｆの記号で、組み合わせをすべて答えなさい。

(2)　ビーカー内の水を一度沸騰《ふっとう》した水にかえて同じ実験をしたところ、ウキクサの枚数は表の数よりふえませんでした。このことから、ウキクサの成長には空気が必要であることがわかります。
ウキクサの成長に空気が必要である理由を述べた次の文の空らんに適当な語句を答えなさい。なお、同じ記号には同じ語句が入ります。

理由　・水と二酸化炭素から（　ア　）を行い、（　イ　）などの養分をつくるため。
・（　イ　）と（　ウ　）を使って（　エ　）を行い、エネルギーをつくりだすため。

(3)　ウキクサの葉の表を顕微鏡《けんびきょう》で観察すると次の図のａようなつくりが見られました。このつくりを何といいますか。

図

(4)　ウキクサがビーカーの中で、成長に良い条件であると、次々と数が増えていきます。やがて、水面全体に広がると、数の増加が停止します。この理由は、何だと考えられますか。

4 次の表は、50 g の水にとける食塩とホウ酸の限度の量を表しています。下の各問いに答なさい。

表

水の温度	10℃	20℃	30℃	40℃	50℃
食塩	17.9 g	17.9 g	18.0 g	18.2 g	18.3 g
ホウ酸	1.8 g	2.4 g	3.4 g	4.4 g	5.7 g

(1) 50℃の水 100 g に 30 g の食塩を加えました。食塩はすべてとかすことができますか、できませんか。解答らんに○をつけなさい。

(2) 50℃の水 50 g にホウ酸を限度までとかした水よう液を 10℃にすると、ホウ酸の固体が何 g 出てきますか。

(3) (2)と同じように食塩の固体を取り出そうとしたところ、ほとんど取り出すことができませんでした。食塩の固体を取り出すためにはどのような操作が必要ですか。簡単に答えなさい。

(4) 40℃の水 50 g に食塩が何 g とけているかわからない食塩水があります。この食塩水に 5 g の食塩を追加するととけ残った固体があり、この固体を取り出して重さを量《はか》ると 2.3 g でした。もともととけていた食塩は何 g ですか。

３　山陽学園中学校の校庭で太郎さんと花子さんが会話をしています。下の各問いに答えなさい。

太郎さん「昨日びっくりすることがあったんだよ。校庭に①カブトムシがいたんだ。」
花子さん「わあ。めずらしいね。でも、校庭にシラカシやアラカシがあるから、樹液をなめに近くのａ操山《みさおやま》から飛んできたのかもしれないね。」
太郎さん「春には②モンシロチョウ、夏には③トンボが教室に迷い込んでくるし、学校でもいろいろなこん虫を見ることができるね。」
花子さん「先週、プランターを片付けたら、下から④コオロギが出てきてびっくりしたの。」
太郎さん「ぼくは、南館で⑤クモを見てびっくりしたよ。」
花子さん「それはびっくりするね。」
太郎さん「でも、学校が自然豊かなのは、いいことだよ。」
花子さん「そうね。私も生物部でｂビオトープをつくって⑥ザリガニとか育てたいと思ってるの。」
太郎さん「それはいい考えだね。」

(1)　人が近くに住んだ結果、動物や植物が人間の影響を受けた山を里山といいます。下線部ａの操山《みさおやま》は岡山市の人々の暮らしを長年にわたり支え続けて来た里山です。里山では、まきや炭の材料や、肥料《ひりょう》にする落ち葉もとれます。しかし、最近は、管理が行き届かずに荒《あ》れ果ててしまう里山が増えてきています。なぜ、里山は利用されなくなったのですか。近年の生活燃料に注目して、簡単に答えなさい。

(2)　下線部④⑤⑥の生物のからだのつくりは、次の図のどれにあてはまりますか。次のア～キからそれぞれ１つ選び、記号で答えなさい。

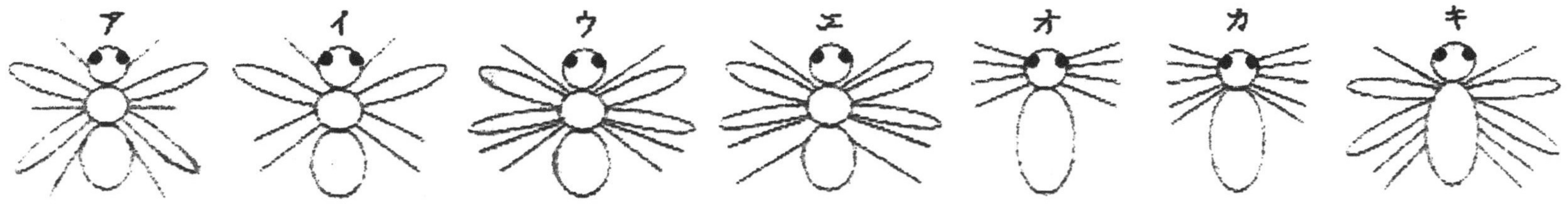

(3)　下線部①のカブトムシの頭部とよばれるのはどこですか。下線部②のモンシロチョウの例を参考に解答らんに図示しなさい。

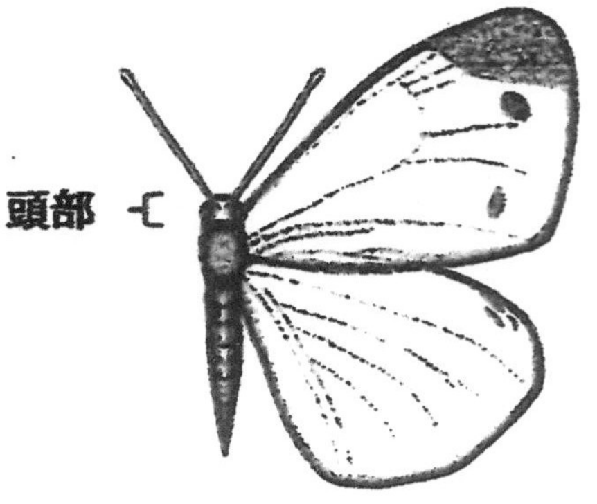

(4)　下線部①～⑥の生物のうち、さなぎの時期がある生物をすべて選び、番号で答えなさい。

(5)　(4)のように成長のとちゅうで、幼虫からさなぎ、成虫へとすがたを変えることを何といいますか。

(6)　下線部ｂのビオトープが完成すると、その中に「食べる・食べられる」という生物のつながりができます。このつながりを何といいますか。

2　図１のような水の入ったビーカーに氷を入れ、冷たい水をつくります。氷はビーカーの中の水と同じ成分であるとし、平常の温度の部屋で行います。下の各問いに答えなさい。

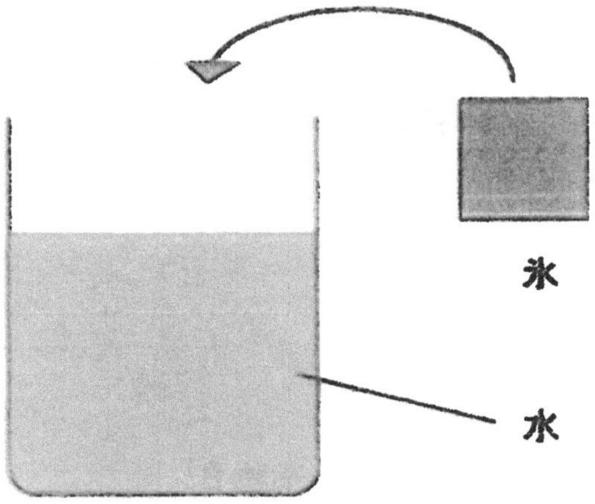

図１

(1)　同じ重さの水と氷を比べたとき，体積が大きいのはどちらですか。

(2)　冷たい水の入ったビーカーをしばらく置いておくと、ビーカーのまわりに水滴がついていました。水滴がついていた理由を簡単に答えなさい。

(3)　氷が全てとけたとき、氷があるときと比べてビーカー内の水面の高さはどうなりますか。簡単に答えなさい。

(4)　氷が全てとけた後、図２のように試験管を逆《さか》さまにして冷たい水につけました。しばらくすると試験管内にどのような変化が生じますか。簡単に答えなさい。

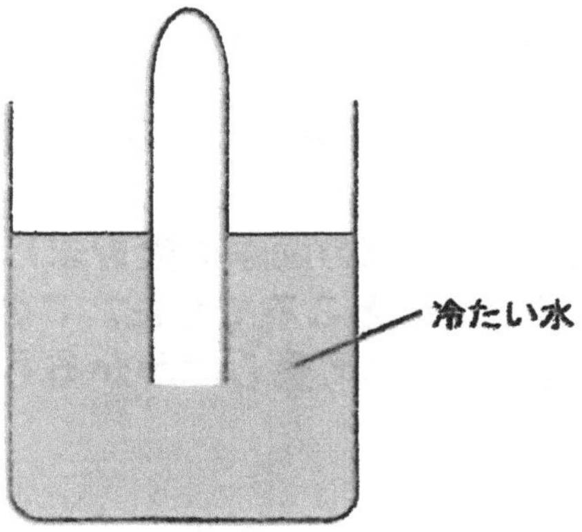

図２

山陽学園中学校　令和３年度　１期学力入試　理科

（30分）

1　物の重さが１点で支《ささ》えられる点を重心といいます。いま、長さが 300 cm 、太さが均一な棒を使って、太郎さんが荷物や棒の重さについて調べています。この棒は、何も乗《の》せずに、棒の真ん中の部分を支えると水平な状態になります。下の各問いに答えなさい。

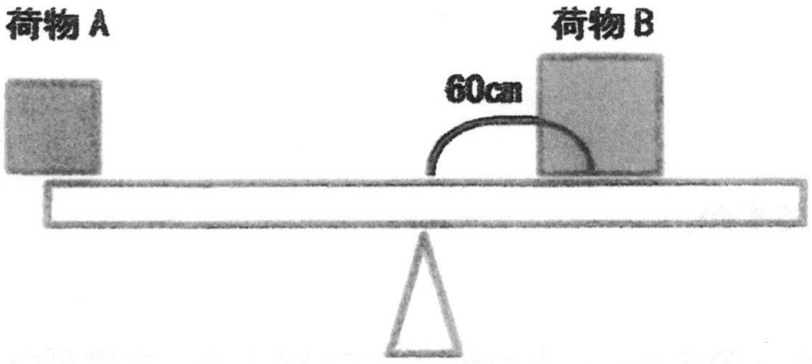

図１

図２

(1)　荷物Ａの重さは 30　kg　です。図１のように荷物Ａの重心を棒の端《はし》に置き、棒の真ん中に支点をおいて、荷物Ｂの重心を荷物Ａの置いている位置とは反対の方向に、支点から 60　cm　の位置に置くと棒は平行になりました。荷物Ｂの重さは何　kg　ですか。ただし、荷物自体の長さは考えず、重さはすべて重心にかかるものとして考えることとします。

(2)　棒が水平を保っているとき、上向きにはたらく力の合計と下向きにはたらく力の合計は同じになります。このことを利用し、今度は棒の重さをはかることにしました。
(1)の重さの荷物Ａと荷物Ｂの重心を図２のように棒の両端に置きました。すると棒が水平になる支点の位置は、荷物Ｂの置いている棒の左端から 120　cm　のところでした。この太さが均一な棒の重さは何　kg　ですか。 ただし、荷物自体の長さは考えず、重さはすべて重心にかかるものとして考えることとします。

5 けんたさんは100円玉を6回投げるゲームをしました。まず，表が出たら○，裏が出たら×を下の図のマス目に左から順に記録していきます。

そして，次の①～③の決まりにしたがって点数を計算します。

①○1つにつき，2点を得る。
②×1つにつき，1点を得る。
③「×のすぐ右となりに○がある」場所が1か所あるごとに3点ずつ得る。

たとえば順に表裏裏表表裏がでた場合，下の図のような列ができます。

○	×	×	○	○	×

この場合○が3つ，×が3つあり，「×のすぐ右となりに○がある」場所が1か所あるので，得点は2×3＋1×3＋3×1＝12点になります。次の問いに答えなさい。

(1) ゲームをしてできあがる○×の列は全部で何通りですか。

(2) このゲームの最高点と最低点はそれぞれ何点になりますか。

(3) けんたさんがこのゲームをした結果14点をとることができました。しかし，記録していた紙にあやまってインクをこぼしてしまったので一部が見えなくなってしまいました。

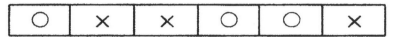

見えなくなった部分にはどのように記録されていたと考えられますか。例を1つ解答用紙に記入しなさい。

4 長方形の紙から，たてと横のうち短い辺を一辺とする正方形を切り取ります。次に，残った長方形から同じようにして正方形を切り取ります。この作業をくり返して残った四角形が正方形になったら終了とします。次の問いに答えなさい。

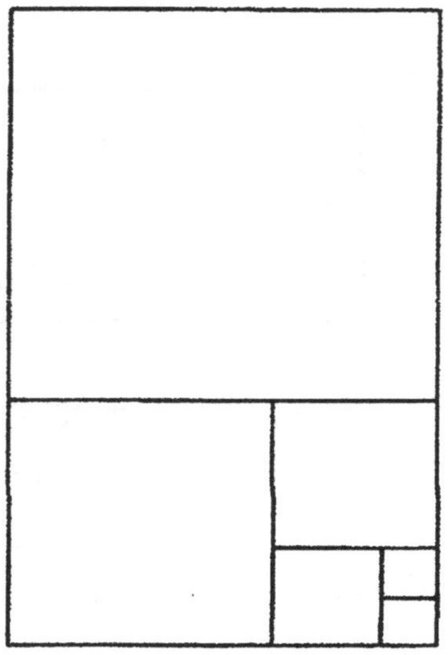

(1) 太郎さんは，たて 21 cm，横 13 cm の長方形の紙を使いました。

(ア) 3番目にできた正方形の一辺の長さは何 cm ですか。

(イ) 全部で正方形は何枚できましたか。

太郎さんは完成した正方形の一辺の長さに規則があることに気づきました。そこで，太郎さんは，たて 1 cm，横 1 cm の正方形 2 つから始め，以下の図のように長い辺を一辺とする正方形を重ねて，より大きな長方形を作っていきました。下の表は使用した正方形の一辺の長さをまとめたものです。

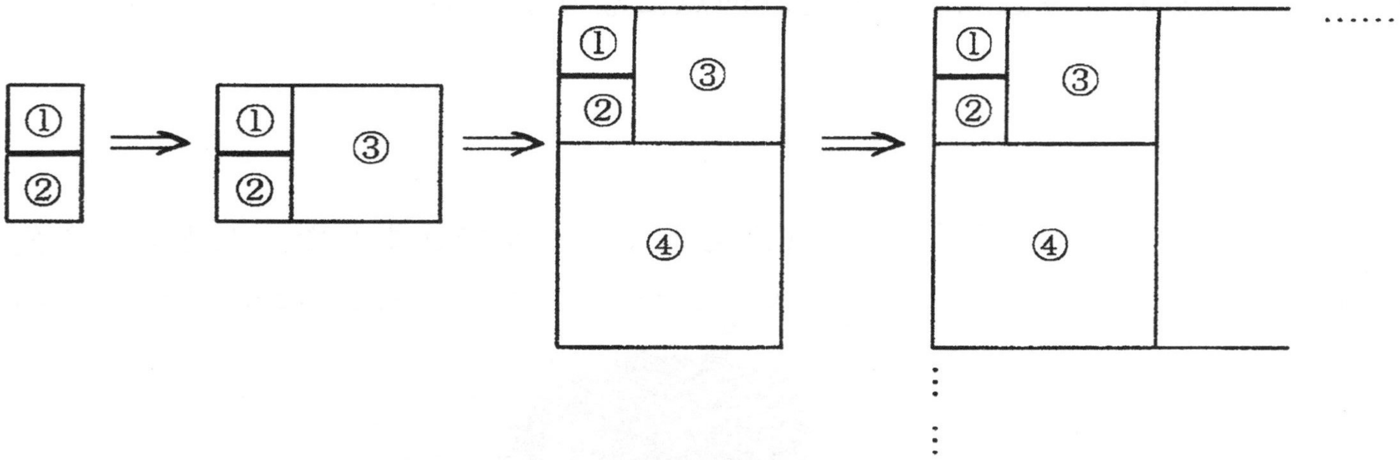

使用した正方形(番目)	①	②	③	④	⑤	⑥	⑦	…
正方形の一辺の長さ(*cm*)	1	1	2	3	5	8	13	…

(2) 正方形 ⑩ の一辺の長さは何 cm ですか。

(3) 正方形 ⑩ までを使って作った長方形の面積は何 cm^2 になりますか。

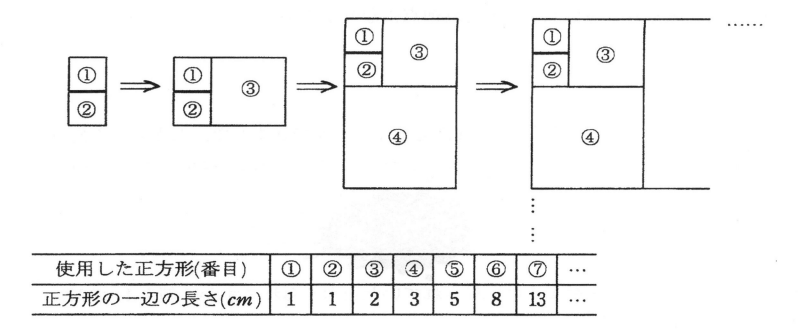

3 まりさんは駅から図書館へ向かって，みずきさんは図書館から駅に向かって同時に歩き始めました。二人は，駅から図書館までの道のりの中間地点から，全体の $\frac{1}{20}$ だけ図書館によったところで出会いました。その後，まりさんは18分かかって図書館に着きました。その時，みずきさんは駅まで400 mのところを歩いていました。
次の問いに答えなさい。

(1) まりさんとみずきさんの歩く速さの比を求めなさい。

(2) ２人が出会ったのは，出発してから何分後ですか。

(3) 駅から図書館までの道のりは何mですか。

令和３年度　山陽学園中学校　1期学力入試　算数

答えはすべて解答用紙に記入しなさい。

(30分)

1　次の計算をしなさい。

(1)　$8+6\div2-4$

(2)　1.25×16

(3)　$198\div6\div3$

(4)　$0.05+2\frac{1}{5}+1\frac{3}{4}$

(5)　$0.125\times\frac{10}{3}\div\frac{5}{12}+1$

(6)　$1.57\times6+0.314\times20+31.4\times\frac{1}{2}$

2　次の問いに答えなさい。

(1)　ある数の１の位を四捨五入したところ，90になりました。また，この数は２でも３でも５でも７でも割り切れません。ある数はいくらですか。

(2)　12％の食塩水が200 gあります。これに３％の食塩水を加えて９％の食塩水をつくりたいです。３％の食塩水を何g加えればよいですか。

(3)　正二十面体のさいころがあり，それぞれの面には１～20までの数字が１つずつ書かれています。また，向かい合った面の数字の合計は，すべて同じになっています。このさいころをふると，９の面が上になりました。底面にある数字はいくつですか。

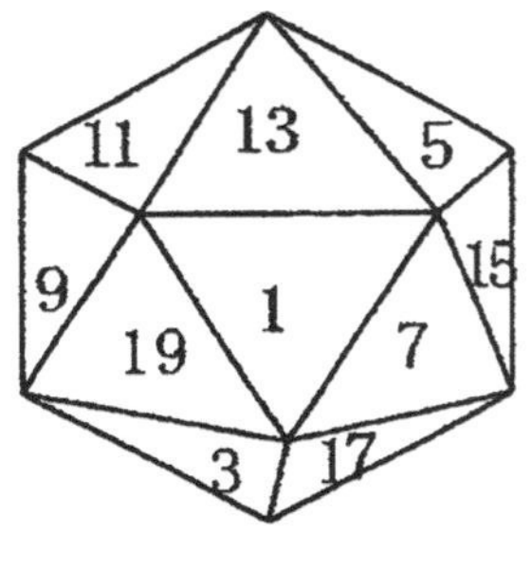

(4)　右の図の斜線部の面積の合計を求めなさい。

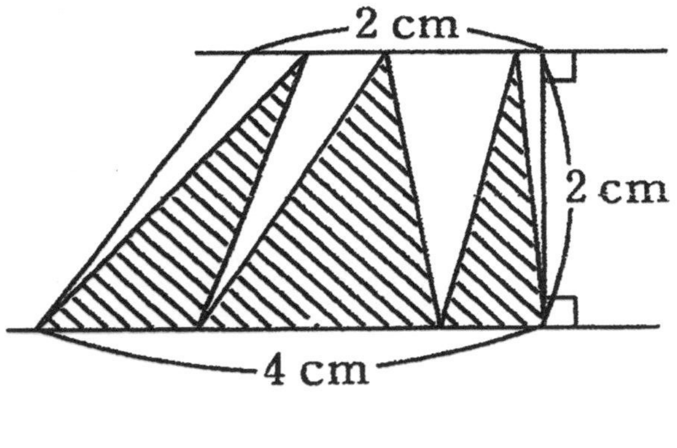

令和三年度　学力入試　作文

（20分）

あなたの学校では、三ヶ月後に学習発表会が行われる予定です。六年生は、創作劇を発表することになっています。

どのクラスも、小学校最後の学習発表会を楽しみにしています。担任の先生は、誰が脚本を書くのかを、クラスのみんなで話し合うように言われました。話し合いをしたところ、クラスの一人が、

「各班で、それぞれ一つの脚本を考えて、その中から良いものを選ぼう。」

と言いました。これを聞いた他の人たちからは、次のような意見が出ました。

Aさん

「最後の学習発表会だから、いい劇にするためにはそれがいいと思う。」

Bさん

「各班から一つずつ脚本を出していると、発表するものを決めるまでに時間がかかりすぎる。」

Cさん

「脚本は、書きたい人が書くべきだ。」

あなたなら、この後どのような意見を出しますか。他の人の意見にも触れながら、自分の意見とそう考えた理由を答えなさい。

問7　この文章の内容に当てはまらないものを次のア～エから選び、記号で答えなさい。

ア　表情を使って自分の感情を出す機会がないと、感情をコントロールできなくなる。
イ　会話では相手の小さな表情の変化を読み取り、ぶつかり合わないようにすることができる。
ウ　顔は周囲の世界と自分をつなぐものなので、美しい顔の方が受け入れられやすい。
エ　家庭や学校で他者とふれあうことによって、ネガティブな感情を抑えられるようになる。

問8　この文章の表現の特徴《とくちょう》として当てはまるものを次のア～エから選び、記号で答えなさい。

ア　疑問形を用いることで、読者を話題に引き込んでいる。
イ　数値を多く提示することで、読者がイメージしやすくしている。
ウ　様々な比ゆを用いることで、読者が内容をとらえやすいようにしている。
エ　例文を多く使って、様々な考え方があることを読者に伝えている。

問9　国語の授業でこの文章を読んだ後、先生が資料Ⅰの俳句を紹介《しょうかい》しました。資料Ⅱは生徒達の話し合いの様子です。資料Ⅰ、Ⅱを読み、空らんに当てはまる言葉を、[1]は文中から二字で抜き出し、[2]、[3]は本文や資料の内容をふまえて答えなさい。

【資料Ⅰ】

初鏡笑顔つくれば励《はげ》まされ　　西村和子

【資料Ⅱ】

Aさん：この俳句の「初鏡」の意味は「新年に初めて鏡に向かって化粧《けしょう》をすること」なんだって。
Bさん：本文に表情は[1 （二字）]とつながっているとあったね。
Cさん：それがこの俳句では、新年に鏡に向かって[2]と表現されているね。
Aさん：本文とこの俳句の共通点は、明るい表情をすると[3]な気持ちになるということだね。

問10　あなたが人の表情について今までの経験から感じたことを次の条件に従って書きなさい。

条件
1　人の表情について感じたことを具体的に書くこと。
2　そこから学んだことを書くこと。

す。

　では、笑顔の逆は、なんでしょうか。⑤怒った顔は、笑顔と同様に素早く認識されます。たくさんの©群衆の中で怒っている顔を見つけたら、危険人物として近づかないことです。避《さ》けなくてはいけない危険人物を記憶することは、生き抜《ぬ》く上では大切なことだからです。

　より現実的な問題でいえば、近所でなんとなく不審《ふしん》な行動を取るような人、友達関係でもⒹカしたお金がかえってこないような人、そんな油断のならない人物は後々損をこうむらないように、頭に入れておかねばなりません。そういうことから信頼《しんらい》感のない顔は、記憶しやすいといわれています。

（略）

　自分の身体の一部であるはずの顔は、単なる身体の一部という枠《わく》をこえ、周囲の世界と自分とをつなぐ、パイプ役となっているようです。

（出典　山口真美『自分の顔が好きですか？――「顔」の心理学』岩波ジュニア新書）

（注）

※1　癇癪…怒り出すこと。

※2　ネガティブ…消極的。

※3　ポジティブ…積極的。

※4　口角…口の左右のあたり。

問1　――線部Ⓐ、Ⓓのカタカナは漢字に、Ⓑ、©の漢字の読みはひらがなに直してそれぞれ答えなさい。

問2　――線部①「第一次反抗期」を言いかえている部分を二十字で抜き出し、最初と最後の五字を答えなさい。

問3　――線部②「思い通りにいかなくても我慢する」とありますが、このことを表す次の慣用句の空らんにあてはまる語を漢字一字で答えなさい。

□を食いしばる

問4　――線部③「ない」と、はたらきが同じものをふくむ文を次のア～エから選び、記号で答えなさい。

ア　この場所は危ない。

イ　友達と遊ばない。

ウ　筆箱がない。

エ　人としゃべらない。

問5　――線部④「なんとなく…必要もある」とありますが、なぜですか。文中の言葉を使って答えなさい。

問6　――線部⑤「怒った顔は、笑顔と同様に素早く認識されます」とありますが、笑顔と怒った顔はそれぞれ脳にどのように記憶されるのですか。違いを明らかにして文中の言葉を使って説明しなさい。

山陽学園中学校　令和三年度　一期学力入試　国語

（30分）　☆

次の文章を読んで、問1～問10に答えなさい。問いに字数の制限がある場合は、句読点や記号も一字に数えて解答すること。

表情は、心の中に生じる情動の発達のためにも大事な役割を果たすのです。

自分の感情が、どのように発達したかを思い起こしてみましょう。小さい頃《ころ》に※1癇癪《かんしゃく》をおこしたり、欲しいものを泣いてねだったりした記憶《きおく》はありませんか。

泣いているばかりの赤ちゃんから自我が芽生え始めた二歳《さい》をすぎたくらいの頃、気に入らないことがあると癇癪を起こし、欲しいものを泣いてせがんで、自分勝手に感情を爆発《ばくはつ》させる時期が続きます。①第一次反抗《はんこう》期と呼ばれるこの頃、わがままな感情の爆発は根気強くしつけられて、感情をコントロールできるようになっていくのです。②思い通りにいかなくても我慢《がまん》する、人前ではわがままを言わない、特に※2ネガティブな情動は抑《おさ》える……これらは友達やきょうだいと仲良くするために、家庭や学校で学習されてきたことなのです。

当たり前のように過ぎてきたこの時期、もし表情を使って自分の感情を出す機会がなかったら、どうなるでしょうか。もちろん表情をつくることができないからといって、感情がわかないわけではないのです。感情はふつうにわきますが、表情がないため、周りの大人に自分の感情に気づいてもらえません。結果、感情をコントロールするⒶクンレンを受けるきっかけを失ってしまいます。こうしたクンレンを受けずに大人になると、ネガティブな情動を自分で止めることができずに、暴走してしまいかねないというわけです。

また、ふだんの生活の中では、思わず発した相手の小さな表情の変化から、その人がなにを感じているかを推《お》し量り、互《たが》いにぶつかり合わないようにしているところもあります。こうした小さな感情のぶつかりあいを体験していないと、自分の小さな感情の変化に対処できないことにもつながります。感情の経験はネガティブな感情だけでなく、※3ポジティブな感情を産み出すことにも必要です。大笑いすることで感情を強化することが③ないと、そういった感情を体験できなくなってしまうというのです。

表情と感情の直接的なつながりを、ペンや箸《はし》を使って体験することができる、こんな実験があります。

ペンや箸を横にして口にくわえてみてください。ペンをくわえると※4口角《こうかく》があがり、微笑《びしょう》をつくる時の筋肉である大頬骨筋《だいきょうこつきん》が動きます。たったこれだけで、気分が変わるという研究もあります。もともと何の感情がわいていなくても、筋肉を動かすだけで、感情がわきあがるというのです。大頬骨筋はポジティブな表情と感情に働きかけますが、眉《まゆ》を寄せる時に働く皺《しゅう》眉筋《びきん》はネガティブな感情をつくる時に使われ、この筋肉を緊張《きんちょう》させることによってネガティブな感情をつくり上げることができるといわれています。

④なんとなく人とうまくいかないなと思ったら、自分の顔の動きに気づいてみる必要もあるかもしれませんね。

表情の中では、笑顔が特に大切です。たくさんの人がⒷ並んでいる中で、笑顔は目に付きやすく、笑顔の顔は記憶されやすいといわれています。

それには脳の働きが関係しています。笑顔は、脳にとって報酬《ほうしゅう》として働くというのです。

（略）

笑顔が報酬となるのは、人の最大の特徴《とくちょう》といえるものかもしれません。犬やイルカなど、動物に芸を教えこむ時のご褒美《ほうび》はえさとなりますが、人では違《ちが》います。もちろん人間でも、ご褒美にご馳走《ちそう》してもらうこともありますが、その目的はご馳走よりも、周りにほめられることではないでしょうか。先生や両親などからほめられることが最高のご褒美（報酬）で、笑顔はその延長なのです。これは「社会的な報酬」と呼ばれます。見知らぬ人に電車で座席を譲《ゆず》ってあげたり、道を教えて喜ばれること、そこで見た笑顔もご褒美となるので

受検番号		氏名	

課題３　ある小学校での，社会科の授業での発言です。あとの（１）～（３）に答えましょう。

太郎《たろう》：　石油の割合がはっきり減ってきているね。
花子：　将来石油がなくなるって言われているわよ。
太郎：　なるほど，それでか。
次郎：　代わりに原子力が増えていたのに，2010 年と 2017 年では，大きく変わっているよ。なぜなのかなあ。
和江《かずえ》：　2011 年に起きたあのことが関係しているんじゃない。
花子：　さすが和江さん。それがきっと原因だわ。

一次エネルギー供給割合の推移（会計年度）

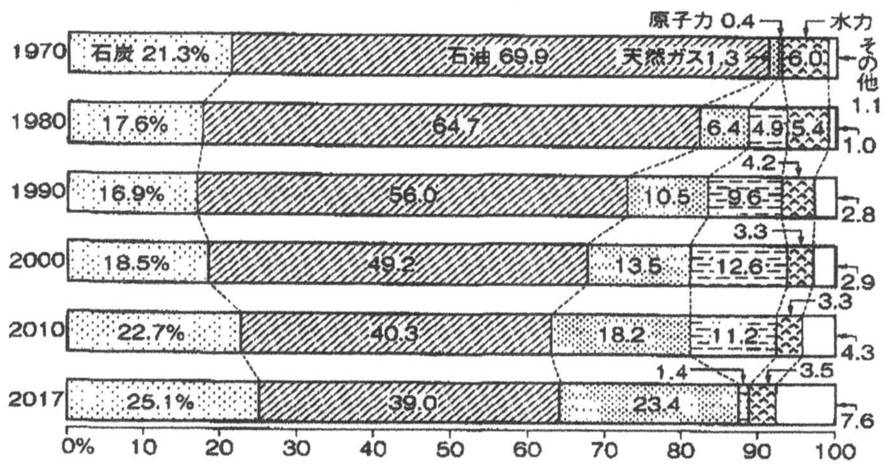

資源エネルギー庁「総合エネルギー統計」より作成。国内供給ベース。
（日本国勢図会 2019/20）

（１）2010 年と 2017 年の供給割合は大きく変化しているが，その一つに「その他」の増加が挙げられます。「その他」にふくまれるエネルギーとして考えられるものを一つ書きましょう。

（２）和江さんが原因だとした出来事を答えましょう。また，その原因を踏《ふ》まえて変化したことを説明しましょう。

原因
説明

世界の原油、石炭、鉄鉱石の主要生産国

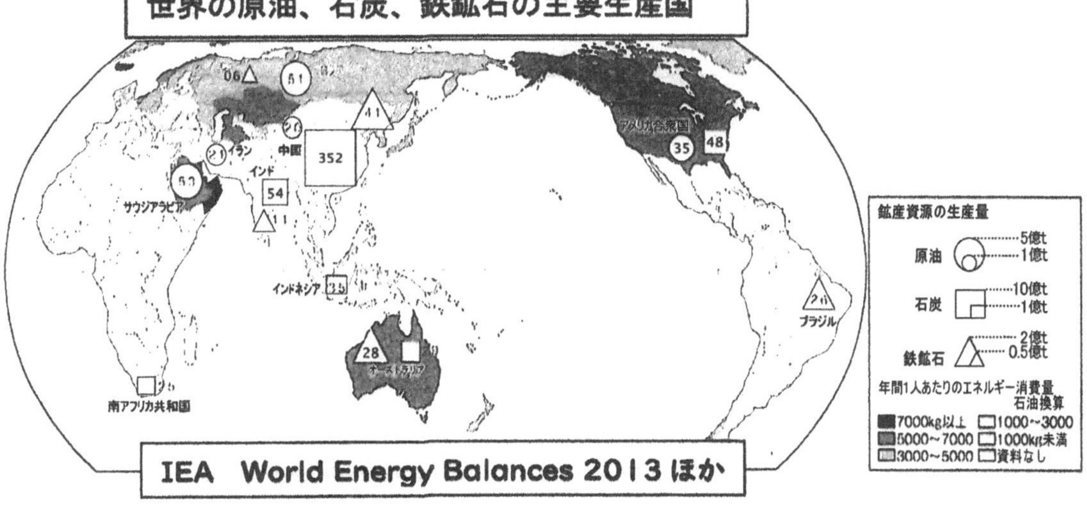

IEA　World Energy Balances 2013 ほか

日本の石炭輸入先国別割合

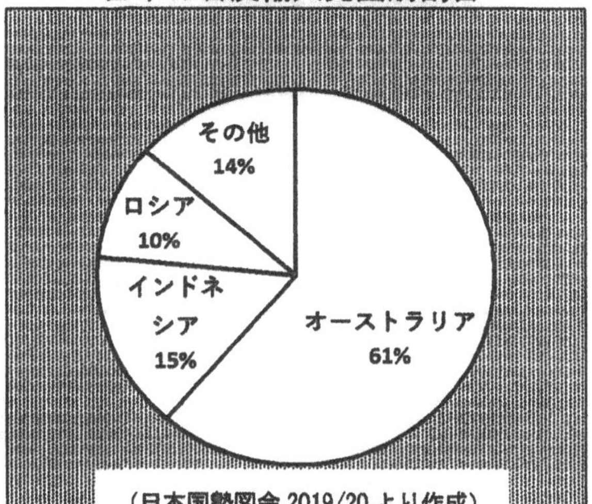

（日本国勢図会 2019/20 より作成）

（３）上の世界地図のように，主要エネルギーである石炭の生産量は，１位 中国，２位 インド，３位 アメリカ合衆国です。しかし，日本の石炭輸入先国別割合の円グラフで見ると，オーストラリアが１位となっています。それはなぜですか。安定的供給という語句を入れて説明しましょう。

説明

受検番号	

氏名	

（2）——ア「それは正しい表現とは言えません」とありますが、筆者が「正しい表現とは言えません」と考えるのはなぜですか。六十五字以内で答えましょう。

（3）——イ「外発的なモチベーション」で筆者が「不健康」とみなす具体例を考え、その結果どうなるのかを書きましょう。
ただし、本文にある例以外で答えましょう。

（例）

（結果）

（4）筆者が考える、変革型リーダーに求められることは何ですか。六十字以内で書きましょう。

課題2　日頃《ひごろ》使っている教室を子どもたちだけで大掃除《そうじ》しようと考えています。大掃除への参加者は子どもたち八人です。どうすれば効率よくきれいになるでしょうか。具体的な方法を書きましょう。また、あなたがそのように考えたわけを二百字以内で答えましょう。（段落分けはしなくてよろしい。一マス目から書き始めましょう。）

（具体的方法）

200字　100字

※50点満点
（配点非公表）

受検番号		氏名	

課題１　次の文章を読んで、あとの（１）から（４）に答えましょう。

著作権に関係する弊社の都合により
本文は省略いたします。

教英出版編集部

著作権に関係する弊社の都合により
本文は省略いたします。

教英出版編集部

（荒木《あらき》香織《かおり》『リーダーシップを鍛《きた》える』から）

※１　鼓舞する…奮い立たせること。はげますこと。
※２　フォロワー…リーダーに従っていく人のこと。
※３　スキル…技術。

（１）――――「モチベーション」とは日本語では「動機付け」と訳されます。これは外国からやってきた言葉で、現在は日本語として使われています。このように外国からきた言葉を挙げ、意味を書きましょう。ただし、本文にあるもの以外で例を参考にして答えましょう。

（例）　モチベーション　　（意味）　動機付け

（例）

（意味）

氏名	

受検番号	

令和三年度

山陽学園中学校１期入試　適性検査Ⅱ

・この検査は、文章や資料を読んで、太字で書かれた課題に対して、答えやあなたの考えなどを書く検査です。課題ごとにそれぞれ指定された場所に書きましょう。

・字数が指定してある問題は、「、」や「。」、かぎかっこも一字に数えます。

・検査用紙は、表紙（この用紙）をふくめて四枚あります。指示があるまで、下の検査用紙を見てはいけません。

・「始め」の合図があってから、検査用紙の枚数を確かめ、四枚とも指定された場所に受検番号と氏名を記入しましょう。

・検査用紙の枚数が足りなかったり、やぶれていたり、印刷のわるいところがあったりした場合は、手をあげて先生に知らせましょう。

・この検査の時間は四十五分間です。

・表紙（この用紙）と検査用紙は持ち帰ってはいけません。

受検番号		氏名	

課題３　太郎《たろう》さんと花子さんが会話をしています。あとの（１）～（３）に答えましょう。

花子：昨日私の誕生日だったの。家族がお誕生日会をしてくれて，ケーキに立てたろうそくを消したわ。
　　　そのあと，みんなでケーキ食べたんだよ。
太郎：ケーキといえばイチゴがのってるイメージだけど，ケーキのイチゴはきれいな形をしているよね。
花子：言われてみれば，そうだね。おじいちゃんの家でとれるイチゴはいろいろな形や色をしてたわ。
　　　おじいちゃんが，「ミツバチがイチゴを育ててくれるんだよ」って教えてくれたよ。
太郎：ミツバチがイチゴを育てるとは，どういう意味なんだろう。
花子：ヒントはね。ミツバチはイチゴができるために何か（下線）を運んでいるんだよ。

（１）下線部のミツバチが運ぶものを答えましょう。

花子：私は９月うまれのおとめ座だけど，今日の星座占《うらな》いはいい結果だったわ。
太郎：学校でも星について習ったね。明るさや色がいろいろあって面白いね。誕生日の星座も決まりがあって，その星座になっているよ。
花子：知らなかったわ。決まりがあるのね。
太郎：うん。地球は２種類の回転をしているよ。地球が北と南を軸《じく》にして１日に１回転していて，そのために昼と夜があるんだよ。もう一つは，地球は太陽の周りを１年かけて１周するけど，そのために日本では四季があるんだよ。図１のように誕生日に地球がいる位置と太陽を挟《はさ》んで反対側にある星座が，自分の星座だよ。
花子：知らなかった。ということは，誕生日には自分の星座が（　Ｘ　）ということね。

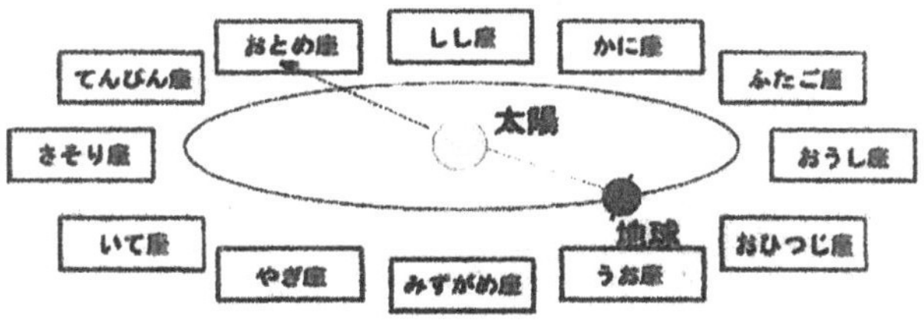

図１．占いに出てくる12個の星座

（２）花子さんの会話の（　Ｘ　）に入る言葉を７字以内で答えましょう。また，そう考えた理由も答えましょう。

言葉							

（理由）

太郎：ろうそくの火を消したって言ってたけど，ものが燃えるための条件を授業で習ったよね。
花子：粘《ねん》土に立てたろうそくの火が燃え続けるかどうかを確かめる実験面白かったね（右図）。集気びんにふたをしたり，集気びんと粘土の間にすき間を作って燃え方の違《ちが》いを調べたね。
太郎：そうだね。うちは夏に家族でバーベキューをするけど，そのとき「しちりん」っていう道具を使うよ。植木鉢《ばち》のような形をした陶《とう》器で，中に炭火を入れて上に網《あみ》を乗せて，お肉とか焼いて食べるんだよ。この前のろうそくが燃える実験の仕組みが，「しちりん」の炭火の火力を調整するようすと似ててびっくりしたよ。
花子：「しちりん」って知ってる。おじいちゃんの家にあったわ。

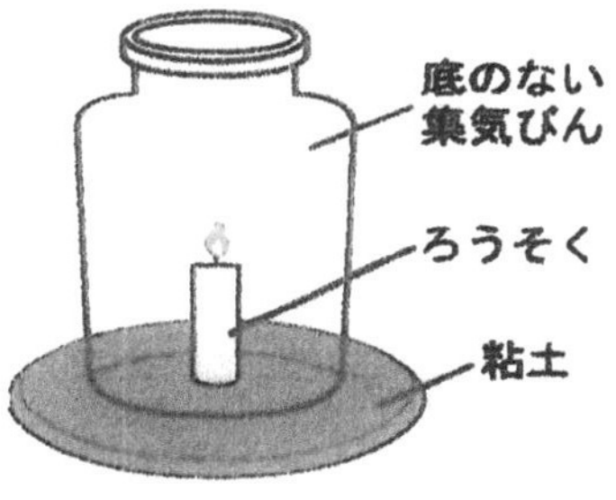

（３）解答らんの図は「しちりん」の模式図です。この模式図の中に火力が調整できる仕組みを一つ加えましょう。また，その仕組みがどのように火力を調節するか，考え方を説明しましょう。ただし，模式図にかき込む仕組みは「しちりん」の部分だけで，炭や火の部分にかいてはいけません。

「しちりん」の模式図	（説明）

受検番号		氏名	

課題2　太郎《たろう》さんと花子さんは，学校の手洗い場の壁《かべ》に正方形のタイルを敷《し》き詰《つ》めることになりました。
あとの（1）～（3）に答えましょう。

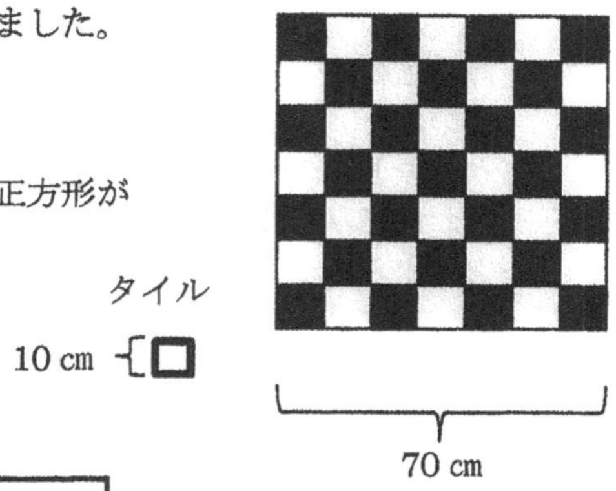

図1

太郎：壁が１辺 70 cmの正方形になっているね。もともと壁は図１のように１辺 10 cmの白と黒の正方形が同じ色が隣《とな》り合わないように色が塗《ぬ》ってあるよ。
花子：タイルは１辺の長さが 10 cmだよ。
太郎：ぴったりタイルを敷き詰めることができそうだね。

（1）壁にタイルを敷き詰めるには全部で何枚のタイルが必要ですか。

枚

図2

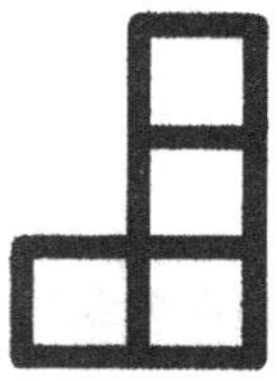
図3

図4

太郎：壁を敷き詰める前に何枚かのタイルを組み合わせて，いろいろな形を作ってみるのも面白そうだよ。
花子：そうだね。使うタイルの枚数が多いほど，たくさんの種類の形ができそうだね。試してみようよ。
太郎：４枚のタイルを使ったら何種類の形ができるだろう。
花子：回転や反転をして同じ形になるものもあるよね。例えば図２と図３のような形は回転したら同じ形だね。
太郎：図２を反転させると図４のような形になるよ。

（2）４枚のタイルを組み合わせると，上の会話で出てきた図２から図４の形も含めて全部で何種類の形を作ることができますか。どのように考えたかも説明しましょう。ただし，回転や反転をして同じ形になるものは同じものとみなし，タイルの少なくとも１辺は隣のタイルと共有していることとします。

種類

（説明）

太郎：いろいろな形ができたね。僕は枚数を増やして５枚のタイルを使ってアルファベットのWに見える形を作ってみたよ。
花子：ほんとだ。じゃあさっき作ったＬの形とWの形２種類を使って壁を敷き詰めてみようよ。

（3）Ｌ型のタイルを 11 回，W型のタイルを１回使って壁を敷き詰めるとき，W型のタイルをどこに置きますか。置く場所のまわりを塗って答えましょう。また，そこにW型を置いた理由も答えましょう。ただし，形は回転や反転をしてもよいです。

W型のタイルを置く位置

W型

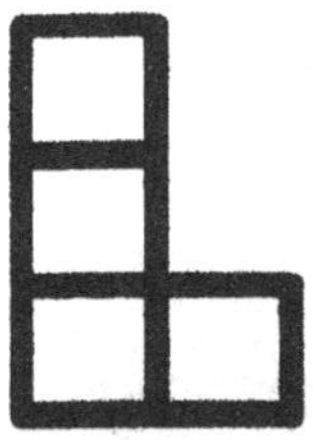
L型

（理由）

受検番号		氏名	

※50点満点
(配点非公表)

課題１　青色のサイコロ１個と赤色のサイコロ１個の計２個のサイコロがあります。

（１）　２個のサイコロを同時に投げたとき，目の出方は何通りありますか。

通り

太郎《たろう》：この２個のサイコロを使ってすごろくをしようよ。
花子：いいわね。私たちでルールを作りましょう。
太郎：面白そうだね。毎回２個のサイコロを同時に投げるようにしよう。

＜２人で作ったすごろくのルール＞
ルール１　２個のサイコロの目が２以上離れたら大きい目の数だけ進む
ルール２　２個のサイコロの目が１だけ離れていたら小さい目の数だけ進む
ルール３　同じ目がそろったときは，４マス進む

太郎：このルールですごろくをやってみよう。
花子：私から始めるわ。えいっ。青色のサイコロの目が『２』，赤色のサイコロの目が『４』になったわ。
太郎：ということは，ルール１で，大きい目の数だけ進むから４マス進むことになるね。

（２）　２個のサイコロを同時に投げたとき，４マス進むことになる目の出方は何通りありますか。答えた理由も説明しましょう。

通り

（説明）

太郎：もうすぐゴールだね。次は花子さんの番だよ。
花子：私はあと４マスでゴールだわ。
太郎：ちょうどゴールしないとだめだよ。僕ももうすぐゴールできそうだ。
花子：私もあと２回以内ではゴールしたいわ。

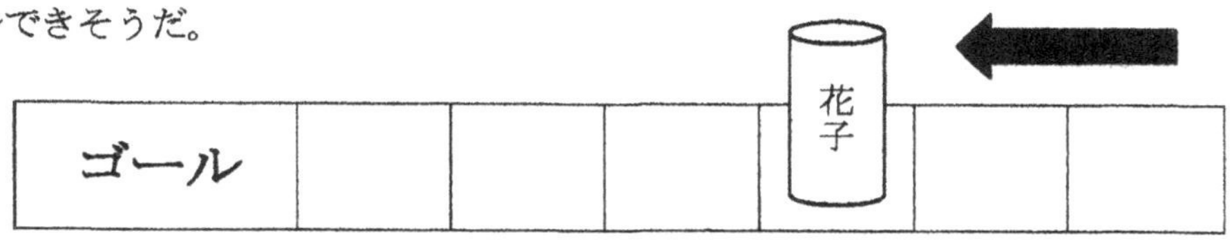

（３）　花子さんが２回以内でちょうど４マス進み，ゴールする目の出方は何通りですか。答えた理由も説明しましょう。

通り

（説明）

受検番号	

氏名	

令和３年度

山陽学園中学校１期入試　適性検査Ｉ

【注意】

・この検査は，文章を読んで，太字で書かれた課題に対して，答えやあなたの考えなどをかく検査です。課題ごとに，それぞれ指定された場所に書きましょう。

・検査用紙は，表紙（この用紙）をふくめて，４枚あります。指示があるまで，下の検査用紙を見てはいけません。

・「始め」の合図があってから，検査用紙の枚数を確かめ，４枚とも指定された場所に受検番号と氏名を記入しましょう。

・検査用紙の枚数が足りなかったり，やぶれていたり，印刷のわるいところがあったりした場合は，手をあげて先生に知らせましょう。

・この検査の時間は，４５分間です。

・表紙（この用紙）と検査用紙は，持ち帰ってはいけません。

・表紙（この用紙）の裏を，計算用紙として使用してもよろしい。